田树林 李宝辛◎主编

书香80校园　浸润60春秋

# 为学生思维发展而教

WEI XUESHENG SIWEI FAZHAN ER JIAO

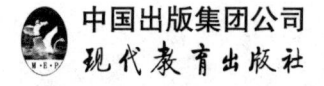

中国出版集团公司
现代教育出版社

图书在版编目（CIP）数据

为学生思维发展而教 / 田树林，李宝辛主编 . -- 北京：现代教育出版社，2016.7
ISBN 978 - 7 - 5106 - 4431 - 3

Ⅰ.①为… Ⅱ.①田…②李… Ⅲ.①中学教育—文集 Ⅳ.①G63 - 53

中国版本图书馆 CIP 数据核字（2016）第 169346 号

## 为学生思维发展而教

| 主　　编 | 田树林　李宝辛 |
|---|---|
| 责任编辑 | 王　静　康　凌 |
| 封面设计 | 中联学林 |
| 出版发行 | 现代教育出版社　邮编：100011 |
| 地　　址 | 北京市朝阳区安华里 504 号 E 座 |
| 电　　话 | 010 - 64252230（编辑部）　010 - 64256130（发行部） |
| 传　　真 | 010 - 64251256 |
| 装帧设计 | 中联学林 |
| 印　　刷 | 北京天正元印务有限公司 |
| 开　　本 | 710mm × 1000mm　1/16 |
| 印　　张 | 21 |
| 字　　数 | 378 千字 |
| 版　　次 | 2016 年 7 月第 1 版 |
| 印　　次 | 2016 年 7 月第 1 次印刷 |
| 书　　号 | ISBN 978 - 7 - 5106 - 4431 - 3 |
| 定　　价 | 52.00 元 |

版权所有　　翻印必究

# 编委会

**主　　编**　田树林　李宝辛
**执行主编**　李继良
**编　　委**　王俊梅　叶地凤　李　军　李红燕
　　　　　　杨根深　张　喆　姜连国　赵修瑞
　　　　　　郝雷红　贾小林　晁凌云　童嘉森

# 于文理交融处见功夫

（序言Ⅰ）

今年"五一"前夕，八十中学开展的2016年"书香校园"活动中，教师们提交的作品准备汇集成《为学生思维发展而教》的书稿。该文集主题是探讨怎样在高中教学过程培养学生思维发展，为将来从事创造性工作奠定基础。接到母校北京八十中学邀请，为文集写一篇序言，我表示深深感谢。但是，作为一位长期从事大学教学与科研的理工科人员，感到十分惶恐，因为很长时间没有直接接触中学教育了。出于对母校的感念之情，以及对未来学校发展的美好期待，促使我拙笔成稿，尽心而为。

将文集中的内容仔细拜读一遍，深切感受到北京八十中学在办学理念、教育思想、教学模式上的巨大进步，特别是高水平的师资力量为学校进一步发展奠定了坚实基础。母校的教师们秉承"一人一天地，一木一自然"的人文理念，兢兢业业地辛勤耕耘，从事着培养国家栋梁之材的工作。随着现代信息技术的日新月异，知识的传播和信息的汇集变得越来越容易，在这种超负荷的"信息过剩"时代，如何培养学生对新事物的好奇心，学会理性的思考、逻辑的分析、果敢的判断，绝不仅仅是知识积累能够解决的问题。其实，思维过程包含了知识综合、技巧运用、情感表达等一系列人类高级智力活动，思维的质量和人类本身能够达到的精神愉悦程度密切相关。

回忆80年代初期，母校教育给我们那代人留下了深刻印记，对职业生涯产生深远影响。我们是听着"八十年代新一辈"的歌声走入八十中的校园，怀着对人生未来的憧憬，坐在八十中的课堂。高中阶段第一位语文教师是高玉琛先生，学问渊博、瘦高身材，课堂上语言幽默，充满诗情画意。记得给我们讲述《荷塘月色》一文时，用抑扬顿挫的语调咏诵出"月光如流水一般，静静地泻在这一片叶子和花上"。"塘中的月色并不均匀，但光与影有着和谐的旋律，如梵婀铃上奏着的名曲。"其语气、其声调，至今还深深烙刻在学生的心灵。听高先生的课，不仅仅是语言文字和文学水平的提升,更是心灵的涤荡和升华,影响我们一代人把追求自然界的和谐美变成自觉的思维取向。后来我到清华大学读书和工作,十分喜爱去休憩的地方,莫过于位于校园一隅的荷塘了。每到荷叶婆娑的季节,听着树上的蝉鸣,看着那碧绿的叶子,总是情不自禁地想起高中课堂,仿佛看到鱼米水乡"采莲南塘秋,莲花过人头;低头弄莲子,莲子清如水"的景象。正是高中时代所咏诵的这些优美诗句,不仅仅滋养出安宁平和的心灵,更重要的是培养出一种凭借想象进行视觉思维的习惯和能力,为日后在分子世界中进行复杂的逻辑推理,洞察分子、离子间相互作用力,对微观世界进行图像化分析和数理模型表达,奠定了坚实的基础。

语文教育不仅仅是对情操的培养,更肩负着本民族文化的传承重任,特别是古代经典作品教学,成为传播古代圣贤思想的纽带与桥梁。十分荣幸在高中二年级时,语文教师是王德民先生,同时还是我们的班主任。王先生不光古代文学功底深厚,而且为人幽默,经常如数家珍般谈古论今,纵述中华民族几千年灿烂的文化和历史。当时要求学生背诵《岳阳楼记》《石钟山记》,以及《史记》中的经典名篇,虽然当时感觉枯燥乏味,但现在却余味无穷。正是这些古代典籍中所传承的思想、所蕴含的深刻智慧,使我们无论走到世界的任何角落,潜意识的思维深深根植于这片人文的沃土。

记得有一次在新加坡参加国际会议,主题是讨论如何利用海洋能发电,发展可再生清洁能源。席间有位来自荷兰的工程学家,介绍北欧地区如何利用海面风力发电,取得了十分骄人的业绩,只是工程造价方面还需要进一步降低。为了抵御海水侵蚀和风浪对发电设施的冲击,必须采用粗大厚重的基座来固定,导致工程造价居高不下。对于同样的问题,一位华人科学家谈及他们的解决方案,利用一种叫"龙王"的漂浮平台,将结构庞大的能量收集器安装在平台下部。工作过程随着波浪上下起伏,一方面能够有效收集海洋中的波浪能,同时还能借助漂浮方式有效缓冲海风的威力,大幅度降低工程造价。我和对方开玩笑,这种"随波逐流"的工作原理,古人早就把它浓缩为成语,我们从五千年的中华文化中吸取力量,来与西方技术进行竞争。正是这种文化的力量,使我们有能力、有信心"先天下之忧而忧、后天下之乐而乐",在国际舞台上纵横捭阖,取得一个又一个骄人业绩。中华文化博大精深,在发展现代科技过程中,我们不仅仅要学习西方现代文明,更需要从中华文化中汲取五千年岁月积淀的智慧。高中语文教育,在文化传承与启迪智慧方面,发挥着不可替代的作用。

大海中的一滴水能折射出海洋全貌,一个人的发展历程能反映出所受的教育。结合自己的成长历程,深刻体会到高中阶段人文教育,对个人以后的科研事业发展,职业生涯进步产生深远影响。在现代都市快节奏、高速度的发展过程,更需要人们放慢脚步,更多地亲近自然。从天地万物生生不息的变化过程,汲取创造的原动力,正是中华文化博大精深的力量源泉。无淡泊难以明志,非宁静莫能致远。思维水平的发展,创造力的提升,均寄寓于健康的心智。十分荣幸的是,八十中提供了良好人文环境和教育氛围,在广大园丁的辛勤耕耘下,会有更多的栋梁之材茁壮成长,真正把学校建成"一人一天地,一木一自然"的人才百花园。

王绿国 清华大学教授

2016丙申年初夏作于清华园

# 学思知行强阅历　书香涵养润校园
## （序言Ⅱ）

欣逢北京市第八十中学建校60周年校庆，校友会倡导了一项意义非同寻常的纪念活动："校友重温母校课堂"。作为1968年入学的初中校友，又作为1982年回母校执教6年的语文教师，还凭借母校信任推荐成为新一届校友理事会的成员，三重身份集于一身，使我在阳春四月有幸三次走进八十中的新校区新课堂，重温母校那充满温馨与灵性的课堂教学，再度领略母校老师们的大爱润泽与智慧启迪。

首先，我参观了展示生物多样性及探索生命之谜的"生物情景教室"，沉浸在浩渺的宇宙、多姿多彩的生物链、神奇的基因图谱、有趣的无土栽培与淡水养殖、多媒体虚拟仿真、计算机大数据分析之中，深感课堂情境、教育技术、授课方式等骄人的变化，抚今追昔，感慨不已。

其后，我又走进了"第七届读书活动课堂教学展示"语文研究课的课堂，与高一年级的师生一起，探寻宋代大文豪苏东坡的曲折人生与辉煌的文学创作历程。短短一节课，其教与学的维度、容量与张力，同30年前相比，发生了惊人的巨变：从板书加卡片教学，变成了网络视频加移动IPAD电子阅读；从一课一篇带多篇，推进为以《前赤壁赋》一篇课文切入整本书的阅读教学，即通读《苏东坡传》、辅助资源检索、带动海量阅读；从读写结合完成文本作业，拓展到非连续文本自主创作，包括画出生平行迹图、编辑创作年谱、系统分析不同时期代表作、直至回归课文的深度理解。置身母校课堂发现诸多变化的同时，我也深切体验到：母校60年来持之以恒的师生亲和、教学相长、因材施教、融会贯通的课堂教学本真始终未变。

面对教育教学变革的挑战，八十中学高素质、专业化的师资队伍，是如何培育、历练、造就而成的呢？带着求知的渴望，数天之后，我再次走进母校的教师校本研修课堂。与当年教研组活动截然不同：校本研修的课时虽短，因教师有课只能利用午休时间(12:40—13:20)集中;任务却相当明确,"2016书香校园特辑"的教师作者,商润书稿完成修订;效率也很高,联通远程教学系统,不同校区同步进行,最终确保统稿质量与期限,因为团队集结的这部文集为全校教师开展了一年之久的"教师主题读书活动与课堂教学展示"的成果。

正是缘于参与这次研修活动,我先睹为快通读了"2016书香校园特辑",了解到八十中学坚持数年开展教师读书活动,将阅读专业理论与开展课改实践有机结合,作为校本研修的载体与教师专业发展的平台,完善制度与机制,形成学校文化的特色与传统。

学校注重顶层设计与持续推进,瞄准教育教学改革创新前沿,根据教师队伍建设需求,每年确定研读主题,提供推荐书目,展示学用结合的课堂教学成果,编辑出版读书心得。逐年积淀,全员参与,改革探索的主题连接为学校创新发展的主线,读书实践的成果转化为提升教育教学质量全面育人的成就。仅以2016年专辑为例,围绕"为学生思维发展而教"的主题,展开读书活动,并将读书、教科研与教育教学创新实践有机结合,聚焦课堂教学进行广泛探究与深入实验,内容涉及学生思维发展、探究未知与未来、核心素养与深度学习、为理解而教、主题教学与微课设计等很有实践价值的命题。

书中呈现了"想象力成就英语课堂的灵动",提供了"聚焦思维能力提升的'微积分基本定理'教学设计",分析了"物理建模学习进阶指导的策略",创设了"《常见天气系统》富有生命力的高中地理课堂",尝试了"《价格变动的影响》课堂模拟经济活动、感受经济学知识的生成新思路"……通过理论与实践的结合,超越知识与思维的学理纷争,开辟出一条教师创造性的教与学生主动的学有效契合的创新之路。

对于课堂教学绕不开、躲不过的"提问环节",书中几位作者都从"发展思维能力"的高度展开多元探索,如"建构追问式教学、做学习的启动者""教会学生质疑释疑、培养学生思维能力",化学教学运用"自我提问单"培养学生高品质自主学习能力,高中生物教学中"理性提问"促进学生思维能力的发展,等等;总之,把质疑与释疑的话语权、思考与创造的主动权真正赋予学生。

书中不少生动的课例,如走向深度学习的"质量守恒定律"课例,"战国四公子"专题阅读课例,"等效重力场"课例中的模型构建及数理整合分析,"对数函数及其性质""细胞融合""野草·复仇(其二)"等教学设计,都依据不同学科的内在规律,探索了构建学科核心概念、培育学科核心素养的热点命题,而"基于数学学科核心素养的自主学习指导"和"专题复习课中物理核心素养培养",亦从自学与复习两大重要环节,破解如何强化学生核心素养的难题。

在初中英语、信息技术等课上使用思维导图进行教学,在通用技术课堂上运用 STEM 创客项目进行尝试,由研读《断舍离》释放强劲的引力波进而在语文、数学、化学、生物、物理实验、生涯规划、通用技术诸多课程中探索"以学定教"的新模式,都令人耳目一新,看到了学以致用、以学促变、协同创新的生动局面和良好效果。

从参与读书活动的教师个体来看,阅读让忙碌的身心沉浸到宁静的佳境,由目治、心悟到笔谈、神通,由认知到认同、领悟到迁移、反思到创试、系统化到"格式塔"建模,读书心得逐渐演进并最终凝定为自己的教学艺术风格。从集体读书活动的教师团队考察,综合阅读与专业阅读、兴趣阅读与工具阅读、应用阅读与学理阅读、个性阅读与共享阅读等相互融合、优势互补,有助于专业群体的阅读效果与阅读能力的整体提升。仅从这部专辑中,可资借鉴的读书方式就有共读——提供书目、确定选题、定期交流、成果共享,研读——问题引领、校本教研、切磋琢磨、求实求真,创读——学以致用、以学促变、数字化阅读、非连续文本阅读、文本写作与数字化创作,悦读——专业阅读与实践创新结合、分析课例、发现规律、探寻本质、实现价值、著书立说、分享幸福;凡此种种,形式多样,开卷有益。

欧阳修有言:"立身以立学为先,立学以读书为本。"阅读是学习的基本功,读书与教师的教、学生的学相融相伴、互动互通。由此观之,"没有阅读的学校,不可能有真正的教育。"(朱永新语)进而审视教师的专业素养,要想教好书,先要好读书、读好书,还要善用书、能著书。好学、善教、能研、会著,是教师专业生涯必经的成长历程;也是学校教风、学风与学术"软实力"的体现;更是学生学会学习、终身学习的潜移默化、润物无声的引领。八十中学组织教师专业团队开展专业阅读,聚焦主题、学用结合、创新实践,通过"学思结合、知行统一、研创并举、共享成功"铺就操作路径、搭起合作平台,将教师年度读书心得结集出版,最终汇集成为首都名校科研著述与文化传承的丰硕宝藏。那一篇篇论文,犹如林木葱茏的绿色校园里苍翠常青的片片绿叶;一份份心得,堪为恪守教育情怀、潜心教学研究的"不二情书";由此集成的教师读书专辑,恰是"书香 80 校园"立德树人、永葆卓越的奠基石,也将成为"浸润 60 春秋"厚重积淀、永续发展的里程碑。

李方　北京教育学院原院长、教授<br>2016 年 5 月于母校 60 年华诞之际

# 前　言

书籍是人类智慧的结晶。读书决定一个人的修养和境界,关系一个民族的素质和力量,影响一个国家的前途和命运。作为人民教师,我们的读书和反思尤为重要。2016年度,我校老师围绕"为了学生思维发展而教"展开读书研讨活动,通过读书、做课、撰文、分享、编纂,终于将其中精华择要汇集于本书。

以"思维"为关键词在中国知网上检索,发现了7111695条记录,内容涵盖各行各业,大致都与教育有关,但是很难找到一个大家都能认可的定义。我们基于中学生教育的独特性和重要性,明确提出"思维"是将实际存在而又混乱的事物梳理清楚的心路历程和基于已知与想象进行创造性探索的过程。若以"思维能力培养"为关键词进行检索,发现436465条记录,内容涵盖大中小学的学科教学和相应管理教育活动;除了各种思维培养技能研讨外,主要定位在批判性思维能力是学生思维发展的核心要素。

1910年,美国哲学家约翰·杜威在《我们怎样思考》一书中首次提出批判性(反思性)思维,"反思性思维是根据信仰或假定的知识背后的依据及可能的推论来对它们进行主动、持续和缜密的思考。……简言之,反思性思维就是在进一步探究之前延迟判断"。杜威的论断引发了人们热烈的讨论,至今对于批判性思维大致的共识是:批判性思维立足于理性反思某个问题及其相关证据得出判断,即"为决定相信什么或做什么而进行合理的、反思性的思维",包括澄清意义、分析论证、评估证据、判断论断的合适性和推导有根据的结论等技能。

当今教学追求论证的过程与方法,实际上是对思维培养的重视。关注知识的形成过程就是将教学引导到发展学生思维能力上,特别是批判性思维的培养上。"理想的"批判性思维者具有开明和公正的心智,会搜寻证据,掌握全面信息,关注他人的观点及其理由,不作超出证据的断言,愿意考虑不同思路并校正观点。本书很多案例都体现各学科具体发展学生批判性思维的精神。

本书是北京市八十中学第七届读书交流会部分获奖论文和优秀课例。全书四大篇目从不同的角度分别阐述了融合在各个学科中的批判性思维发展过程,包括厘定和分析问题、澄清意义、收集证据、评估证据、推断结论、考察相关信息和做出综合判断。各位老师都力图最大限度帮助学生区别事实与判断、逻辑演绎与归纳、反思评价与拓展延伸。与对论证的逻辑评判不同,批判性思维在课堂教学中超越了单个论证的维度,有多种样态和可创造性成分,包括对证据的批判性评估。许多老师结合自己的实际教学案例渗透批判性思维者所具备的知识、技巧、态度和习性,即让他们能够且善于批判、公正客观批判、基于宽度而侧重深度批判和衔接生活生产实际进行思维的锻炼。

在本次成果汇编活动中,北京市教育学院前院长李方教授和清华大学王保国教授倾情相助,给出许多指导性建议甚至亲自操刀作序,再次深致谢忱!

田树林 2016/5/9

# 目 录
## CONTENTS

**学思篇** ·················································································· 1
课堂教学因"为学生思维发展"而精彩················· 赵玉泉 / 3
在情景活动中收获真知 ····································· 赵永红 / 13
建构追问式教学,做学生思维的启动者············· 王月红 / 17
教育的初衷,源于有生活价值的学习··················· 国 佳 / 23
英语课堂教学中学生思维能力的培养················· 杜洪见 / 29
透过"学习的本质"谈课堂教学·························· 姚 强 / 37
"微积分基本定理"教学设计与反思··················· 赵存宇 / 44
基于物理建模的学习进阶及其指导策略············· 姜连国 / 54
化学教学中运用"自我提问单"培养学生高品质自主学习能力
 ······················································· 于乃佳 范晓琼 / 64
什么是有价值的历史教学?······························ 张 燕 / 71
《为未知而教 为未来而学》有感······················· 皮艳芳 / 79
生涯规划教育:让学生为未来而学····················· 黄秀英 / 86
从思维训练角度分析中学阶段对外汉语教学中的诗歌教学······ 刘博蕊 / 93
注重培养学生的思维能力································ 宗世颖 / 105
课堂活动应"为学生思维发展"而设计··············· 刘玉双 / 109
为学生思维发展而教······································· 林 斌 / 113

**知行篇** ·················································································· 119
抽丝剥茧理文脉,提弦勾要明文意····················· 王学东 / 121

1

基于数学学科核心素养的自主学习指导 …………………… 贾应红 / 127
以建构主义指导小说阅读,培养高中生英语核心素养 ……… 吕寅梅 / 136
专题复习课中的模型构建及数理整合分析 …………………… 王朝祥 / 141
走向深度学习的课堂教学 ……………………………………… 李继良 / 147
通过高中生物教学中的"理性提问",促进学生理性思维能力的发展
………………………………………………………………… 韩宏杰 / 155
在经济活动的课堂模拟中感受经济学知识的生成 …………… 史达为 / 161
创设富有生命力的高中地理课堂 ……………………………… 杜文红 / 168
《苏东坡传》阅读教学设计 …………………………………… 石　丰 / 173
关注课堂自主探究,生发数学课堂活力 ……………………… 黄丹婷 / 177

**研创篇** ……………………………………………………………… 181
落实教学目标,培养学生思维能力,实现高效课堂 ………… 马清平 / 183
以挑战性学习任务提升学生的语文核心素养 ………………… 王　岱 / 186
通过英语项目式教学,培养初中学生的创新思维 …………… 曹美红 / 195
Mind Map 在初中英语听说教学中的应用 …………………… 彭琳惠 / 201
在初中信息技术课上使用思维导图进行教学的尝试 ………… 李孟尧 / 206
在通用技术课堂上运用 STEM 创客项目培养学生创新能力的研究
………………………………………………………………… 何　斌 / 210
整合课程资源　有效组织探究　构建核心概念　促进学生发展
………………………………………………………………… 李晋军 / 215
高中物理生态化教学资源的开发和利用 ……………………… 韩叙虹 / 223
初三数学复习课理解的深刻性与有效性 ……………………… 杨根深 / 233
浅谈高三"化工流程题"复习备考 …………………………… 桑寿德 / 240

**共享篇** ……………………………………………………………… 249
学生课堂思维品质培养之一得 ………………………………… 贾小林 / 251
学生质疑释疑,提高思维能力 ………………………………… 涂　洁 / 255
围绕"具有生活价值的知识"建构课程体系 ………………… 高　薇 / 259
超越知识与思维之争——为学生思维发展而教 ……………… 姚亭秀 / 264
点燃创造之光　提升思维能力　激越美好心灵 ……………… 解　强 / 267
激发学生思考,促进学生的思维发展 ………………………… 于丽云 / 271

为学生思维发展而教 …………………………………… 刘维涛 / 274
浅谈语文学科的思维能力培养 ………………………… 吴　丹 / 278
让想象力成就英语课堂的灵动 ………………………… 江　波 / 281
学习和思考并驾齐驱 …………………………………… 张　涛 / 286
"为理解而教"的语文课堂从创设问题情境开始 ……… 李　娟 / 288
AP 计算机课上的"为理解而教" ……………………… 孙明芳 / 294
当断不舍愁未离,轻易断舍不应弃 …………………… 洪伟男 / 297
学会"断舍离",让数学教学简捷有效 ………………… 梅景玉 / 301
"断舍离"与学生教育 …………………………………… 李建书 / 304
因学习而来　为未知而教 ……………………………… 叶地凤 / 307
谈语文教学中的"断舍离" ……………………………… 屈文举 / 311
将"断舍离"的思路应用到工作中 ……………………… 刘婉君 / 314

# 01
| 学 思 篇 |

# 课堂教学因"为学生思维发展"而精彩

思维能力是人的各种能力的核心,课堂教学依然是发展学生思维能力的主渠道,而课堂教学目标是课堂教学之"魂",它既是课堂教学设计的起点也是归宿,整个课堂教学过程就是以课堂教学目标为导向的一系列设计、实施、达成的活动过程,"以目标为本"的课堂教学过程观早已被人们所认可。因此,课堂上学生思维能力的发展是依托课堂教学目标的达成而实现的。"三维度"课堂教学目标的提出不仅是新课改的一大亮点,而且已经成为一线教师实施素质教育促进学生全面发展的具体抓手,"为学生思维发展"也自然成为"三维度"课堂教学目标的核心。钟启泉教授曾经说过:"课堂教学改革必须从变革教学设计做起,从推进'三维目标链'的教学设计做起"[1],新的课堂教学改革就是以课堂教学目标改革为核心的。因此,课堂教学也必然因以"为学生思维发展"为核心的"三维度"课堂教学目标改革、设计、实施以及达成而精彩。

## 一、课堂教学改革因"三维度"课堂教学目标改革而精彩

在《基础教育课程改革纲要》中,对于课程目标改革的要求是:"改变课程(目标)过于注重知识传授的倾向,强调形成积极主动的学习态度,使获得基础知识与基本技能(一维度)的过程同时成为学会学习(二维度)和形成正确价值观(三维度)的过程[说明:( )内容为笔者所注]。"笔者对此诠释三点:一是"改变课程过

图1 三维融合实现学生全面发展

于注重知识传授的倾向",并不是否定应该注重知识传授,而是要改变"过"的问题,"双基"传授依然是课程目标的首要维度,当然并不是唯一;二是"强调形成积极主动的学习态度",就是要学生由学习的被动接受者变为积极主动的建构者,并积极倡导开展自主、合作与探究以及实践等学习方式;三是"使获得基础知识与基本技能('知识与技能'目标)的过程同时成为学会学习('过程与方法'目标)和形成正确价值观('情感态度与价值观'目标)的过程",就是要由传统的过于注重"双基"一维度目标改变为"知识与技能""过程与方法""情感态度与价值观"三维度目标,并且"三维度"课程目标要有机融合在一起,以实现学生全面发展,而学生全面发展的核心是思维能力发展(如图1所示)。

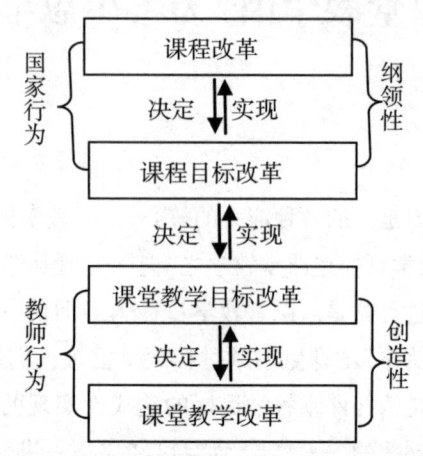

图 2 课程改革、课程目标改革、课堂教学目标改革以及课堂教学改革四者之间的关系

笔者认为,课程改革、课程目标改革、课堂教学目标改革以及课堂教学改革四者之间的关系如图2所示。据此可知,课堂教学目标是实现课程目标和决定课堂教学的核心,因此,如何科学设计与实施"三维度"课堂教学目标显然就成为决定新课改成败的关键。虽然,新课改已经进入课堂教学改革这一深水区,但并不是浑水区,那就是要在国家课程改革、课程目标改革纲领指导下,需要教师清醒地、紧紧地围绕如何科学设计与实施"三维度"课堂教学目标来创造性地开展课堂教学改革。因此,课堂教学改革必然会因"三维度"课堂教学目标改革而精彩。

那么,我们如何设计"三维度"课堂教学目标呢?

**二、课堂教学设计因"三维度四水平"课堂教学目标链的形成而精彩**

课堂教学目标不仅有"维度"问题,而且应该有"难度"问题。比如,在普通高中化学课程标准中,将认知性学习目标分为四个难度水平、技能性和体验性学习目标各分为三个难度水平,并用不同的行为动词加以区分:同一维度不同难度水平使用不同的行为动词,同一难度水平不同维度使用的行为动词也不同,不同难度水平不同维度使用的行为动词当然更不同，而且同一维度同一难度水平还可以使用不同行为动词，因此造成教师在具体使用这些行为动词时非常混乱；另外，由于汉语言的丰富性，相近的行为动词还有很多，用不同的行为动词来区分教学目标的难度水平，确实让一线教师难以准确运用和有效区分，造成教学目标难度水平界定混乱；同时，由于三维度教学目标是有机融合在一起的，自然就会出现在某一个教学目标中所包含的三维度目标难度水平各不相同的情况，也确实让教师们无所适从，不知以何为基准来界定其难度水平，很多教师甚至从来没有考虑过这个问题，几乎从来都没有对教学目标难度水平进行明确清晰的界定，只是混乱地堆砌在一起，不知道哪些教学目标学生通过自主、合作学习就可以达成，哪些教学目标须通过师生合作与探究才能实现，缺乏对教学过程设计与实施的指导作用，在课堂上逐一落实每一个教学目标，眉毛胡子一把抓，既不利于培养学生各种学习能力，也不能突出重点突破难点，自然出现"满堂灌""填鸭式""照本宣科"等问题[2]。

那么，如何将"三维度"教学目标简单而又科学合理地界定在何种难度水平呢？

经过多方理论研究和实践探索，借鉴玛扎诺理论，以"知识与技能"的难度水平为基准，将三维度教学目标划分为四个难度水平，从低到高分别为：水平1—知识与技能提取目标，水平2—理解目标，水平3—分析目标，水平4—知识与技能运用目标，这就是基于玛扎诺理论的"四水平"课堂教学目标。"三维度四水平"课堂教学目标就是指由授课教师或师生共同依据"三维度"课程目标要求、教学内容以及学生实际情况等，在课堂教学设计时制定的、通过课堂教学活动实现的学生需要在"三维度"上预期达成的教学结果；同时，依据玛扎诺理论，以"知识与技能"难度水平为基准，将三维度教学目标划分为四个难度水平，并按照"四水平"由低到高序列呈现出来。这种基于将新课程理念的"三维度"和玛扎诺理论的"四水平"有机融合起来，作为课堂教学目标设计的理论依据，设计出来的三维度融合、四水平分明的课堂教学目标，将其称之为"三维度四水平"课堂教学目标[3]。"三维度四水平"课堂教学目标设计流程与表述形式如图3所示[2]。

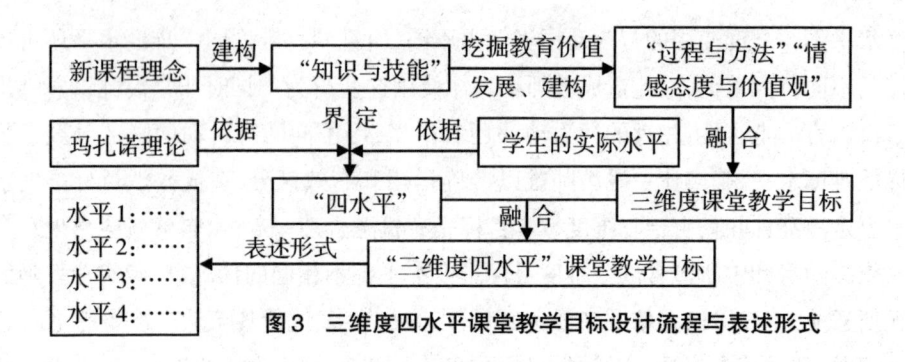

图3 三维度四水平课堂教学目标设计流程与表述形式

"三维度四水平"课堂教学目标正是"三维度"课堂教学目标按照"四水平"形成的一个完整的进阶式的"三维目标链"（如图4所示），其完全符合学生的认知与思维规律，必将有利于学生思维能力进阶式发展，因此，"三维度四水平"课堂教学目标链的形成必然使课堂教学设计因此而精彩。

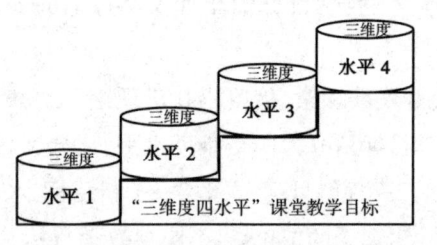

图4 一个完整的进阶式的"三维目标链"

那么，在课堂教学中如何实施"三维度四水平"课堂教学目标呢？

### 三、课堂教学实施因"大课堂观"下实现"三维度四水平"课堂教学目标而精彩

新课程实施以来，一直困扰一线教师的课堂教学问题还很多，其中突出的一点就是：课上开展了合作与探究式教学，以发展学生思维的深刻性、灵活性、独创性、批判性、敏捷性和系统性等思维品质[4]，但难以完成教学任务，无法达成全部的课堂教学目标，更谈不上让学生课上自主学习，大部分的课堂教学只能达成低水平层次的课堂教学目标，课堂教学水平始终在低水平层次徘徊。那么，学生的自主学习能力又要在何时如何培养呢？更高水平层次的课堂教学目标又该怎样达成呢？这不能不让我们反思：难道课堂教学目标只能在课上来达成吗？低水平

层次的课堂教学目标需要在课上达成吗？部分具有一定研究性、社会实践性等超越课上能够完成的活动与任务的目标课上能够达成吗？课上是培养学生自主学习能力的主阵地吗？学生自主学习的时空又该在哪里呢？又该给学生提供哪些适合于自主学习的目标、资源以及活动与任务来驱动呢？等等。如何解决？首先必须革新课堂观，因为课堂观直接影响和制约着师生的课堂教学行为。基于以上思考，笔者提出了新的"大课堂观"的概念：就是基于将传统课堂教学目标（通常指课上）分解为课前目标、课上目标和课后目标的基础上，对于课堂教学总的根本的看法。既不同于传统的课堂观，也有别于现代有些人提出的大课堂观，现比较如下（详见表1）。

表1 传统课堂观、现代有些人提出的"大课堂观"与笔者提出的"大课堂观"三者比较

| 课堂观 | 时间维度 | 空间维度 | 活动维度 | 本质区别 |
| --- | --- | --- | --- | --- |
| 传统课堂观<br>有些人提出的"大课堂观"<br>笔者提出的"大课堂观" | 课上45分钟<br>课上45分钟→延长<br>课前←课上→课后 | 教室<br>校内→校外、国内→国外<br>课前→学生自主<br>课上→教室<br>课后→学生自主 | 班级师生教学活动<br>班级师生+专家学者+…<br>课前→自主、合作学习<br>课上→合作、探究学习<br>课后→实践学习 | 笔者提出的"大课堂观"是基于将传统课堂教学目标（通常指课上）分解为课前目标、课上目标和课后目标 |

在这样的"大课堂观"下，"三维度四水平"课堂教学目标就不仅是"三维度"课堂教学目标按照"四水平"形成的一个完整的进阶式的"三维目标链"，而且是能够形成适于学生课前—课上—课后学习的"三维目标链"。一般来讲，水平1和部分水平2的目标（"多少"与学生个体实际水平密切相关），即课前目标学生通过课前个人或小组自主学习是可以达成的，部分水平2和部分水平3的目标学生通过课上集体自主与合作学习也是可以达成的，部分水平3和水平4的目标则要课上通过师生合作共同探究来达成，而最后部分水平4的目标（如，具有一定研究性、社会实践性等超越课上能够完成的活动与任务的目标，"有无"与课标要求、教学内容等密切相关）则需要通过课后实践学习来达成，这样就又形成了以主要学习方式为代表的"自主—合作与探究—实践"学习方式链，并且与"三维度四水平"课堂教学目标链以及"课前—课上—课后"三维目标链实现"三链融合、三维一体"，从而形成了"大课堂观"下实施"三维度四水平"课堂教学目标的"三链融

合、三维一体"课堂教学结构(如图5所示)。

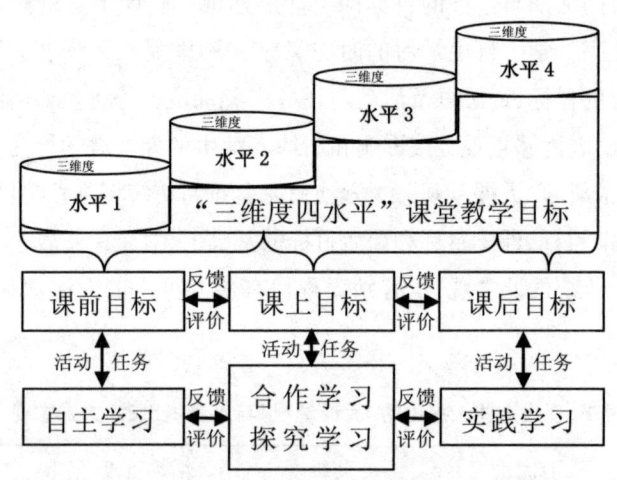

图5 "大课堂观"下实施"三维度四水平"课堂教学目标的"三链融合、三维一体"课堂教学结构

简言之,由于课堂教学目标的难度水平不同,则达成目标所需要的时空以及活动与任务不同,所采用的教与学的方式也不同。"大课堂观"下实施"三维度四水平"课堂教学目标,不仅课堂教学目标的难易水平明确,而且明确了教学目标达成的时空与方式,既有利于培养学生自主、合作与探究以及实践学习能力,又能够重点突出、难点突破、疑点突显,也必然能够改变传统课堂教学流程,因此,"大课堂观"下实施"三维度四水平"课堂教学目标的课堂教学流程可以简单归纳为"三步二反馈"(如图6所示)。

```
┌─────────────────────────────────────┐
│     "三维度四水平"课堂教学目标       │
│  ┌───────────────────────────────┐  │
│  │ 第三步，教师：指导；          │  │
│  │        学生：课后实践学习；    │  │
│  │        目的：达成课后目标      │  │
│  │  ┌─────────────────────────┐  │  │
│  │  │      反馈与评价         │  │  │
│  │  │ 第二步，教师：组织、指导、参与；│
│  │  │        学生：课上合作、探究学习；│
│  │  │        目的：达成课上目标 │  │  │
│  │  │  ┌───────────────────┐  │  │  │
│  │  │  │    反馈与评价     │  │  │  │
│  │  │  │ 第一步，教师：提前发放自主学研案；│
│  │  │  │        学生：课前自主学习；│
│  │  │  │        目的：达成课前目标│
└─────────────────────────────────────┘
```

图 6 "大课堂观"下实施"三维度四水平"
课堂教学目标的课堂教学流程

第一步，教师至少提前一天给每位学生发放自主学研案。自主学研案的主要内容包括课题、"三维度四水平"课堂学习目标、学习重点、难点、资源（包括微视频）以及活动与任务、反馈与评价等。学生依据自主学研案通过课前自主学习达成课前目标，一般可达成水平1的全部目标和水平2的部分目标。

第二步，教师通过对学生课前自主学习情况进行反馈与评价（可以作为"课前"最后一个环节，也可以作为"课上"第一个环节），从而准确掌握学生课前目标达成的实际情况并依此确定课上教学目标的起点（一般为水平2的某一目标或水平3目标），真正做到先学后教、以学定教，课上主要采用师生与生生合作、探究学习方式达成相应的课上教学目标，并进行及时的反馈与评价（可以课上随时进行，也可以作为"课上"最后一个环节，或"课后"第一个环节）。

第三步，教师根据对于课上的反馈与评价情况，指导学生进行课后实践学习，达成课后目标。一方面，在课后实践应用中进一步巩固、提升水平4的目标，另一方面具有一定研究型、实践性等超越课上能够完成的活动与任务的部分水平4的目标，学生必须在课后通过实践学习才能够达成。

值得说明的是：一是课前学生以自主学习方式为主，课上以合作与探究学习方式为主，课后以实践学习方式为主，自主、合作与探究以及实践学习方式是有机融合、相辅相成的，不要将各种学习方式彼此完全孤立起来。二是必要的学习资源，包括学生自有的——教科书、学习参考书、练习册等资源，还有教师提供的——自主学研案、微视频、学具与教具、反馈与评价、活动与任务以及练习与作业等资源。三是"三维度四水平"课堂教学目标中"水平2（部分）"以及"水平4（部分）"中，"部分"的多少与有无取决于多种因素，比如，学生自主学习能力的强弱、自主学研案以及微视频的指导作用强弱、目标本身挑战性大小、学生已有相关知识与技能的多少等等因素密切相关，特别是水平4目标作为知识与技能运用，有的是需要课后走入实验室、走进社会、生产、生活等进行实验、制作、调研等实践活动才能达成的这部分目标，那是必须在课后才能实现的。因此，"大课堂观"下实现"三维度四水平"课堂教学目标必然使课堂教学实施因此而精彩。

**四、课堂教学特色因"三维度四水平"课堂教学目标的达成而精彩**

近年来，在田树林校长"一人一天地，一木一自然——让生命因教育而精彩"的办学思想指导下，以培养思维能力、自主学习能力为重点，以促进学生学习方式和教师教学方式转变为抓手，以提高教学质量为目标，紧紧围绕"和谐课堂"这一办学方略，积极开展课堂教学改革，努力建构学校特色课堂。为此，田校长又具体提出了："以信息技术为支撑实现三维度四水平课堂教学目标"的课堂教学改革新思想（如图7所示），为学校课堂教学改革指明了具体的方向和道路，也逐渐形成了学校课堂教学特色。

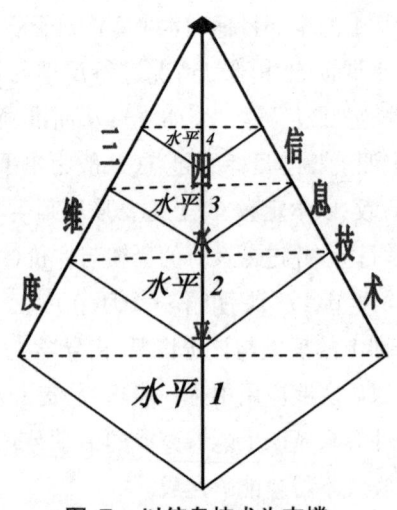

**图 7　以信息技术为支撑**
**实现"三维度四水平"课堂教学目标**

（一）"三维度四水平"课堂教学目标的达成使得课堂教学功能得以精彩实现

1. 实现了全面育人的功能。

现代课堂教学是否实现全面育人功能，关键就是看"三维度"课堂教学目标是否达成，"三链融合、三维一体"课堂教学结构下的"三步二反馈"教学流程，确保了"三维度"课堂教学目标全面而又进阶式达成，也就标志着课堂教学全面育人功能的实现。

2. 实现了课程目标改革要求的功能。

课堂教学依然是实施课程的主渠道，要想实现课程目标的改革要求就必须有相应的课堂教学目标与之相适应，"三维度四水平"课堂教学目标的达成很好地实现了课程目标改革要求。

3. 突显了转变学与教方式的功能。

"自主—合作与探究—实践"学习方式链不仅实现了转变学生学习方式这一新课改的核心任务；而且践行了教法服务于学法的理念，必然同时实现了转变教学方式的功能。

4. 强化了培养创新精神和实践能力的功能。

尤其是通过课上合作与探究学习以及课后实践学习，强化了通过课堂教学培养创新精神和实践能力的功能，有利于培养出创造型人才。

（二）"三维度四水平"课堂教学目标的达成使得课堂教学效益得以精彩发挥

课堂教学效益是指单位课堂教学时间（通常指课上）达成课堂教学目标的综合水平。"大课堂观"下实施"三维度四水平"课堂教学目标不仅能够最大限度地提高课上的课堂教学效益（能够达成水平4的全部或部分的课堂教学目标水平），而且能够给学生课前和课后自主与实践学习预留了广阔的时空。

从学校层面，就必然会引发学校的课程设置、实施与管理等全方位的变革，也更适合于新高考制度下实施"分类分层走班"制下的课堂教学安排与实施。因为，由于它能够最大限度地提高课上的课堂教学效益，从而可以大大减少（一般可以减少到传统的一半）课上的课时安排，真正回归到国家课程方案所设计的课时。

从教师层面来讲，必然能够大大促进教师的专业化发展。教师专业化发展可以理解为教师由非专业人员成长为不仅知道"教什么""教到什么水平"，而且知道"怎么教"的专业人员的过程。教师能够充分挖掘出"知识与技能"中所蕴含的"过程与方法""情感态度与价值观"并有机融合成"三维度"课堂教学目标，同时能够按照"四水平"由低到高序列呈现出来形成"三维度四水平"课堂教学目标链,这本身对于教师的专业化水平要求就很高,在"三维度四水平"课堂教学目标链的设计过程中教师不仅知道了"教什么",而且知道了"教到什么水平";在"大课堂观"下实施"三维度四水平"课堂教学目标又很好地解决了教师"怎么教"的问题。

从学生层面来讲,在"大课堂观"下"三维度"课堂教学目标按照"四水平"进阶式达成,符合学生认知的基本规律和学生心理、生理以及思维特点,有利于提高学生的学习效益,发展学生的思维能力。一是学生通过课前与课后自主与实践为主的学习,不仅学生自主学习能力大大增强,而且有利于学生独立思维与终身学习能力的逐渐形成。二是学生通过课上合作与探究为主的学习,不仅学生合作与交流能力、主动参与、乐于探究、勤于动手等能力得到大大提升,而且有利于以发展学生思维的深刻性、灵活性、独创性、批判性、敏捷性和系统性等思维品质。三是学生通过课前、课上和课后的实践学习,培养了学生搜集和处理信息的能力、获取新知识的能力、分析和解决问题的能力。

赵玉泉/文

**参考文献**

[1]钟启泉:《打造教师的一双慧眼——谈"三维目标"教学的研究》,《上海教育研究》2010 年第 2 期。

[2]赵玉泉:《"三维度四水平"高中化学课堂教学目标设计与实施》,《中学化学教与学》2015 年第 7 期。

[3]赵玉泉、于乃佳:《"大课堂观"下实施"三维度四水平"课堂教学目标》,《中学化学教学参考》2016 年第 1 期。

[4]360 百科.思维品质.http://baike.so.com/doc/6799906 - 7016723.html.

**书海撷英**

我们赋予"学习"一词一种强有力的意义。我们应把它放在个人或社会炼制知识和调用知识的动力学中来考虑。我们关心的不仅仅是描述学习者所记忆的东西或描述他知道如何进行的操作,而是解释学习者如何理解、记忆、重建知识,特别是解释个体用所学的知识能够做的事。只有当学习这种能力给个体带来了更多的东西,特别是当个体能够利用其所学时,我们才对这样的学习感兴趣。

# 在情景活动中收获真知

人究竟是如何学习的？怎样才能有效促进学习？记忆、动机、愿望和情绪在学习中占据着怎样的地位？联合国教科文组织特别顾问安德烈·焦尔当的《学习的本质》带我探索学习复杂性的奥秘，这本书提出了一种全新的学习方法。它让我们看到学习是一个复杂过程，常常充满冲突，需要打破我们头脑中固有的概念。作者提出了如何更好地学习的实际建议，并重新定义了学校的角色和地位。他认为在一个日新月异、不断创新的社会中，学校教育必须发展一种"质疑文化"，作为教师必须了解学习者，必须重视学生的个人学习欲望，设置合理的教学环境促进学生对学习信号的接收，提高学习效率。

根据这个理念，我想在主题阅读这一方面尝试一下教学实践的研究。

中华文明源远流长，其中特别具有代表性的是充满奇幻色彩的中国古代神话故事和栩栩如生的中国古代神话人物形象。中国的神话反映了中华民族的特性，神话里祖先们伟大的敢争日月、勤政为民精神，实在值得作为后代子孙的我们去学习、发扬。这些神话就像一朵朵文明之花在中国文化史上散发幽香，它们是古代先民遗留给我们的最宝贵的文化遗产。我想也正是这个原因，人教版七年级下册的语文教材也收录了两篇中国古代神话《夸父逐日》和《共工怒触不周山》，这两篇神话故事中记载着远古人民丰富的想象，其中所体现的先民的气概值得我们思索。七年级的学生充满好奇心，尤其对一些具有传奇性的故事抱以极大的兴趣，他们被夸父和共工这两个神话人物的传奇故事所感染，有一些学生竟自觉找到《山海经》来读。我突然意识到这是进行中国传统文化教育的一个很好的切入点。《语文课程标准》中指出："语文课程对继承和弘扬中华民族优秀文化传统和革命传统，增强民族文化认同感，增强民族凝聚力和创造力，具有不可替代的优势。"而我们当前的语文教学中确实存在优秀传统文化内容彰显不足、经典文学作品阅读量不够的问题。那么怎样才能解决这个问题，刺激学习者的学习欲望，设置合理教学情景不失为一个很好的选择。我们可以以课本为依托，引入相关的课外阅读材料,开展主题阅读的方式,让学生打开视野,让深入阅读促进学生发现、分析问题的能力,促进学生语文素养的积淀。

我设计了《中国古代神话人物形象主题阅读》一课,具体教学目标如下:学习运用工具书并结合语境疏通文言文的方法;通过整合分类的方法,发现中国古代神话中人物形象的特点;尝试探究中国古代神话人物形象产生的原因及现实意义;重视对国学经典文化的学习,增强民族文化的认同感。

本节课的教学流程主要分为四个部分:课前预习、依文配图;看图猜事、回忆神话;追本溯源、寻找字义;人以群分、认识英雄;分析原因、植根文化。

可以说每个环节都是围绕着情景活动展开,下面说一说每一个环节的具体内容和设计意图及上后的效果。

第一环节:依文配图,创设预习环境。

教材中给出的两则古代神话故事《夸父逐日》《共工怒触不周山》,我又在众多神话中挑选了这八则《女娲补天》《后羿射日》《黄帝战蚩尤》《精卫填海》《刑天舞干戚》《盘古开天地》《鲧禹治水》《神农种五谷》。七八百字的文言对于初一的学生来说不是一个简单的任务,需要给学生充足的自学预习的时间,预习要有明确的任务,我共安排了两个任务,第一,读神话故事,借助工具书尝试翻译文本,标出自己不理解的词或句。第二,选取一个神话故事,根据内容配插图。这样做的目的是充分使学生熟悉文本,调动学生学习文言的兴趣,鼓励学生有多种多样的个性表达。经过上面的学生自主学习后,进入到课堂教学环节。

第二环节:看图猜事,预热课堂。

这些插图就是学生预习后的成果,五花八门的图画展示了孩子们的智慧,无论是画面构思,还是绘图、颜色,学生都有自己的看法,学生们用自己的想象依据文本内容丰富自己头脑中的神话人物形象,展现了自己理解的神话故事。这一个个独特的亲切的画面,是由学生创造出来的富有生命的教学资源,通过看图猜神话的导入方式,既轻松地带领学生回忆了神话的名称,又使学生带着强烈的好奇心进入到本节课的学习中。

第三环节:自己探寻,小组创新发现。

理解文义是感悟形象的前提,虽然这几篇文言神话比较浅显,但是有个别文言字词确实是学生疏通文义的"拦路虎"。我认为,不管怎样打掉这些"拦路虎","打虎主人"必须是学生。"句之清英,字不妄也",学习文言的初始阶段培养学生析"字"的能力很重要,学生有遇难字查古代汉语字典的能力,但是面对众多义项时往往会手足无措。《语文课程标准》中指出"引导学生丰富语言积累,培养语感,发展思维,初步掌握学习语文的基本方法,养成良好的学习习惯"。因此,作为文言文教学,应该培养学生利用工具书解决文意的能力。所以,我以《神农种五谷》中"神而化之,使民易之"中"易"字为例,教授他们结合上下文语境推测义项的方法。然后以小组合作的形式,让学生交流文段中不能解释的字词,借助《古汉语常用字字典》结合上下文,明确词义。通过此环节,学生在思辨的过程中,不但达到了熟悉学习文言方法,疏通神话故事内容的目的,同时增加了学生的文言词汇积累。

第四环节:利用教具,分类整合

在了解了神话故事、认识了神话人物的基础上,我希望学生对所给语料有一个整合分析形成自我认识的能力。在开放的交流中,打开思维碰撞的火花。为了使学生能够完成这个任务,我主要做了两个方面的准备,第一,在选择语料时除了在古代神话人物这个大的主题意识下选取,还要注意到选取各种不同类型的人物形象,比如神话内容有创世神话也有战争、农耕神话,神话故事有为人民造福也有发动战争,神话人物有男性也有女性,给学生分类整合的空间,便于学生分析得出结论。第二,设计纸板、磁石教学用具便于学生表述观点。在此基础上,我开展了小组合作研究活动:把中国古代神话人物形象进行分类,运用一个关键词阐明分类的原因。要求:1. 把关键词记录在纸板上。2. 利用纸板和磁石展示,阐述理由时清晰、简明。学生们的讨论很激烈,这是课堂上学生得出的结论:……

为了使学生对古代人物形象的特点有更系统的认识,我又创设了一个小组活动:仿照《笠翁对韵》的形式给古代神话人物写对联。楹联是一种非常具有概括能力、表现能力的中华优秀传统文化的独特表现形式。用传统的形式展现神话人物的故事和精神受到学生的喜爱,以下是学生的作品:……

在三五分钟创作出这样的作品确实令我兴奋,我们的学生对传统文化还是抱有很强的兴趣,具备很强的接受能力的。最后充分利用学生提出的关键词,利用纸板和磁石教具进行了小结,古代神话人物的勇敢、坚毅、智慧、勤政的特点得以展现,至此完成了本节课的教学重点。

纵观本节课,我以拓展传统文化阅读为目的,以中国古代神话人物形象主题阅读为任务,以小组合作探究学习为驱动力,充分重视活动设计和教学用具的利用,努力做到在语文实践中让学生体会中国文化的博大精深,注重方法指导和能力培养,努力做到尊重学生的个性表达,鼓励他们的创新思想。课堂四个环节依据学习者的特点,设计了相应的情景环节,对于学习者来说是一个很好的信号刺激。

正如《学习的本质》中所说:"学习,是一种社会动力。""学习是一项持续的事业,它要求人们时刻跳出习惯性常规和自命真理。学校不能仅限于传播社会记忆,它必须帮助学生预测、创造新的共同生活的方式。人们要进行的知识炼制超出了单靠自身努力所达到的极限,因此必须发展人与人之间的互动和合作,以促进知识的分享。"看来,在我今后的教学中一定还要设置合理的情景活动,在互动合作中促进学生的进步。

赵永红/文

**书海撷英**

　　学习并不是一个让人着迷的话题。"我喜欢足球,喜欢说唱……但先生,我不喜欢学习!""学习有什么用?太累人了!""学习让人头疼!"大多数时候,学习都被看作一件"枯燥乏味、难以攻克"的事。而一谈论到学习,我们总是下意识地将它与学校联系到一起。学校出现的时间并不长,只有一百多年的历史,它自始至终都没能让学生爱上学习,然而它的首要目标恰恰是引导学生愿意学习。

# 建构追问式教学，做学生思维的启动者

《学习的本质》一书中指出："学习者不是单纯的学习参与者，而是他所学的东西的创造者，别人永远不可能替代他去学。教师要成为学习的启动者，要通过自己提出的问题、做出的反应或者提议的活动，引起学生的好奇和惊讶。他要能让学生从一个新角度观察世界和各种现象。"《新课程标准》明确指出：学习方式的转变，意味着必须关注学生的学习过程和方法，关注学生是用什么样的手段和方法、通过什么样的途径获得知识的。也就是说，教师是学生思维的催生者，是学生学习的启动者，教师应关注学生的学习过程而非结果，关注思维方式而非答案。追问就是教师关注学习过程、拓展思维的一种教法。有效地追问可以启迪智慧、激发兴趣。

作文教学极富个性，正适合追问式教学法；而追问式教学法，也正为学习者提供了一个与环境、教育情境互动的空间，促进生生间、师生间的交流与置疑。正因如此，在作文教学中运用追问式教学，能够让学生在思想的碰撞中真正感受到思考的快乐。在这样的课堂上"教师扮演着唤醒者的角色，确保提问、炼制、参与和意识觉醒的时间"，适时地引导学习，催生思想，拓展知识。

那么如何进行有效地追问？我总结为：一个注意，四种方法。

## 一、一个注意——"随机"但不"随意"

课堂上学生的思维一旦被激发起来，智慧的火花就会随处闪现。这就要求教师的追问能够敏锐地捕捉到学生思维中存在的问题和不足，或提醒，或补充，或引申，或纠错等等，随机应变。这也就是所谓的"教师通过话语或行为让学生和某个内容产生关联，鼓励他进入学习过程。"同时，教师更要能引导学生在初始问题的基础上进一步展开深入而周密的思考，由表及里，由浅入深，由此及彼……直到理解得更准确、全面、细致、深刻为止。这才是"追问"之"追"的功效。这就要求教师的追问虽"随机"但绝不"随意"；教师于追问时一定要目的明确，站位准确，引领到位。

例如,结合《邹忌讽齐王纳谏》一文进行作文审题立意的练习时,学生依据邹忌"暮寝而思之"得出观点:要多思考多反思,总结生活的规律并运用到自己的学习和生活中。这一观点很明显是出现了泛话题倾向,这也是学生写作中最常见的典型错误之一。于是我抓住时机,既然观点由材料得出,那么追问就从材料入手:"'暮寝而思之'是邹忌在反思生活或学习中的事,进而得出规律再运用到生活中去吗?"这一追问的目的是引导学生重新回归文本,正确解读材料。学生立刻认识到:"噢,不是,是反思生活中的小事,总结经验教训。"这个学生明白了,那么其他学生是否明白呢?进一步追问其他同学:"听上去似乎差不多的两句话,为什么让他修改呢?""这个同学前后两个观点有什么差异呢?"……追问,正是随机且及时的追问,引导学生理解了什么是泛话题,泛话题是如何形成的,危害何在,进而廓清思想迷雾,防患于未然。

又如,一位学生说齐宣王"勇于"纳谏。但是结合材料可知,齐宣王是"善于"纳谏,而不是"勇于"。正在此时,我捕捉到学生的一声"啊?"我知道这是有人有异议了,此刻正是关键。我立刻抓住这个机会找寻声音来源,并问"啊什么?有什么建议吗?"该生答道:"不是勇于纳谏,是善于纳谏。"我进一步追问:"为什么不是勇于纳谏而是善于纳谏?"于是学生分析材料分清了二者间的区别,其他同学也听得津津有味。教师善于倾听,及时发现问题并有效追问,让学生不仅明白了问题出现的原因,而且能够自我教育,事半功倍,增强了学习兴趣。

再如,在以"手"为话题的作文审题立意练习中,一个学生归纳的观点完全是政治书上的术语。以政治学科的语言来进行文学写作,是学生写作中的一个典型问题。在这个学生阐述观点的时候,一个学生笑出了声。我知道这个孩子明白问题出在哪了。于是我随即改变思路,及时追问:"能跟大家说说你在笑什么吗?""他说的都是正在复习的政治书上的话。"学生的一句话切中要害,其他同学立刻心领神会,但是还有点迷惑:政治书上的政治术语不能做观点写成议论段吗?观察到学生的小困惑,此时我再针对这个问题说清讲透,学生立刻明白了政治术语和文学语言的差异,知晓了语言转化能力的重要性。

"随机"而不"随意",我们的追问才不是无序杂乱的,而是有针对性的、有效的。

**二、四种方法——搭台阶式追问、给舞台式追问、打开窗式追问、领入门式追问**

（一）搭台阶式追问——提升水平

学生的思考有时过于粗疏浅白，文章立意常常少高度、没深度，这时候就需要教师"能够通过自己提出的问题、做出的反应或者提议的活动，引起学生的好奇和惊讶。他要能让学生从一个新角度观察世界和各种现象。他给予学生信任，帮助他们有所意识。"教师此时的有效的追问，要能够给学生的思维搭建起台阶，引领学生深入思考，或者找寻更好的认识事物的角度，不断提升立意高度。

如，以"手"为话题，学生由手的功能联想到一双粗糙的劳动者的手，"手代表着劳动，人们享受的物质财富都是由手创造的"，学生能够由手而想到劳动者，想到劳动创造财富，如能有典型的生活事例，展现学生对于现实生活的关注就最好，因为"盘点生活的能力"正是高考作文能力要求之一。我追问："要读圣贤书也要闻窗外事。你能不能找个生活中的例子呢？"由此开始，学生将眼光投向现实生活，想到了有关对民工生活的关注，文章想到了对宿管阿姨的报道，思考如何看待所谓"蓝领"问题，想到大学生职业选择与职业歧视问题等等。搭台阶式追问，让学生抽象的思想具象化，让学生的眼光投向现实生活中的众生百态，展现出一个高中生应有的思想力度。

再如，有学生从"手"想到打人时先要握紧拳头退一步，这样才能有力出击打倒对手，并由此衍生出观点"有时后退是为了更好地前进"。很明显，由"打人"说起，给人精神境界不高的感觉。于是我进一步追问引导："由打人来引出观点好吗？"问题一出学生立刻认识到出发点低了。再引导："握拳后撤，上步出拳，难道就是为了打人吗？""不是，还有练武的时候。""对啊，那么能不能重新再来一遍？""中国的国粹武术，常常是握拳后撤以退为进。做人也是如此，有时后退是为了更好地前进。"给学生的思想搭个台阶，学生能够沿着教师追问的阶梯不断攀登提升。

由此可见，搭台阶式追问，能够让浅白的思想深刻化，将简单的一个想法逐步提升为深刻认识，从而提升学生的思维能力，提升思想水平。

（二）给舞台式追问——展示才华

每个人的生活阅历不同，学养底蕴不等，于是看问题的角度也各不相同。即使是同一材料，每个人的看法也千差万别；即使是同一事例，每个人的解读角度也不尽相同；即使是同一个观点，每个人举出的实例也不同，正如《学习的本质》一书中所言："教师是提出问题的人，而不是操控者。他不应只顾把学生引向自己的教学计划、阐释或教学进度，而是必须尊重学生的自由，让他们找到自己的道路和自主权。"而这，正是作文教学的魅力所在。于是作文教学中的追问常常会体现出一种思想交锋之美。学生在思想的交锋与碰撞中，不断激起智慧的火花，教师要做到的，就是准确及时地抓住这些火花，通过"给舞台式"追问，让学生有个广阔的空间不断完善思想，展示才华，让学生体会到思考的乐趣，体会到成就感，不断激发学习热情，促进学生学习。

例如，学生在"手"这个话题的讨论中，思路逐渐明朗——手、黑手、幕后黑手，给台阶式追问"对幕后黑手怎么办？"引领思考"斩断幕后黑手"，进一步思考"斩断企业的幕后黑手，以诚待客"。正好紧邻"三一五"晚会，众多产品质量问题被曝光，这曾引起学生的广泛关注与深入探讨。于是我抓住机会，利用"给舞台式"追问，让学生举例证明观点，展示自己的积累和思考结果，在论证过程中感受积累的重要性，感受成功的喜悦，感受表达的快乐，激发学习兴趣。

再如，在对"手"的联想中，学生想到霍金虽然只有一根手指可以动，却用着一个手指敲开了宇宙神秘的大门。这个想法与众不同，不是大家说到"手"时反映出的灵活的手，而是想到了残缺的手、有残疾的手，这里暗含着逆向思维模式，而逆向思维正是观点出新、拓展思路的重要思维方式。于是我立刻抓住这一点"给舞台"，引领学生进一步打开思路，在更广阔的舞台上让思想起舞。于是学生由此生发开去，想到了"无形的手"，想到了高考作文"隐形的翅膀"，想到了没有手的钢琴家刘伟……在这里，学生的思路空前活跃，平时头脑中储备的例子，那些看似与话题无关的例子，此时都鲜活起来，生动起来。学生感受到思维的练习层层荡漾开去，激起思维的浪花。

原来，思想就在学生脑子里，等待着老师给学生一方舞台，学生就可以放开自己的思想，让思想翩然起舞。

（三）打开窗式追问——拓展视野

有时学生的思想维度很窄，立意雷同，观点扎堆。此时需要老师"成为激发学习动机的专家"，"通过陪伴促进学习进程"，展开"打开窗式"追问，引导学生打开视野，拓展思路，再次获得信心，消解失败感，从而找寻更新更好的立意角度。

例如，以《邹忌讽齐王纳谏》为材料来审题立意，学生的思路开始呈现出单一趋同的态势，都挤在"进谏也要讲方法"和"人要善于听取意见"这两个方面。此时"打开窗式"追问就很必要了。"文中仅仅出现了邹忌和齐王两个人吗？""比如说，明明就是徐公美，但妻子为什么却仍笃定地认为徐公绝对比不上自己的丈夫？""邹忌认为是什么原因导致了'吾妻之美我'？"一连串的追问打开了学生的思路，学生逐渐意识到，妻子是"私我"（偏爱我），以致弃真相于不顾，固执地认为丈夫美。由此学生的思路一下被打开了，偏私影响公信力，溺爱之祸，感情亲疏与理性认知，等等，众多好观点层出不穷。从这一问开始，学生开始举一反三，发现还可以从非主要人物入手分析，如妾、客、其他进谏之人等。此时，就需要教师认真倾听，了解学生的需求，找到存在的问题，同时找到恰切的激发点来现场激励、促进学生表达的欲望。此时，适当的追问能给学生打开一扇窗，学生从这扇窗看到了更广阔的天地，看到了更多的立意角度，从而找到更适合自己的观点。

再如，由"手"开始思考，学生想到了手指长短不一，却分工合作；小指看似无用却也恪尽职守，由此想到平凡人的力量；脑中的想法最终靠手来实践，不能只想不做；手纹各不相同，人也是独特的个体，要相信自己不盲目崇拜别人；手心的掌纹其实并不能告诉你命运的真实走向，命运掌握在自己手里……虽然观点很多，但是基本上都是从手的形状特点来立意，于是以追问启发学生的联想思维，带学生看看窗外的风景。"在别人需要时，伸出手是帮助，是温暖的力量。那么，张开双手呢？""如果我们举起手呢？""刚才同学回答问题时我们又为何而鼓掌呢？"一连串的追问激发了学生思维，学生立刻展开了丰富的联想，由多角度的具象思维转到了联想思维训练上。"肤色不同却都是手，人生而平等。""不要吝惜赞美，赞美有时是对别人最好的奖赏。""赠人玫瑰，手有余香。""即使无人喝彩，我也要为自己鼓掌。""该出手时就出手，正义面前切莫缩手。"……

当教师发现学生的立意角度狭窄单一时，请用"打开窗式"追问为学生的思维打开一扇窗，用我们的追问引领学生去看看窗外的世界，让学生亲身领悟到，原来换个思路便不同，打开视野开拓思路，眼前又是一片美丽的风景。

（四）领入门式追问——深刻思想

有时学生的思维如同死水，激不起半点波澜；有时学生的思维如原地踏步，迈不出前进的半步。此时，教师需要"领入门式"追问来一步一步引导学生思维往前走，往深处想，也就是《学习的本质》一书中说的"鼓励学生进入学习过程"，积极参与学习过程。"领入门式"追问实施的关键在于，教师不要觉得问题幼稚学生回答简单，要戒急躁，要缓步走，要有耐心，这样才能小心翼翼地一步步推动学生思维不断向前发展，让学生感知思想的脚步在一步步前进。

例如，一个学生在"手"的立意上就陷入了泥淖，什么也想不出来，心灰意懒。从表情上看到学生的痛苦后，我开始了"领入门式"追问，一步步引导，慢慢来。"这是一双手，看看自己的这双手，你看到什么？""手指头。""手指头有什么特点？""没特点，就是手指头，手上长的是手指头。""那么，手指头上有什么？""指甲。""哦,除了指甲还有什么?""有指纹。""好,那指纹有什么特点?""没有相同的指纹。""很好,每一枚指纹都是独特的。指纹独特、独一无二,像不像我们人呢?""像,人跟指纹一样,个性什么的也都不一样。""既然大家注定不同,那么我们应如何看待自己呢?""相信自己,不盲目地崇拜别人贬低自己。""很好,大家鼓鼓掌,看,这就是手给我们的启示,对吗?也请你相信自己,苦恼的时候别灰心,相信自己一定行的。"学生由此豁然开朗。

　　这种"领进门式"追问,常常是在学生思维阻塞处、思想胶着处开始的,所以教师的追问一定不可操之过急,否则学生更没有思路,更觉自己失败。一定要抛出简单的问题,环环相扣的一步步地引着他找到门,然后水到渠成走进门。

　　总之,在学生学习写作的过程中,教师通过运用追问式教学法,启动学生的学习,引领学生认识自己,发现自己,表达自己,提升自己。用追问启迪智慧,以智慧孕育快乐,由快乐催生思想!做一个善于追问的老师,让学生的思想在更广阔的天空翩然起舞!

王月红/文

**书海撷英**

　　一段学习结束后,即使是成绩最优秀的学生真正储存进他们大脑的知识少之又少。中学毕业一年后,30%的高中理科毕业生不知道把脱氧糖核酸和遗传疾病或是遗传特征联系起来,60%的人不知道原子、分子和细胞各自的特点,80%的人无法描述太阳在天空中运行的轨迹,80%的人无法在器官之间建立联系……这和学校教学计划的雄心壮志之间有多大差距啊!对于教育体制来说简直是个悲剧。

# 教育的初衷,源于有生活价值的学习

想象一种教育,其中的大部分课程都能带来全局性理解;想象一种学习,它能够给这样的理解带来生命力,使其长存,并且支持终生学习;想象一个世界,大部分人在接受基础教育之后,对基本的政治活动、个人健康护理、经济行为、生态责任、人际社会交往,以及其他许多概念充满了浓厚的兴趣并以此为发展方向。如果走在大街上的芸芸众生都能够灵活而敏捷地处理问题,那么,我们的社会该多么不一样!——这段话选自美国著名教育心理学家,哈佛大学资深教授,"零点项目"创始人 David N. Perkins 所著的 Future Wise《为未知而教,为未来而学》一书。

书中频繁出现了一个观点关键词"具有生活价值的学习"(lifeworthy learning)。David N. Perkins 认为:知识必须能够在某些场合实际应用它才值得学习,对学习者的生活有意义的知识才可能具有长久的生命力。书中围绕"什么才是有价值的学习"展开四个方面的探索:辨别具有生活价值的学习;选择具有生活价值的学习;为具有生活价值的学习而教;建构具有生活价值的课程。

"具有生活价值的学习"这个说法深深地吸引了我。那么,什么是真正的有价值的学习?是否学习了概率论的知识就意味着我的理解足以帮助我在需要选择医疗方案时了解手术风险的不确定因素?是否学习了教育学知识就意味着我的理解就是以支持我懂得如何教育好学生?当然不是!David N. Perkins 教授指出:只有将不同的知识联系在一起,并用于指导实践,这样的学习才是有生活价值的学习,也就是说,真正的有价值的学习不是指一个一个单个的知识的学习,而是通过有价值的知识的学习来实现触类旁通达到提升智慧的目的。这本书让我怀揣多年的朦朦胧胧,欲说还休的教育理念豁然开朗,从此昂首挺胸起来。假如我们的教育能把重心放在实现知识到智慧的深远目标上,放在能够通达智慧的知识上,那或许这些知识就是真正具有生活的价值了!

我的学生曾经问过我:"老师,我想知道您从小学,甚至幼儿园开始直到大学毕业,从书本上和老师那里学了很多知识,那么现在您还记得住多少?这些知识您用过多少？我们到底为什么要学习？"这是 good questions！对于最后一个问题，记得我当时的回答是：为兴趣而学，为需要而学，为责任而学。"具有生活价值的学习"不正是"为需要而学"的依据吗？我为这么一点点的"英雄所见略同"而洋洋得意。

得意之余我也开始反思自己的巨大差距，从教 20 多年，面对课堂上有些学生呆滞的目光，慵懒的神情，疲惫的状态我曾使尽浑身解数，努力去改变过，但是短暂的欢歌笑语、身心愉悦并不能维持太久，我曾抱怨说现在的孩子对学习没有兴趣，不懂得"书到用时方恨少"的道理，也宽慰自己说学习从来就不都是快乐的。但读完这本书后，我为自己的想法感到羞愧：学生们没兴趣是没有看到眼前的学习所具有的实际意义，至少是没看到对他们自身而言所具有的意义，但我又有一丝欣慰，至少有人在努力为责任而学——为完成社稷之大业而学；也在为感恩而学——是为不想伤害老师和家长而学，遗憾的是大多数对于学习于未来到底有多大的意义并不多想。他们只希望今天学习的知识是未来所需要的，或者能够明显地有助于他们过上理想的生活。也许学生们的阅历还不具备良好的条件来判断什么是具有生活价值的学习，但他们的抱怨或疑惑也许有一定的道理。

再回想一下我们自己从小到大的经历，我们至少用了 12 年的工夫学习数学知识。如今除了简单的加、减、乘、除时常用到，什么平面几何、立体几何、解析几何、三角函数的知识几乎没用过。我们现在是不是也开始抱怨：在过去，我们做了多少没有生活价值的学习？

如今，我们是教师了，我们又改变了什么？是否同样教授了许多没有学习价值的内容，忽略了大量极有价值的知识？是否同样对传统教育中的"了解性教育"，记、背、练、重复感到乏味？同样脚步沉重地迈进课堂？我们的课堂是否让学生失去了兴趣，失去了宝贵的时间和精力，周而复始地教授纯知识？思考一下：当你承认了事实，是否愿意改变这些呢？你也可能会申辩说：数学现在是没用上多少，但是学习的过程提升了他们思维，真的吗？你是如何做到的呢？究竟是哪些知识让你达到提升思维的目的了？有多少是有用功，又有多少是无用功呢？甚至你可能还会抱怨说：一些重要的考试包括大学入学考试都要要求学生掌握一些传统的课程内容，我有什么办法？无论理想多么美好，我们仍然深陷在现实的泥沼中。事实的确如此，也许目前我们只能暂时地向现实妥协。但是，作为面向未来的教育工作者，我们能否不断地探索什么样的知识值得学习的新理念，通过明确教育目标，重新商讨教育重点来改变现状。这也将是这本书最终希望引发的变革——重新建构具有生活价值的教育。

随着阅读的深入,我的细胞也随之"拍案而起,舞动起来"。在读到书中的第四章时,我竟收获了意外的惊喜——为多年关于思维培养的某种困惑找到了答案。

在教学中我常常遇到学生不能自主地将学到的知识应用到相关的场景中的问题。即便是简单的知识迁移问题也常常失败。我觉得是学生的思维不到位,所以,我有了自己的美好思维课堂培养理念:

培养孩子突破思维定势,让他探索事物间的关联;

培养孩子的发散性思维,让他能提高创新的能力;

培养孩子的开放性思维,让他能接纳别人的优秀;

培养孩子的批判性思维,让他能找到自身的不足。

问题来了:思维培养理念在实践中遇到很多困难,单就培养孩子突破思维定式有关知识迁移这一项就不能达到良好的效果,甚至多半会失败。例如,我在讲述英语写作中某个话题的好词、好句、好结构时,自认为学生已经熟练掌握了这些话题的词汇,可以在类似的场景中应用了。但实际情况却是:大多数人并没有独立思考这个话题,或者认真思考话题内容,只是被老师提问牵引着回答各种问题。他们只是专注于话题本身,忙着回答老师的各种问题,没有意识去主动拓展、运用。甚至训练中有相当一部分场景涉及这个话题内容的词汇应用时,学生也只是被动地遵从教师或教材的要求去做一些 drill 性质的练习,并不会主动挖掘真正运用的场合。所以,培养孩子突破思维定势,达到探索事物间的思维收效也就欠佳。我百思不得其解,甚至抱怨学生怎么这么"笨"呀,自己也很沮丧。

就在我彷徨求解之际,我遇上了书中的一段话:以色列心理学家、教育家 Gavriel Salomon 和 David N. Perkins 多次撰写论文指出知识迁移的困难的问题。他们说:"知识迁移本身并不难,而是传统的教学过程没有让学生准备好迁移知识。其中一个问题是:知识的迁移要么需要高端的反思性学习,从而实现有意识的、深思熟虑的迁移;要么需要低端的大量实地练习,从而实现无意识的、自动的迁移;而迅速串讲学习内容的教学方法无法满足上述任何一种要求。另一个问题是传统教学忽视了学生的学习兴趣,因而无法培养出钻研学习内容、广泛地联系学习内容所必需的敏感性和倾向性。"

这段话让我茅塞顿开。问题出在了忽视了学生的学习兴趣和没有真正的思维体验上!部分学生即使达到思维培养要求也仅仅是因为低端的大量实地练习,难怪课堂效率低!我认识到课堂主题信息如果没有真正激起学生发现或自主学习的感受,它仅仅是一种练习而已,主动一问一答,看似热闹非凡,其实学生并不感兴趣。他们也没有认真思考和体验。就像书中比喻的那样,不在滑雪场上迈出第一步,就永远学不会滑雪;不爬上峭壁,就永远学不会攀岩。相应的,如果他们不在学习的过程中真正地尝试一下,就永远学不会思考、运用、注意某个主题内容或对它产生兴趣。难怪我们的学生们想象力差,生活能力差,动手能力差,不是我们没有努力,是我们"努力地"做了无效的工作。

David N. Perkins 教授的 Future Wise 一书还提到了霍华德·加德纳(Howard Gardner)在《决胜未来的五种能力》(Five Minds for the Future)一书中强调的在未来十分重要的 5 种能力:修炼心智、统合心智、创造心智、尊重心智、伦理心智。我们在教育的实施过程中到底实现到怎样的程度?课堂上我们提出了点燃创造力的开放性问题了吗?是否鼓励孩子打开潘多拉魔盒的好奇心?是否仍然教授大量没有任何意义的了解性信息,忽略了许多有价值的、回报率较高的知识?是否为学习者未来的生活而重新调整传统课程?

说到课堂提问,我不禁反思我们的课堂。提问是实现课堂目标的基本形式,每天我们的课堂都在提问,那么问题的质量如何呢?

我听过许许多多的公开课,也看过无数个优秀老师在课堂内外提出的问题。感到可怕的是我发现了我们认为"最有效"的问题的提出本身就出现了问题。书中有这样一段描述:诺贝尔物理学家获得者伊西多·拉比说,大部分母亲在孩子放学回家后都会问"你今天学到了什么吗?"而他的妈妈当年问的却是"拉比,你今天有没有提出一个好问题?"

两种问题的提出对培养的结果是大相径庭。我们必须承认后者才是真正的学习,是对未来智慧所需要的潜质的启发。纵观我们的课堂提问是否足以帮助学生发展这些能力呢?为什么我们的课堂几乎都是老师提出问题然后学生来回答?你可以称之为"以问题作为教学法",那么,我们敢不敢在公开课上把提问权交给学生,让他们提出更有生命力的问题从而完成"以问题作为教学法"与"将问题本身作为学习者可以利用的内容"之间的转换?

很多时候我们都在使用苏格拉底式的提问,而今天它面临的挑战是:它被认为是探究式学习最有效,也是最无效的途径。就像古希腊哲学家柏拉图在对话集的一个场景中所描述的那样:苏格拉底通过一系列问题引导一个未受过教育的奴隶完成了复杂的数学推理,解答了"什么样的正方形面积是给定正方形的两倍"的问题。但是这种方法存在着一个特别的陷阱:过度引导。他只是以问题的形式来呈现自己的观点,并不断征询奴隶男孩儿的认可而已。(说明:这种方法的核心是问题要求澄清或说明)问题是:这个男孩儿是否学会了在有所变化的场合中按照近似的方式来思考?

　　这种提问方式的提问者们很容易固守自己的主导地位,不断地提出好问题并提取经过推敲的答案,但却从不将话语权交给学习者。缺乏这种"提问—回答"身份转换的平衡,学习者或许可以形成与主题有关的见解,但却不能灵活运用这些问题,或很好地利用提问的过程。我们是不是这样做的呢?

　　当然,并不是说苏格拉底的提问被全部否定,这个巧妙的过程不仅有助于学习者深刻地理解相关主题,而且能够帮助他们批判性、创造性地思考该主题以及其他主题内容。它不同于获取信息式或积累知识式的问题,它提出问题,迫切追寻证据,挑战肤浅的结论。但从时间管理和大班授课方面来考虑,这种提问方式非常耗费时间,不适合在集体中开展。但倘若放在我们国家新课程标准下倡导的研究性学习中却不失为是绝妙的方法。

　　这本书让我增强了探究改进课堂教学有效的方式——提出有生命力的问题的信心。同时,也更加坚定了我的思维培养理念的目标,我相信有价值的学习与突破思维定式,发散性、开放性、批判性思维能力的同步提升才能让孩子更加聪明,从而实现学习知识到提升智慧的教育目标,而提升思维能力是实现这个目标的途径。

　　通读全书"什么知识值得学习"这个问题,David N. Perkins 教授并没有给出直接的答案。他说:首要原因是这个问题过于宽泛。其次,许多值得学习的内容是人们在学校以外学到的。还有,很多值得学习的内容与特定的职业角色有关。

　　这本书虽然对"什么知识值得学习"这个问题没有给出完美的答案,但是它却让我们看到了当今教育中的一个基本事实却是:谬解种种,真知难寻。隐藏在这本书常规课程背后的真相是:我们教授了许多没有学习价值的内容,更忽略了大量极有价值的知识!

　　David N. Perkins 教授最后以议论日本江户时代的一位禅宗大师白隐慧鹤(Hakuin Ekaku)的水墨画《两个过独木桥的人》(Two Blind Men Crossing a Log Bridge)来作为 Future Wise 这本书的结束。仔细观察这幅画,可以看到黑色的墨迹从右往左渲染开来,描绘了一架横跨无底深渊的独木桥。画面右侧,两个盲人站在桥上,借助手杖摸索着前进。他认为这幅画暗示了人们在寻求悟道的过程中面对的不安稳、不确定的状态,我们应该想什么,感受什么,做什么,似乎都难以言传。没有可靠的线路图可循,我们只能凭感觉迈步。

　　这样看来,"什么知识值得学习"似乎就是一个不可能解答的问题了,我们的确在"为未知而教"。但是,在经过一些深思熟虑的评判标准和一种使命感的支撑下,就像画面上的两个盲人,我们仍然可以巧妙地摸索着前进。

这本书真正的价值在于它为我们重新建构教育蓝图提供了一套工具,关键概念、标准及最佳途径。

希望每个教育工作者都认真读这本好书,都认真怀揣这种理念,都认真坚持这种信仰。

那么,我们的社会该多么不一样!

国佳/文

### 书海撷英

一切有机体都会把从外部获取的东西整合到自身的结构中,对于通过感知收集的信息也同样如此,但这一过程同时还伴随着"顺应"。在生物层面,心智运算会导致器官的改变,在认知层面,智力工具会自我调适以合并新的信息。认识系统是一个自组织系统,为了保持运转,它会向平衡的状态发展——如果主体想要同化一种知识,他必须做到让他的思维方式始终顺应情境的要求。因此,思想的发展表现为儿童有能力进行的心智运算方面的变化,概念的形成则依附于心智运算的发展。

# 英语课堂教学中学生思维能力的培养

## 一、引言

思维是人脑对客观事物的本质和事物之间内在联系的认识,思维作为一种反映形式,它最主要的特征是间接性和概括性。思维是大脑对外界事物的信息进行复杂加工的过程,分析、综合、抽象、概括是思维操作的基本形式(郭念锋,2012)。思维能力包括理解力、分析力、综合力、比较力、概括力、抽象力、推理力、论证力、判断力等能力。它是整个智慧的核心,参与、支配着一切智力活动。要使自己聪明起来,智慧起来,最根本的办法就是培养思维能力。

《义务教育英语课程标准》(教育部,2011)在阐述课程的基本理念时指出,英语教学要突出学生主体,尊重个体差异。学生的发展是英语课程的出发点和归宿。英语课程在目标设定、教学过程、课程评价和教学资源的开发等方面都突出以学生为主体的思想。课程实施应成为学生在教师指导下构建知识、提高技能、磨砺意志、活跃思维、展现个性、发展心智和拓展视野的过程。

《义务教育英语课程标准》(教育部,2011)多处提及思维及思维能力,可见,不论是从心理学的角度,还是英语课程标准的角度,都对思维及思维能力给予了高度的重视。然而,目前的外语教学普遍过分强调语言的交际功能,弱化语言的信息功能和思维功能(文秋芳、周燕,2006)。英语教师的研究更倾向于教学方法与策略的探索,往往忽视对学生思维能力的培养。

## 二、教师忽视学生思维能力的培养

尽管《初中英语课程标准》一再强调要"课程实施应成为学生在教师指导下构建知识、提高技能、磨砺意志、活跃思维、展现个性、发展心智和拓展视野的过程。"但在功利思想的左右下,英语课堂教学丧失了有声音、有思辨、有情感的语言特质,日益趋于理科化,盛行呈现规则——操练做题——反馈巩固的理科教学模式

(葛文山,2014)。教师忽视学生思维能力培养的做法具体表现在：

1. 教学环节设计不合理

一是教学环节的设计相脱节，导致学生思维中断。

一份优秀的教学设计首先要保证各个环节的循序渐进，环环相扣。以阅读课为例，从阅读设计的层次看，一般遵循引入话题—宏观感知（导读性理解题）—微观探究（梳理细节性理解题）—整体吸收（评价提高性理解题）的顺序，但这些问题教师很少给予关注（戴军熔,2010）。如某教师在设计外研版八下的Module1 中Unit 2 I feel nervous when I speak Chinese 一课时，在while-reading 这一环节设计了三个任务：

(1) First reading：速读以获取文章大意；

(2) Second reading 包含两个任务：

①Read Sally's email and find her picture in Activity 1.（活动一图片有两张，之前分别进行了讨论）

②Match the questions with the paragraphs.

a. What are your hobbies.

b. How do you feel about coming to China?

c. What do you look like?

(3) Third reading：结合任务理解文章的细节信息。

从整个教学设计来看，Second reading 所包含的两个任务与下一个环节的设计关系不大，而且，鉴于文本的特点，这两个任务对于学生没有任何挑战性，因此，也就无法激发学生的思维活动。这样的环节的设计是没有必要的，也是无效的。如果教师能够让学生借助于文章中的知识点来描述本班中最有特点的一个同学，然后供其他同学猜测描述的是谁，很多同学的思维能够被极大地调动起来。

二是输出环节的设计缺乏应有的深度，无法提升学生的批判性思维或创造性思维。

就英语的四项基本技能来说，不论是听说还是读写，输出环节的设计都应体现学生思维的过程及能力，而很多课堂都存在着语言输入与输出不相符合或输出前缺乏过度、铺垫的现象，打断了学生思维活动的连续性和递进性。

如某位教师在设计外研版八年级上 Module 6 Unit 1 It allows people to get closer to them 这一听说课时，听前和听中活动的设计保持了很好的连贯性和递进性，特别是听中活动的设计，把学生的思维问题预设出来。当学生的答案不一致时，教师并没有直接给出答案，也没有给予解释，而是让学生反复听问题所在的对话部分,关注了学生思维能力的培养。可在输出环节设计的活动却是给出一个表格,让学生以对话的形式重复听力中所提到的动物濒危的原因和人们能够怎样保护动物。学生输出时,虽然磕磕绊绊表达出了对话中的内容,但对话失去了真实性,所以输出环节的效果不尽如人意。学生输出不理想归根结底是因为教师没有创设学生自由发挥的空间。从输入与输出的对比来看,最终的输出与前面输入关系虽然很紧密,但没有体现学生的语言运用能力,用英语分析问题、解决问题的能力;学生更没有进行创造性思维,整体思维能力也没有得到应有的培养和提高。

三是盲目运用任务型教学。

任务型教学强调在"做中学、用中学",旨在为学生提供更多的语言实践机会,更好地发挥学生的主动性和创造性。而有些教师在开展听说或读写教学时,整节课的设计都是围绕任务或问题展开,并没有考虑任务的难度和任务设计的系统性和连续性。如某教师在设计外研版八下 Module 5 Cartoons, Unit 2 Titin has been popular for over eighty years 一课时,在导入部分给出学生两个问题:

(1) Do you like watching cartoon? Why?

(2) What cartoon characters can you remember?

在学生回答完这两个问题后,本应导出本课话题,并进行速读(fast - reading)。可该教师没有这么做。而是紧跟着设计了两道词汇连线题,一是给出中文意思进行连线;二是给出英文释义进行连线;学生完成后开始对答案。然后再问学生:What is the main idea of the text? 让学生进行速读并回答问题。很显然,导入问题的设计与读前活动的词汇学习没有关系,这两个任务放在一起容易造成学生思维中断。

更有一些教师不去兼顾完成任务所需要的语言、思维和活动条件,在评价教学活动时变成了简单地核对答案,抑制了学生的思维活动,完全忽略了任务或问题设计的最初目的。

2. 教师缺乏应有的专业素养和理论素养,没有深入挖掘教材

学生思维能力的培养与教师的专业素养、理论素养以及思维方式有密切关系,在引导学生进行思维活动的过程中,教师的思维方式、理解方式总是在直接或间接地对学生的思维方式与习惯、思维深度与广度产生潜移默化的影响。在这一意义上,教师首先应该是一个理性的解读者与思辨者,教师需要用理性的视角来解读文本所蕴含的观点、情感、哲理与文化(戴军熔,2010)。可我们太多的教师不注重提升自身的专业素养和理论素养,讲课过于倾向功利化,不去深入挖掘文本,宁愿要表面上的"热闹",也不要深层次的思维活动。

### 三、培养学生英语思维能力的主要策略

《义务教育英语课程标准》(教育部,2011)指出,就工具性而言,英语课程承担着培养学生基本英语素养和发展学生思维能力的任务。在设计任务时,教师应以学生的生活经验和兴趣为出发点,要有助于英语知识的学习、语言技能的发展和语言实际运用能力的提高,要积极促进英语学科与其他学科间的相互渗透和联系,使学生的思维能力、想象力、审美情趣、艺术感受、协作和创新精神等综合素质得到发展。笔者认为,培养学生的英语思维能力可从以下几个方面着手:

1. 创设情境,激活思维

导入新课时,教师的设计能否产生悬念,激起学生的求知欲望,打开思维的门扉,这是教学能否成功的关键。因此,在阅读教学中,读前活动的设计应从背景知识、学生兴趣和目标词汇三个角度激活学生思维。教师在教学中应该善于激活学生知识网络中的背景知识,使他们产生联想,培养发散性思维能力(黄和斌等,2001)。

如在设计外研版七下 Module 11 Body Language, Unit 1 They touch noses! 一课的导入时,教师先是播放了一段视频(主要是关于如何用身势语表达情感和感受),导入本课话题。然后问了两个问题:

(1) What is body language?

(2) Which body language conveys the same meaning and can be used all over the world?

这一系列读前活动的设计,既激活了学生的背景知识,也引起了学生的学习兴趣,通过问题的回答也可以呈现目标词汇,做到了从三个角度激活学生的思维,为下文学习做了很好的铺垫。

2. 科学地设计任务或问题

首先,所有任务或问题的设计都必须基于学生的学情,由浅入深,循序渐进,并尽可能地关注全体学生的英语水平。任务的设计既不能过于容易,否则对于学生没有挑战性,则思维活动得不到激发;同时,任务的设计也不能过难,否则,会使学生的积极性受到挫伤。

其次,任务的设计要给学生留出思维的空间,要能够诱导学生质疑,发展学生求异思维。如外研版七下 Module 4, Unit 2 Every family will have a small plane 中 Careful reading 这一环节,设计了两个任务,第二个任务是根据课文内容填词。考虑到当时学生的水平,在所填词的选择上进行了精心设计:有些词可以从文中直

接找出(主要是针对中等偏下水平的学生),有些则需要经过自己的理解和归纳才能填出(主要是针对中等偏上水平的学生)。如最后一段内容:Do you like long holidays? Well, you're going to like the future because machines and robots will do all the heavy and difficult jobs, and we'll only do light and easy work. Working hours will be short so people will have long holidays.

设计如下:

In the future { _____ will do all the heavy and difficult jobs.
we will not work _____.

全班同学几乎都能填出第一个空,而且没有疑义,都是machines and robots。而第二个空的答案则给出了好几个,如longer, short, long, light and easy, heavy and difficult 等。这一任务的设计看起来很小,却能小中见大,它简化了文本内容,使文本信息更加条理化、提纲化,很好地体现了学生的思维活动。不同的答案必然会有助于培养学生的抽象思维能力和概括思维能力。

3. 注重教学环节设计的连贯性和递进性

在英语课堂教学中,教师应注重教学环节设计的连贯性和递进性,只有这样,才能使学生在明确知识内在联系的基础上获得知识,形成思维的连续活动,进而使思维能力得到更大的提高。

如在外研版Module 9 Unit 2 改变我的经历写作中,教师在让学生尝试写作之前,设计了大量的铺垫,先是欣赏之前的课文,并让学生通过讨论、分析例文,总结出写过去经历所涉及的因素,what, when, where, why, how, result 和 feeling。这训练了学生的分析、综合、理解、概括等思维能力;其次,让学生再次分析一篇教师写的一篇过去让其改变的事情,体会写过去故事的基本要点,并通过设计段落排序帮助学生巩固过去时态讲述经历的结构,同时提供更多表达方式,并再次总结表达不同功能的句式,进一步培养学生的概括思维能力,不断提升学生的思维水平。最后让学生根据所学及写作要求写出自己的版本,注重培养了学生的创造性思维能力。

因此,教师在进行教学设计时,应在话题、相关信息和语言知识方面都做好铺垫,确保整个过程层层深入,同时,充分尊重学生在学习过程中的思维特征,鼓励其不断展开各种思维活动,最后着眼于帮助学生提高语言运用能力和用英语分析问题、解决问题的能力,培养学生的创造性思维能力。

4. 运用思维导图,培养学生的逻辑思维能力

思维导图促使学生既运用左脑的词语、逻辑、数字等功能,又运用右脑的色

彩、图像、符号、空间意识功能,以不同的图解为知识结构提供不同视觉表征,能够有效地激发大脑潜能,训练思维能力(李杰,2012)。

如在外研版七下 Module 8 Story time,Unit 2 Goldilocks hurried out of the house 设计中,教师整节课并没有运用多媒体,而是板书了本节课的思维导图。在导入方面教师回忆了 Unit 1 中金凤花在故事前期的经历;然后根据事件进度顺序从五个方面梳理了文章的内容,在梳理的同时,每一个标题都给出了关键词,以帮助学生对文章内容进行再加工。这一设计还可以帮助学生体验阅读时的思维过程,有利于培养学生的阅读理解能力和抽象思维能力。所给的提示信息图文并茂,再加上前面学习活动扎实的铺垫,学生在完成这一输出任务时游刃有余,在潜移默化中培养了自己的创造性思维能力。

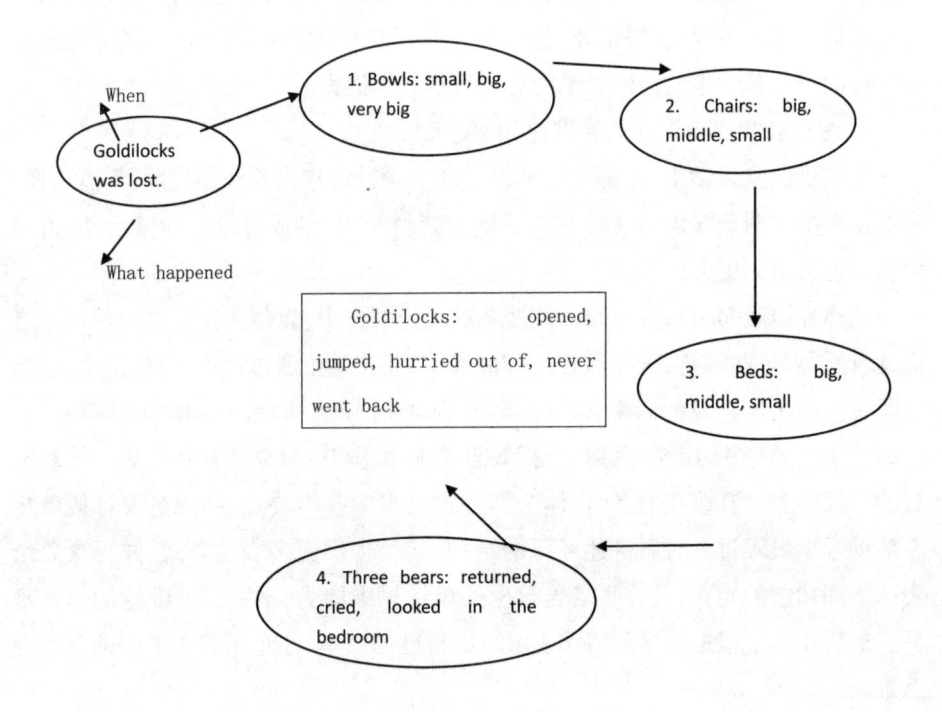

### 5. 开展小组合作,培养学生的创新思维能力

《义务教育英语课程标准》(教育部,2011)指出,学生能与他人解决问题并报告结果;明确英语学习的目的,发展自主学习和合作学习的能力;形成有效的英语学习策略;培养学生的综合语言运用能力。教师要创设各种合作学习的活动,促使学生互相学习、互相帮助。在各类英语课型中,小组合是学生进行实践、体验、

探究、合作与交流的学习活动和思维活动。让学生带着自己的问题和观点进行交流,可以培养学生的求异思维。思维需要一定的时间进行语言组织,因此,教师在开展小组合作时要为学生独立学习留有空间和时间,使学生有机会通过联想、推理和归纳等思维活动用英语分析问题和解决问题,获得经验,增强自信,提高能力。

6. 提升教师的专业素养和理论素养

学生思维能力的培养能够达到什么水平,在很大程度上取决于教师如何解读文本、如何进行教学设计以及如何做好课堂上的引导。因此,作为教师,要注重提升自身的专业素养和理论素养。

首先,在对文本进行解读时,要随时关注批判性思维和拓展性思维,随时体现对文本或文段中的隐含价值、隐含文化或情感态度的挖掘、提炼与讨论。

其次,在进行教学设计时,应避免设计太多的封闭性问题、事实性问题,这样的问题过多会在很大程度上降低学生阅读信息加工与处理中的思维层次,限制学生使用所学语言参与真实交际的机会(陈泽璇、何广铿,2007)。教师应加大高阶学习问题的比例,精心设计具有高度开放性、挑战性、穿透力的高阶学习问题(沈之菲,2011;王帅,2011)。如在外研版七上 Module 6 A trip to the zoo. Unit 1 Does it eat meat? 听说课中,最后输出很多教师会积极扩展学生思维提出 Do we need to protect the animals? 和 How do we protect the animals? 这两个问题能够一定程度上激发学生的思维,很多同学会提到我们应该多建动物园保护动物。如果教师能够顺势追加一个问题:Do animals really like the zoo? 学生在看到这一问题时更会积极开展思维活动,形成自己的思维认知。

最后,在英语课堂教学中,教师还要加强英语学习策略的渗透和指导。如指导学生在课内外进行研究式阅读、思辨式阅读、赏析式阅读、比较式阅读、读写结合等方法与策略,以引导学生进行言语思维训练,包括批判性思维和创造性思维训练。例如,预测是一项重要的阅读技能,有助于培养学生的想象力和逻辑思维能力。无论预测结果正确与否,预测都能使学生更接近文本主题。与脑海一片空白相比,带着预测阅读能使阅读更具趣味性和目的性,从而有助于更好地理解文本(王蔷,2006)。学生自觉地运用学习策略不仅能够更好地掌握语言知识,也可以在潜移默化中培养和提升自身的思维能力。

四、结语

在新课改的推动下,义务教育英语教学越来越重视对学生思维能力的培养。

结合这一趋势及笔者在日常的教学与学习中,本文就如何在英语课堂教学中培养学生的思维能力做了初步探索。但英语学习是一种复杂的、主动思维的心理活动,仍需要一线教师及教育专家们继续探索培养学生思维能力的方式方法,以期英语的教授与学习能够更加有序、高效地开展。

杜洪见/文

**书海撷英**

学习不仅仅是改变一种特定的推理,观念的转变和认识论方面的变化是并行的。要想改变,就必须经常修正自己"看世界"的方式、对世界提问的方式以及面对随之出现的问题的方式。在教育行为中,这些因素都需要被了解并得到重视。

# 透过"学习的本质"谈课堂教学

**从一场科学讲座谈起**

最近,笔者参加了一场由中科院的老科学家做的《我们的地球》的科普讲座,听众是五、六年级的小学生。老科学家做了精心的准备:浩瀚的宇宙、神秘的地球、新颖的观点、精美的图片、生动的比喻…笔者自始至终认真地听完了这场讲座,感觉受益匪浅。但是,现场的听课效果却令人大跌眼镜,学生们有的在交头接耳,有的在画漫画,有的在摆弄东西,真正在听的却没有几个,时不时就需要老师来维持秩序!从一个老师的角度来看,这场报告有情境创设,有对比,有互动,数据翔实,深入浅出,形象生动,报告人口齿清楚,语言幽默,身份也足够权威,这些几乎涵盖了一堂好课的所有条件,即使参加市级比赛的优质课也就是这个水平,但问题是这样一场报告为什么也吸引不了学生呢?

听完报告后,这个问题一直困扰着我,联想起我们的课堂,细思恐极!

言者谆谆,听者藐藐,我无从了解讲座人当时的心理感受。但作为一名教师,这样的情景几乎却是司空见惯。老师们经常抱怨现在的学生越来越不愿意学习,费尽心机准备好的一节课好似对牛弹琴,很多时候学生并不待见你!是不是教学成绩高的老师的课堂就有吸引力呢?我曾经调查过一些学生:"为什么这次考试你们班的平均分高呀?是不是你们对数学特别感兴趣呀?""哪儿呀?数学老师厉害呗,谁敢不做他的作业呀!"虽然并非全部如此,但是多数老师们觉得发脾气或者逼学生更有效果。于是,那些班里的学困生成了老师们轮番轰炸的目标,你方唱罢我登场,诱导,训斥,恐吓,鼓励,结果往往却是学生的无所适从和老师的满脸疲惫!极端的手段往往会造成恶劣的后果,有关师生暴力冲突的新闻常见诸媒体,学者无心,教者无趣,教和学陷入了尴尬的境地!

我们的教学出现了什么问题?

其实,教学问题应该包含"教"和"学"两个方面的问题,教和学是相互联系、相互作用的一个有机统一过程中的两个方面,二者以"学"为中心,"教"围绕着"学"而展开,要解决"教"的问题,首先要解决"学"的问题,不知如何"学",何谈怎样"教"？事实上老师们在工作中常常出现的误区就是考虑"教"的问题多,研究"学"的问题少。法国科学家安德烈·焦尔写的《学习的本质》这本书就从"学"的角度分析了当前学校教学中存在的种种问题,探究了学习的原理和本质,指出当下流行的建构主义学习理论的局限。书中的很多观点引起笔者的共鸣,促使自己从学的角度重新审视以前所做的工作,产生了一些新的思路。

**建构主义模型的局限**

建构主义是我们中小学老师最熟悉的,也是写文章最常用的学习理论。其主要观点:知识不是通过教师传授得到,而是学习者在一定的情境即社会文化背景下,借助其他人的帮助,利用必要的学习资料,通过意义建构的方式而获得。

根据"建构主义"学习理论,学生在课堂上的学习过程基本上遵循了图1的流程:课程提供新知识—教师设置各种教学情境把新知识进行解构后传递给学生—学生通过各种感官接收新知识—学生把接收到新知识主动建构纳入到旧的知识体系之中形成新的知识体系—再接受新知识,这样不断循环下去。然而教学实践告诉我们,这个过程太过粗糙,教学效果并不理想。

建构主义学习流程

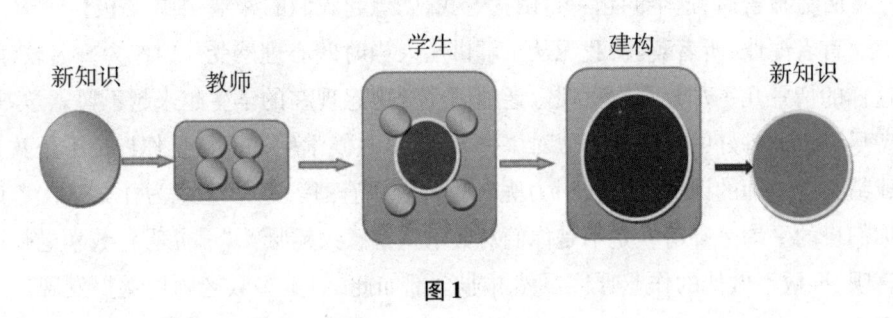

图1

建构主义的代表人物皮亚杰承认,这种心理模式的功能在于解释认知机制,而不是思考教师或知识传授者的工作,这就解释了为什么很多教师虽然学习了建构主义模型却仍然不知道如何去操作。在学习中,没有什么是简单的、立刻就可以达到的。知识的获取不是自动实现的。学习不能被简化为唯一一种模式,它涉及多重机制。

在进行概念和方法学习时,一个新信息很少会插入已掌握知识的行列。已有知识会排斥一切与其不能形成共振的观念。有时,学习者就是听不进去。常言道:"左耳朵进右耳朵出。"他可能在将信息解码之后什么也不做。当接收到的信息严重动摇了他对世界的感知时,他宁可放弃它。学习者还可能录入这一信息,但永远不去调用。被记忆的知识并没有让他获得以恰当的方式回应周围环境的能力。个体甚至会让两种层次的知识并存,根据不同的领域和场合分别加以使用。我们经常会看到,在课堂上学生已经掌握了正确的数学解题方法,但是过不了几天,错误的想法又会反复出现。

由此可知,外部世界并不会直接教会个体所学的东西,学习者自身的活动是必需的,但只有这种活动是不够的,在大多数情况下他不能独自创造意义,还需要外部条件的反复调节和刺激,很多论据都说明,我们必须丰富甚至超越建构主义。

**对学习本质的理解**

学习是一切生命形式都具有的能力,随着时间的推移,这种能力成了进化的动力之一。学习是生物通过进化不断适应各种各样的生活环境,它是生物的根本特性,其规则甚至被写入了生物的遗传基因。学习既是对个体所有的丰富,也是对社会存在的丰富。学习的研究包括四个维度:生物学维度、认知维度、社会文化维度和意向维度。这四个维度相互协调,构成了不同的研究层面。

学习是一种动态的平衡,互动、系统、网络、调节、干扰是学习的关键词。正如滑冰一样,每滑一步都不是向正前方滑动,瞬间轨迹和目标线路约成 45 度角,先是这一侧,接着在另一侧,每一步都会让身体失衡,但很快又可以调整回来,只有这样才能保持站立并前进。每一次的学习行为都是在打破原有的平衡,试图建立新的平衡。一切稳定下来的知识,即使是其中最有效的那些,时间一长也可能会变成教条,会导致一定程度上的心智僵化。

我们可以对课堂学习的流程进行重新的设计:如图 2

课堂学习的流程

新知识　教学设计　学生　解构

新循环

新知识　再解构建构　教学再设计　建构

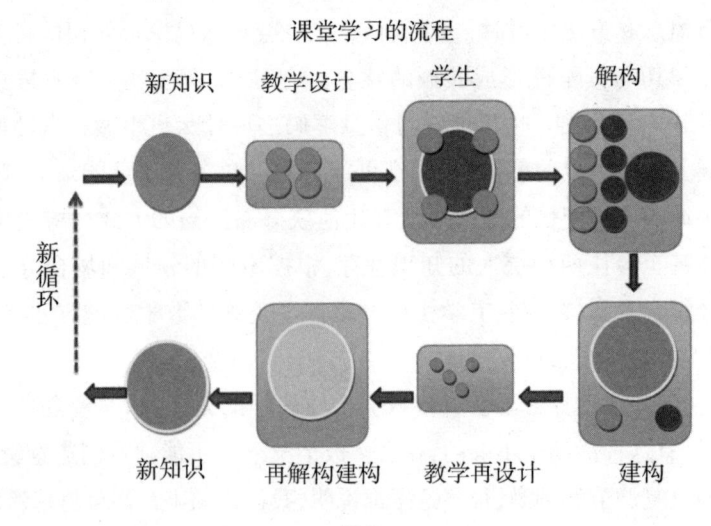

图 2

  课程提供新知识—教师设置各种教学情境把新知识进行解构后传递给学生—学生通过各种感官接收新知识—学生解构原有的知识体系来匹配新的知识—学生把新知识的大部分主动建构纳入到旧的知识体系之中形成新的知识体系—老师根据反馈再重新设计新知识中没有被学生吸收的部分—学生再经历解构和建构的过程形成更完整的新知识体系—再接受新知识,这样不断循环下去。我们不能指望一蹴而就的学习方法,一个新概念的学习必须要经过师生的多次解构和建构才有可能让学生真正把握它的内涵和外延。

**对教学工作的几点启示**

  卢梭说过:"让孩子产生学习欲望,那么一切方法都会是好方法。"只要学生产生了学习兴趣,90%的工作就完成了。但是怎样才能让学生有学习的欲望呢?这是实践层面的一个难题。我们来分析几个教学工作中常用的手段。

  1."胡萝卜"和"大棒",即"奖励"和"惩罚"。奖励是激发学习兴趣最有效的手段之一,包括老师的口头表扬、书面评语、等级分数、奖励证书、小奖品甚至悄悄话等等,恰当的奖励会持续地调动学生的学习欲望,促进师生的情感交流,但是不当的奖励也可能造成恶性后果。教学工作中运用奖励这一手段时要注意两个方面的问题:一是奖励的实效性,对于低年龄段的学生或比较初等的知识的学习,要即时奖励,这种迅速反馈有助于强化学生的自信心和保持持续的学习兴趣。小学生为什么能连续几个小时玩电子游戏?即时的输赢结果反馈恰恰是游戏类产品的魅力所在。但是,对于一个对学习目标有强烈兴趣的学习者或者比较复杂艰深的知识而言,一上来就奖励可能会减弱学习者的动机。对这种情况,就要延时奖励,时机的把握很重要。二是奖励的独特性,一个人不能接受别人出于"好心"或"补偿"而给他的奖励,对所有的人都奖励等于不奖励。只有当学习者认为他应该得到某项奖励时,奖励才具有促进作用,因此,老师的奖励一定要针对性强,不能泛泛。个别时候,对后进生的奖励还需要课下悄悄进行,课上的表扬会招致同学的嘲弄和挖苦,令其丧失发言的勇气。

目前,学校里常见的"大棒"政策包括训斥、罚站、罚抄书、写反思、做值日、请家长等手段,这些措施尽管也有效果,但笔者认为"惩罚"比"奖励"的度更难把握,一旦在学生心里形成阴影,造成的后果很难消除的。

2. 情境创设。建构主义模型主张在学习的过程中要有情境创设,老师们在课堂环节的设计中也注意了情境创设的作用。但总起来看,大家对情境创设在学习过程所起的重要作用认识不够。对将要学习的新知识创设情境,就是营造一个"能量场",好的情境会把这个"场"的能量充分释放出来,激发出学习者的强烈兴趣。比如,人们到国家大剧院去看话剧,宏伟的建筑,精美的画册,厚重的文物,整洁的环境,可控的灯光等等构成一个"场",在它的作用下,没有人调度,人人都变得举止典雅,彬彬有礼。反之,如果换一个嘈杂的地点,同样一批观众表现会大相径庭。当前,大多数老师只是把创设情境当成新知识引入的一个环节,几张图片,一个故事就是所谓的情境创设。其实,情境的创设应该存在于整个学习过程之中,它可以是校园或教室的文化布置、一个调查、一次辩论、一场电影、一次比赛、一个实验、一场演出等等。研究者们摸索了成千上万个小时才创造出一个概念,学生又怎么能在一节课的时间里吸收成千上万名这些研究者的思想呢?只有接触各种各样的情境,才有可能完整地对它们进行开发,否则知识就会被扭曲。因此,在教学工作中我们应舍得花时间、精力去设计适合学习的情境,这不仅仅是老师的工作,需要学校领导、教研组共同研究,整体规划布局,才能起到最佳的效果。

对于一些抽象复杂难懂的理科新知识的学习,一时看不出它会对学生起什么作用,也很难用形象生动的情境来表现它,这时候,可以用适当的认知冲突创设情境来激发学生的学习兴趣。这种情境创设一定要让学生意识到原有的知识体系已经解决不了新的问题,必须采用新的知识才能达到目的。这种情境的创设不能指望一蹴而就,要不断呈现,直到学生真正掌握了新的知识为止。比如,在给初一的学生讲授用一元一次方程解应用题时,在老师看来用方程分析问题在思维上明显比算术方法简单,但是很长一段时间里学生仍是愿意采用小学里的算数方法解决问题,尽管他们并不明白算术方法的原理。从这个例子可以看出：一是旧的知识体系和思维习惯对学习者的影响是多么顽固；二是老师在讲课时没有或缺乏认知冲突情境的创设，选的例题、作业不够典型，没有让学生体会到原有知识的局限。

作为学生学习活动的另一个重要推动者家长也应该创设学习情境，随着孩子年龄的增长，逆反心理越来越严重，家长觉得有意义的事情让他去做，他明知道是对的却偏偏不肯去做。这就要求家长对每一个教育活动进行设计，精心布"局"设"场"，不能简单粗暴。韩国的一个母亲全惠星，把六个孩子都送入了哈佛耶鲁，其中一个重要的做法就是晚上家长不看电视，不玩电脑、手机，在家里处处设置书桌，无论在哪个房间，阅读图书唾手可得，这就是把家庭设置成了"读书场"，在这样的环境中想不读书都困难。想要孩子读哪本书，最好不要直接把书给他，俗话说"强按牛头不吃草"，家长应该先了解书的内容，通过谈论里面有趣的情节或对话，勾起孩子的学习欲望，这样才会引起孩子的主动阅读。让孩子参加某项学习活动亦然，一定要精心创设情境，形成"未成曲调先有情"的氛围才能开始。

3. 小组合作学习。学习从来不是孤立的事情，它是各种相关因素统一作用的结果。即使是自学，也脱离不开学习者所处的社会环境。合作学习包括的范围很广：师生合作，生生合作，家校合作，社会合作等等，有效的合作学习可以激发学生的学习兴趣，促进学生的深化学习。课堂上的"小组合作学习"是当前学校教学中正在大力提倡的模式，可是除了讲评优课或公开课之外，很多老师对"小组合作学习"是不感冒的，为什么呢？一是感觉课堂不好控制，教学进度难以完成；二是感觉小组合作教学就是图热闹、走形式，浪费了时间精力，教学成绩提高不明显。

从学习机制的原理来看，有效的小组合作学习能提高学习者的动力，相对于师生的交流，同伴的交流更加方便顺畅，就像两个人下棋，水平接近的选手比赛有输有赢，能一直保持旺盛的斗志。而两个选手水平过于悬殊，会对彼此丧失兴趣。合理地利用好小组合作学习，既能提高学习效率，又能减轻老师的负担。老师们之所以顾虑重重就是对这种模式的理解或操作不够细致全面，学习过程中旧有的知识体系阻碍了新的教学方法的形成。要打破这种障碍，首先就要从全局的角度提高对小组合作学习作用的认识，从学校、教研组、教师三个层面对小组合作学习进行全面的精细化的设计和加工，包括课程的设置、课时的安排、教学案的编制、试题的设计等各个方面，其次还要让小组的划分、分工、展示、评价都有依据，形成制度，增强可操作性。

4. 情感、态度、价值观。仔细研究老师们的教案，在三维目标的制定中，情感、态度、价值观这一教学目标好像是可有可无，基本上千篇一律：培养学生的质疑精神、爱国精神、科学态度、探究能力、合作精神等等。诚然,这样的教学目标无可挑剔,但是缺乏针对性和可操作性。新的学习理论告诉我们,情感、态度、价值观的因素在学习过程中起着至关重要的作用,然而我们对它们的研究却微乎其微。

最突出的问题是有些老师被一些似是而非的教学理论搞得缩手缩脚,课堂上没有了基本的礼仪规范,比如:老师让一个学生回答问题,其他的学生不认真听,有仍在举手的,有争论的,有起哄的,表面上看课堂很热闹,学生学习的积极性高,其实是一团糟。尊重别人的发言是做人的基本礼仪,热闹的课堂不是无序的课堂,公共场所的基本礼仪,良好的听课习惯和学习态度是任何课堂必须坚守的。情感、态度、价值观好像是知识学习过程中的润滑剂,它能保障学习过程的流畅。

在各类教学期刊上,关于如何培养情感、态度、价值观的研究成果凤毛麟角。课堂上情感、态度、价值观目标的作用远远没有发挥出来,目前,课堂上存在的很多问题都和情感、态度、价值观有关,比如:师生对立问题、学生不认真听讲问题等等。笔者相信,关于这方面的课题研究是大有可为的。

5. 教师的提升和课程的融合。随着社会的进步,信息技术的发展,学生获取知识的渠道越来越多,有时候学生提出的问题可能涉及多个学科。在传统的课程设置、课时安排、分科教学制度下,知识是按照科目、课时、章节被分割开来的进行讲授,这已经不能适应当今社会知识信息大融合的趋势。学科的融合、渗透、交叉将会成为课程改革的主旋律。这种变革对老师提出更高的要求,未来老师的定位更像是一个编剧、导演兼演员,他不一定是全才,但他对学校教育的各个领域都能涉猎,会调动各种因素来设计自己的课堂,能最大限度地调动学生的积极性。只满足于自己专业知识的老师可能会被淘汰,其实老师更是一个需要终身学习的职业。

学习是一个无限的过程,对教学的研究本身就是一个学习的过程,教和学的复杂性决定了不存在一个能解决任何教学问题的统一模式。一旦有了这样的模式,教师的使命就终止了。但是我们的研究并非没有价值,每一次研究都是向着正确的方向逼近,正是这个无限的过程才使得教育事业散发出无穷的魅力。本文是笔者在读了《学习的本质》一书后结合自己工作进行的思考,不是对该书的解读,与作者的观点也不完全一致,但是仍然感谢作者给自己提供了思考的角度,重新认识了教学中曾经忽略的工作。打开一本书,就是推开一扇窗,书中还会有更多的宝藏等待我们去深入的挖掘体会。

姚强/文

**书海撷英**

只有对当下的自己合适且必需,也确实在用的东西,才会留在你自己的空间。

# "微积分基本定理"教学设计与反思

【指导思想和理论依据】

数学是一门演绎的学科,强调知识体系的严密性、系统性和完整性,另一方面,数学也是一门归纳的学科,通过对个别的数学事实进行归纳去猜想和发现更一般的数学规律,从一个知识领域的结论去类比猜想另一个知识领域的结论,因此,与物理、化学、生物等科学一样,数学也可以进行"科学教育",开展数学实验,进行数学探究,在"做中学"。事实上,这也是新课程改革的一个理念,教材中引入了一批强调直观理解而没有严格证明的结论,在教学过程中,可以引导学生从直观的,或归纳的角度,去认识这些结论的本质,体会蕴于其中的思想和方法。

这节课从这个角度出发,对教材进行二次创作,让学生从已有知识、经验、直观认识等出发,通过经历发现问题、提出问题、分析问题、实验探究、归纳反思等环节,实现对重要数学结论的再"发现"。在此过程中,现代信息技术可以帮助学生实现自己的设想完成实验。而在实验过程中,由于学生可以选择不同的特例进行探究,对同一问题,选择方法可以不同,因此课堂组织形式上采用了小组合作的方式,便于学生对比不同的想法,进行讨论。

【教学目标】

在知识上:初步认识微积分基本定理的内容,能结合物理背景说明微积分基本定理的"证明"过程,并能初步运用微积分基本定理求简单的定积分。

在能力上:通过探究定积分对积分上限变化的依赖关系,经历定理的发现过程,体验从局部到整体、从具体到一般的研究问题方法。

在情感上:通过建立微分与定积分之间的联系,提升对微积分基本定理的理性认识,感受"以直代曲""无限逼近"的极限思想。

【学情】

这个班是八十中的理科普通班,学生对导数和定积分概念有一定理解。但此节内容是从高等数学移植到新课标教材中的,一方面,学生对极限、连续、不定积分等概念缺乏全面深刻的理解,在接受微积分基本定理时容易出现认知障碍;另一方面,学生提出问题和探究分析问题的意识还有待加强。

微积分基本定理是普通高中课程标准实验教科书人教 A 版《数学选修 2-2》第一章第六节的内容。在前面的课程中,我们已经学习了导数和定积分的概念。导数刻画了运动物体的瞬时变化率,而定积分则体现了运动物体的瞬时变化率在"时间"上的累积效应,他们都体现了以直代曲和无限逼近的数学思想,那么微分和积分之间有什么联系呢?微积分基本定理揭示了导数和定积分之间的简洁、优美而深刻的内在联系,同时也提供计算定积分的一种有效方法,给微积分学的发展带来了深远的影响,是微积分学中最重要最辉煌的成果。

微积分基本定理的本质不容易理解,而图形计算器的绘图运算、动态作图、数据统计等功能可以很好地帮助学生多角度了解和探究微积分基本定理。通过这部分内容的探究,引导学生经历问题提出——分析探究——猜想假设——论证评价的过程。

【教学流程图】

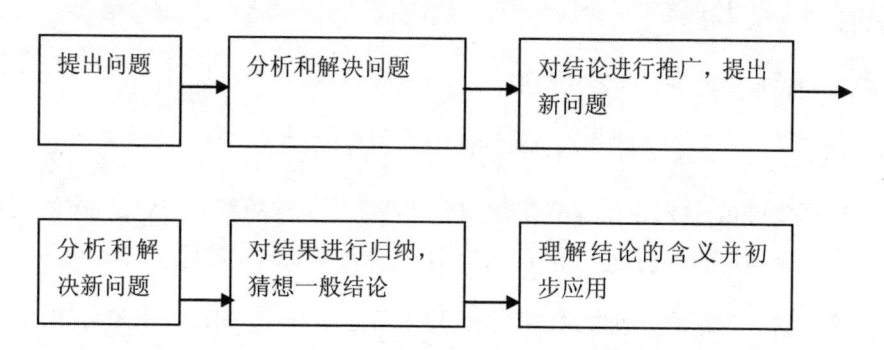

提出问题 → 分析和解决问题 → 对结论进行推广,提出新问题 →

分析和解决新问题 → 对结果进行归纳,猜想一般结论 → 理解结论的含义并初步应用

【教学具体过程】

探究问题的提出

让学生回忆定积分的定义,并思考如下问题:

问题一:如何用定义计算 $\int_a^b \frac{1}{x}dx$?

设计意图:引起认知冲突,激发寻求计算定积分新方法的认知需求。

为解决这样一个一般性问题,我们可以从特殊 k 入手,例如取 $a=1,b=2$,计算 $\int_1^2 \frac{1}{x}dx$,那么如何计算?用定义可以吗?学生尝试用定义的"四部曲"(分割、近似代替、求和、取极限)求解$\int_1^2 \frac{1}{x}dx$,当运算到"求和"时,就会发现,这个和$\frac{1}{n}$+$\frac{1}{n+1}+\frac{1}{n+2}+\cdots+\frac{1}{2n-1}$是求不出来的,因而用定义无法求解$\int_1^2 \frac{1}{x}dx$的精确值。即使有的积分可以用定义计算,例如$\int_1^2 x^2 dx$,计算过程也非常复杂。因此我们有必要寻求计算定积分的新方法,这就是本节课要研究的课题:寻找计算定积分更简单有效的方法。

探究一:计算$\int_a^b \frac{1}{x}dx$的方法

引导学生对问题进行简化,这个问题中积分上下限都在变化,如果考虑固定其中一个是否可行?学生想到由定积分性质可以得到:

$$\int_a^b \frac{1}{x}dx = \int_1^b \frac{1}{x}dx - \int_1^a \frac{1}{x}dx$$

如果能计算得到$\int_1^b \frac{1}{x}dx$,那么由上述等式就可以得到$\int_a^b \frac{1}{x}dx$,因此问题转化为如何求解$\int_1^b \frac{1}{x}dx$?

我们先考虑如下一些特殊情形:

$$\int_1^2 \frac{1}{x}dx, \int_1^3 \frac{1}{x}dx, \int_1^{3.7} \frac{1}{x}dx, \int_1^5 \frac{1}{x}dx$$

由图象可知,这些定积分都存在,即,对每一个特殊的积分上限,对应的定积分都是一个确定的值,由此引导学生从函数的角度观察这一问题。

考虑这个问题的一般形式,即,我们要求解定积分$\int_1^b \frac{1}{x}dx$,由图象可知,对每一个$b>0$,存在唯一确定的值$S = \int_1^b \frac{1}{x}dx$与之对应,因此这可以看成一个定积分值$s$关于积分上限$b$的函数,记为$S = F(b)$。我们如何研究这个函数呢?

学生回忆研究函数的一般方法,想到可以尝试用描点法画出函数图象,研究函数性质。为此,对每个确定的$b>0$,需要得到定积分$S = \int_1^b \frac{1}{x}dx$的数值结果,有学生可能会提出直接利用 TI – Nspire 中的积分功能,但由于不清楚 TI – Nspire 是如何得到这个数值结果的,因此为避免可能存在的问题,我们采用另一种方法:对每个确定的$b$,取分割数$n$足够大,由定积分定义中的和式的值作为定积分$\int_1^b \frac{1}{x}dx$的近似值,然后画散点图观察它的图象。

提问学生用 TI–Nspire 画散点图的步骤，并得到如下结果：

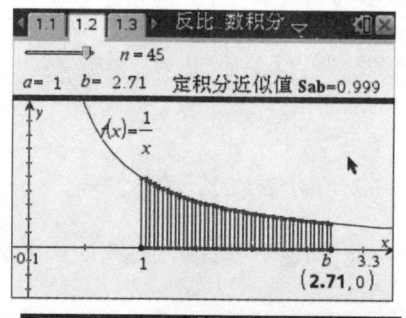

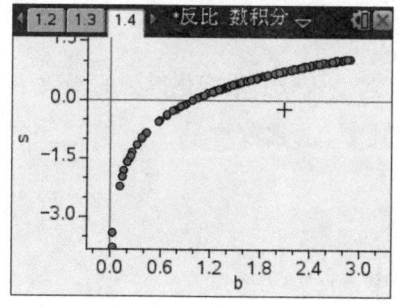

为探究函数的解析式，我们尝试用多种初等函数来拟合散点图。

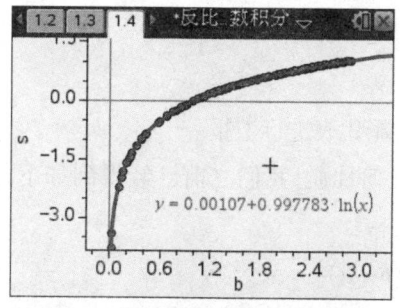

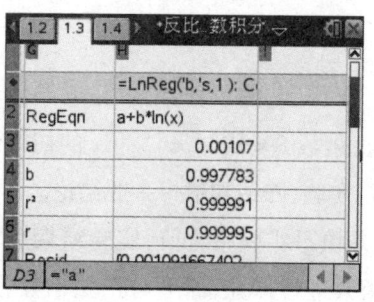

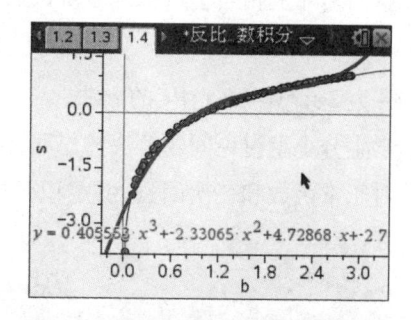

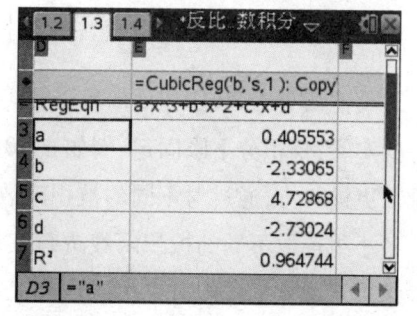

对比拟合结果我们可以发现对数函数的拟合效果最好,是完全拟合,因此我们猜想 $S = F(b)$ 的解析式可以用初等函数表示为

$$F(b) = \int_1^b \frac{1}{x} dx = \ln b \, (b > 0)$$

更进一步,由定积分性质可以得到:

$$\int_a^b \frac{1}{x} dx = \int_1^b \frac{1}{x} dx - \int_1^a \frac{1}{x} dx = \ln b - \ln a \, (b > 0, a > 0)$$

这样我们得到反比例函数的积分公式,由此公式我们可以方便地计算出反比例函数在 $x$ 轴正半轴任一闭区间上的定积分。

由探究一出发,引导学生提出更一般性的问题。

问题二:对一般函数 $f(x)$,固定积分下限,使积分上限变化得到的函数

$$F(b) = \int_c^b f(x) dx, (其中 c 为常数)$$

可不可以用初等函数表示?

如果这一问题得到解决,由定积分性质:

$$\int_c^a f(x) dx + \int_a^b f(x) dx = \int_c^b f(x) dx$$

有:

$$\int_a^b f(x) dx = \int_c^b f(x) dx - \int_c^a f(x) dx$$

我们实际上相当于给出一般函数的积分公式。

$$\int_a^b f(x) dx = F(b) - F(a)$$

探究2:计算 $\int_a^b f(x) dx$ 的方法

学生分小组讨论问题解决的思路,然后派代表进行汇报。

对于常函数和一次函数,由定积分的几何性质,我们之前已经得到如下的简单公式:

$$\int_a^b C dx = C(b - a)$$

$$\int_a^b x dx = \frac{1}{2}(b^2 - a^2)$$

对其他初等函数,例如最简单最熟悉的 $f(x) = x^2$ 的积分,可以完成类似于问题一的实验:令积分下限固定,例如 $a = 0$,考虑函数 $S = F(b) = \int_0^b x^2 dx$ 的初等函数表示。更进一步,通过对不同的被积函数进行实验,归纳和猜想一般结论。

各小组选取不同的被积函数进行实验,并填写实验报告册,实验结束后汇报实验结果。课堂上我们对二次函数和三次函数进行探究,课下对正弦函数、余弦函数和指数函数进行进一步探究。

形成猜想

对比各小组的实验结果,让学生归纳猜想一般结论。

猜想1:对满足一定性质的函数$f(x)$,存在函数$F(x)$,有
$$\int_a^b f(x)\mathrm{d}x = F(b) - F(a)$$

追问:函数$f(x)$和函数$F(x)$之间有什么关系?

解释猜想

在高等数学中我们可以严格证明上述猜想,但考虑到学情和教学目标,现阶段我们只以变速直线运动为例理解猜想1。

让学生思考如下问题,然后阅读教材:

(1)如果做直线运动的物体的运动规律是$y=y(t)$,如何表示物体在$[a,b]$内的位移$s$?

(2)物体在时刻$t$的速度如何表示?

(3)如何用$v(t)$表示物体在$[a,b]$内的位移?

教师演示如下课件,让学生直观感受当$n$增大时,近似结果是如何逼近精确结果的。

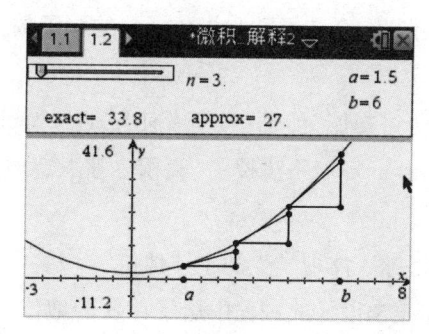

形成命题

定理:如果函数$f(x)$是$[a,b]$上的连续函数,并且$F'(x)=f(x)$(称满足这一个关系的$F(x)$为$f(x)$的原函数),则
$$\int_a^b f(x)\mathrm{d}x = F(x)\big|_a^b = F(b) - F(a)$$

该定理称为微积分基本定理。

"17世纪的前半叶是微积分学的酝酿时期,观念在摸索中,计算是个别的,应用也是个别的。而后戈特弗里德·威廉·莱布尼茨和艾萨克·牛顿两人几乎同时使微积分观念成熟,澄清微、积分之间的关系,使计算系统化,并且把微积分大规模使用到几何与物理研究上"(来自维基百科),因此这个公式也称为牛顿—莱布尼兹公式。它指出了求连续函数定积分的一般方法,把求定积分的问题,转化

成求原函数的问题,使得导数与定积分之间,更进一步微分学与积分学之间建立联系,并发展成为微积分学。微积分学的发展与应用几乎影响了现代生活的所有领域。它与大部分科学分支关系密切,特别是物理学;经济学亦经常会用到微积分学。几乎所有现代技术,如建筑、航空等都以微积分学作为基本数学工具。

注:应用微积分基本定理求定积分的局限性——对一些函数,无法找到其原函数,但我们仍可以利用定义计算定积分的数值近似解。

定理应用:

例1. 计算下列定积分:

(1) $\int_1^2 \frac{1}{x} dx$; (2) $\int_1^3 (2x - \frac{1}{x^2}) dx$。

总结:回顾整节课,我们通过一个具体问题引出课题,通过探究得出结论,然后尝试对这个结论进行一般化得到更一般的猜想,在理解猜想之后(以后可以严格证明),我们得到一个定理,并进行了初步的应用。通过经历这个过程,体会研究问题的一般方法,体会特殊与一般、以直代曲的思想。

作业

利用拟合寻找正弦函数、余弦函数和指数函数的原函数。

【教学反思】

在"海峡两岸教学研讨交流"活动中,笔者使用 TI – Nspire 图形计算器,在 TI – Nspire™ Navigato™ System 环境下讲授了《微积分基本定理》的研讨课,有很多的收获与教训。

一、准确定位教学目标　体现学生的主体地位

教学目标的设计在教学设计的过程中居于首要的地位。传统上,微积分基本定理这一节课的定位主要在于定理内容的学习和应用定理求解定积分。如何处理微积分基本定理的导出过程成为一个难题,人教版教材的处理方法是利用物理中的位移和速度的关系进行说理,但由于说理过程对高中学生比较艰涩,按照已往的经验,只能是由教师讲解,学生会处于被动接受、半知半解之中。笔者希望将教学目标的重点放在让学生对微积分基本定理的内涵有比较深刻的理解,并通过微积分基本定理的学习过程,为研究与运动变化相关问题提供一般性的方法。由于学生人手一个 TI – Nspire 图形计算器,具备处理分析数据、描绘函数图象、代数和符号运算等功能,有了研究一般数学问题的可能,更应该让学生经历数学知识的发现、形成和发展过程。因此,将本节课的重点确定在学生学习活动上,主要集中在以下几点:(1)引导学生从如何计算定积分的需要出发,提出对同一个被积函

数,当积分上限改变时,定积分如何变化的问题,并通过学生活动,收集一组数据;(2)通过学生对数据的分析,画出散点图,利用统计学中回归分析的方法得到积分上限和定积分值之间的关系,得到相应被积函数的积分公式;(3)通过比较不同的被积函数的积分公式,经历观察和归纳,得到一般函数的积分公式的猜想,"证明"猜想,即得到微积分基本定理。通过经历实验探究,学生成为课堂教学的主体,出现有活力、有生气的真实课堂。从教学实践的结果看,这样的定位是正确的。

二、重现定理发现过程,体现知识的必要性和自然性

微积分基本定理是人类的伟大创造,是人类重要的思想文化,其产生的过程体现了当时现实的需要,数学的发现过程蕴含着丰富的人文精神,并不是牛顿和莱布尼茨等数学家的符号和逻辑的枯燥的游戏,因此数学课堂教学应该体现人文气息。在本节课中,从如何计算定积分这一学生现有知识的瓶颈引入,还原历史情境,以学生已有的知识为基础进行探究,得到结论,最后解决了开始时提出的问题,让学生经历研究问题的完整过程,体验研究的快乐。并对学生在今后的生活工作中解决类似问题提供思路。通过教学中适时向学生介绍,会使课堂教学具有生气。而整个教学过程的设计,遵循数学知识的发现、发展过程,问题提出、问题分析、实验猜想到分析说理,从思维的低级向高级递进,符合知识的形成与发展规律,也进一步体现了"数学是自然的,数学是清楚的"理念,从实践效果来看,学生能够接受,也乐于接收。

三、合理选择技术使用的时机和呈现方式

TI 图形计算器有很丰富的功能,但学生在探究过程中哪些工具可以用,哪些工具不应该用,即信息技术呈现的方式和时机,这个问题在教学设计过程中一直在思考,也有过一些波折。

首先,每个确定的 $b>0$,如何得到定积分 $S=\int_1^b \frac{1}{x}dx$ 的数值结果呢? 开始时,笔者想直接利用下图所示 TI–Nspire 中的积分功能,但在和王贵军老师磨课过程中,王老师提出质疑,TI–Nspire 是否有可能正是利用微积分基本定理得到这个数值结果,这样就会出现循环论证的问题,由于学生对积分功能这一工具没有清晰的认识,因此应该避免使用。为此,笔者选择使用定积分的定义来求数值结果,即对每个确定的 $b$,取分割数 $n$ 足够大,由定积分定义中的和式的值作为定积分 $S=\int_1^b \frac{1}{x}dx$ 的近似值,这一点,学生是认可的。

因此在本节课的技术手段使用上,笔者注意选择符合学生已有知识基础的工

具,比如画散点图、回归、函数作图等,只是帮助学生减轻体力劳动,而不能取代学生自己的思考。

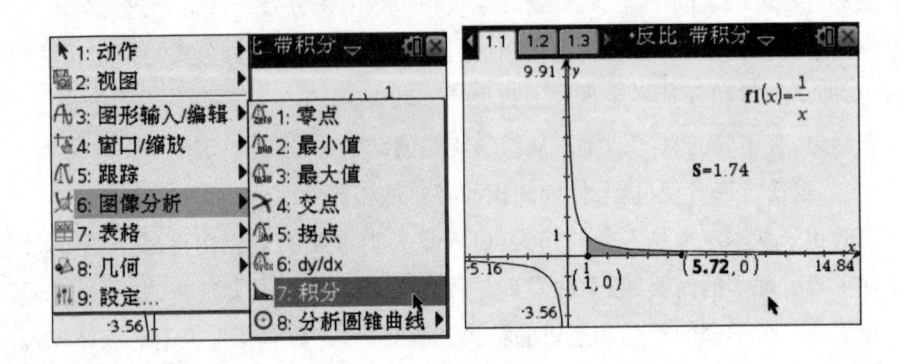

### 四、遗憾与改进

虽然这节课得到了与会专家、领导及同行的好评,但还有一些值得探讨和思考的地方。

(1)课堂教学设计还值得进一步研究。在由图形计算器探究得到猜想之后,"解释猜想"环节的时间变得非常紧张,只是由老师快速展现分析过程,导致一些学生理解上的困难。课后老师进行点评的时候,建议如果时间紧张,可以先不讲,让学生课下自己阅读课本,在下一节课的教学时完成分析过程。

(2)在课堂教学实践中发现,学生回答例1的第二个问题时出现困难。究其原因,是因为本堂课将教学目标定位于定理的探究过程,学生对定理的应用相对陌生,因此应该留在下一节课继续讨论。

**专家点评**

张世忠等教授指出赵老师这节课借用科学教育中的实验探究方法,将微积分基本定理这一非常抽象的内容,进行具体化,引导学生通过实验探究出这一结论,是一个重要的创新。张教授然后对如何更有效的组织小组讨论提出了建议。

袁京生老师指出微积分基本定理内容非常重要,但要求不高,教材中也没有给出严格证明。对于如何处理这样没有严格论证,但需要让学生知道,属于说理性质的内容,应该如何处理,赵老师根据学生已有知识和经验,让学生通过探究理解了这一内容,并得到结论,这种探索很有意义。

王贵军老师指出,教师应该教给学生探究问题的方法,培养学生用所学知识解决新的问题,赵存宇老师注意到了这些方面,有一定的成果。在课堂上有学生用多种函数进行数据拟合,这体现了学生确实在探究和研究数学,但赵老师由于教学经验不足,只对学生的一种结果进行了展示,以后的课堂上应在这一方面加强。

田树林校长指出赵存宇老师具有很好的业务素质,教学环节设计比较好,能体现出较高的教学追求,并在课堂驾驭、教材把握、表达能力等方面有很大提升,但在课堂掌控上还显得经验不够丰富,应将课堂中更多的时间放在如何培养学生思维能力上,通过TI–Nspire™无线系统的很好的展示功能,应该将学生实时反映出的问题更充分地挖掘出来。

赵存宇/文

**书海撷英**

先诊断出物品从你身上掠去了多少能量,然后通过筛选物品的行动,实现自我完善,这就是断舍离的精髓。

# 基于物理建模的学习进阶及其指导策略

建模教学(Modeling Instruction)是亚利桑那州立大学理论物理学家 David Hestenes 创立的一种教学模式。在科学中,模型被视为是对真实世界的一种表征,可以对物体、事件、系统、过程、物体或事件间的关系等进行表征;建模是建构或修改模型的动态过程,即从复杂的现象中,抽取出能描绘该现象的元素或参数,并找出这些元素或参数之间的正确关系,建构足以正确描述、解释该现象的模型的过程。[1]

学习进阶的研究在近十年来逐渐成为国际科学教育界的热点研究领域,美国国家理事会(NRC)在 2007 年将学习进阶定义为:"对学生在一个时间跨度内学习和探究某一主题时,依次进阶、逐级深化的思维方式的描述"[2]。学习进阶刻画的是学生思维的发展过程,基于学习进阶的课程开发能更好地规划学生的发展路径,使之符合学生的心理特质,而对新开发课程的实践与反馈能够促使学习进阶的完善和改进。

在物理教学中,将模型和建模与学习进阶进行整合,设计基于建模的学习进阶教学策略,开展模型和建模的学习进阶研究,具有重要的理论价值和实践意义。

## 一、基于物理建模的学习进阶可行性

十年来对学习进阶的研究,最主要的成果是基于大范围的测评逐渐建立了学生在一些科学概念和实践活动学习过程中的发展模型。从建构主义观点来看,研究能促进学生发展的学习进阶系统模型,对学生建构真实世界的认知框架更有帮助。研究怎样基于学习进阶开展教学设计改善教学实践,即回答"如何设计路径促进发展",将是未来对进阶研究的核心议题。徐宁在批判继承概念转变研究基础上提出基于认知模式转化的概念发展模型。[3]张静将心智模型研究和学习进阶相结合,以静电学为例描述了学生心智模型的进阶发展层级,并通过建模教学促进学生心智模型的发展。[4]

首先，物理模型的建构是一个复杂的思维过程，其学习过程具有明显的阶段性和层级特点。物理模型是物理知识的主要成分，而建模是认识真实世界的过程，可以用来建构和使用物理知识。在物理建模活动中，学习者必须根据已有的物理知识和生活经验，使用所给予的材料和工具来探究面对的情境，建构起对当前情境的理解，并将自己的这种理解表达出来。1995年Hestenes提出一般的建模过程可分为模型建立、模型分析和模型验证3个步骤。1996年Hal-loun将基于模型的问题解决和教学过程分为5个阶段：模型选择、模型建立、模型验证、模型分析和模型拓展。

其次，物理学科的学习进阶离不开物理模型的建构过程。一个阶段的学习进阶一般起始于学生前期的生活和知识经验，终结于对学习内容的相对清晰的认识，在知识内容上，学习进阶的终点可以归结为建立有关学习内容的科学模型，有时，学习进阶的结果，比如在大概念体系下的核心概念和共通概念等，本身就是科学模型。

再次，将建模过程的思维阶段和学习进阶的节点进行整合，可以充分体现彼此的优势，进一步提高科学教育的教学效率。核心概念的学习进阶为学生的概念发展建构了一个过程模型，将概念轨迹研究中的"儿童的科学""正规科学"和"中间概念"作为此模型中的发展要素：进阶起点、进阶目标和中间节点。在实践中，物理建模教学的学习进阶模式可以实现建模教学和学习进阶的优势互补。

最后，将物理建模与学习进阶进行整合，具有较强的可操作性，便于教学的设计和实施。老师在教学中经常面对的是基于某一主题的学习进阶，而物理学科的学习与教学又置身于一个模型的世界里：理想对象模型、理想条件模型、理想过程模型、对象理论模型、问题模型……在某一具体模型的建构过程中进行学习进阶指导，教学设计目的性更强，思路更为清晰；实施过程学生兴趣更浓，参与度更高。

**二、物理建模的学习进阶节点划分**

教学因素在建构学习进阶过程中处于关键地位，教学实践对学习进阶起着关键作用；科学教育研究领域一般认为，与学习轨迹和教学序列相比，学习进阶是一个更为上位的概念，学习轨迹有机组合构成学习进阶，而教学序列则是在学习进阶框架下，教师根据学生的具体学情规划其教学活动的安排和教学策略的选取。

模型与建模是科学发展中的重要元素，也是科学学习中不可或缺的认知与能力[5]。建模是科学家的核心活动，它们与科学知识的建立和发展有密不可分的关系。物理建模教学让学生亲身经历物理模型的建构过程，对学生心智的发展至关重要。在物理建模教学中，进阶节点的划分要立足于物理模型建构的思维发展过程，选取模型建构过程中的关键环节作为进阶节点。实践证明，建模教学中的以下几个节点较为通用，在实际操作中，进阶节点可以以此作为参照，灵活变通。下面结合匀速圆周运动中的圆锥摆模型做具体说明。

1. 进阶起点和进阶目标

建模教学的进阶目标是建构起能够表征特定客观事实的科学模型，针对某一特定物理模型学习的进阶起点应该是建构该模型所必需的已有知识和关键能力。从这个意义上说，建模教学的进阶起点和进阶目标也是两个特殊的节点，而且需要优先考虑。圆锥摆模型的进阶起点一般为匀速圆周运动的受力特点和运动规律，进阶目标是熟练运用圆锥摆模型处理生活中的等效圆锥摆问题。教学中需要首先全面了解学生在匀速圆周运动方面的知识层次和能力水平，如匀速圆周运动的运动学公式、受力特点及应用牛顿第二定律求解匀速圆周运动典型问题的能力等，根据学生的知识和能力水平确定具体的进阶起点。需要注意的是，不同学生的知识和能力水平存在差异，在通过适当的诊断手段帮助学生确定各自的认知水平后，要根据大多数同学的认知水平确定一个合适的进阶起点，并帮助所有学生的认知水平统一到这一起点上来，在建构圆锥摆模型的起始阶段，就需要帮助所有学生掌握匀速圆周运动的基础知识和基本方法。

2. 心智模型充分外显

Hestenes认为，科学模型是对真实世界的一种表征，当科学共同体创造出一致的并被实践所证实的模型时，此模型就称其为概念模型。概念模型可以用来描述科学、表征真实的世界。在概念模型和真实世界之间，是个人对真实世界的主观认识，即心智模型。心智模型是个人所建构出来的，不一定与概念模型完全相符，在建模教学的开始阶段，学习者必须根据已有的知识经验，使用所给予的材料和工具来探究面对的情境，建构起对当前情境的理解，并将自己的这种理解表达出来。圆锥摆模型的基本情境如图1所示，面对上述情境，需要采取适当的方式让学生展示自己对小球的运动轨道、受力特点、装置的几何关系等的理解。

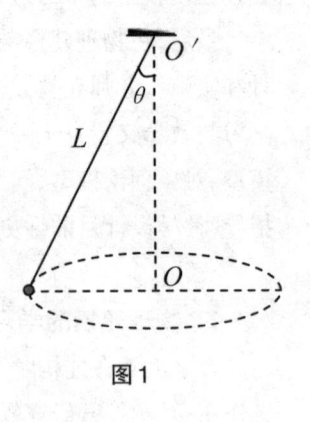

图1

3. 科学模型初步建构

面对问题情境，在心智模型外显基础上，经过有效的取舍，从经验中挑选一些合适的模型进行整合，建构新的模型。圆锥摆模型的初步建构需要学生在正确分析小球受力的基础上,准确得出合力表达式;在准确把握小球轨道圆和摆线扫过的圆锥面之间几何关系基础上,找到轨道半径与摆线长之间的关系式;运用小球所受合力充当向心力,导出圆锥摆的线速度、角速度、周期等与摆线偏角和摆线长之间关系。

4. 科学模型合理优化

根据建模的目的,模型的适用范围,该模型应能做出的有效解释等,对初步建构的模型进行优化。包括模型的交流、验证、规范、修正等步骤。初步建立圆锥摆模型之后,需要引导学生总结圆锥摆模型的特征。受力特征:受重力和一个大小恒定且指向斜上方的力共同作用,合力大小恒定,沿水平方向指向圆心;运动学特征:加速度、线速度、角速度、周期等均与小球质量无关,由摆线偏角和摆线长及重力加速度共同决定;更进一步,运用控制变量法,分析上述任意两个量之间的变化关系,发现周期和角速度可由悬挂点到轨道圆圆心的距离直接决定,等等。

5. 科学模型必要拓展

将新建的模型用以解决实际问题,使模型在问题情境中得到巩固和强化,并对模型进行必要的拓展。这个阶段是帮助学生发展迁移的技巧,能用建立的模型来解释新情境,甚至在已建立模型基础上进行延伸,再建构一个新的模型。在总结圆锥摆模型受力特征与运动参数基础上,运用圆锥摆模型分析解决实际问题,如游乐场中的旋转飞椅、绕如图2所示竖直轴$O_1O_2$匀速转动的光滑圆环上的小球等,甚至火车转弯问题。在解决上述问题的过程中,深化对圆锥摆模型的理解。

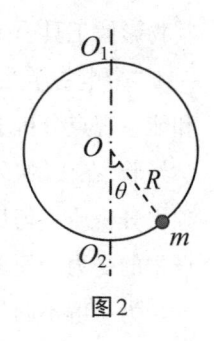

图2

## 三、物理建模的学习进阶指导策略

在课堂教学中,我们主张基于学习进阶开展建模教学,围绕学生建模的思维过程设计进阶层级。具体策略如下。

1. 建模起点衔接策略

建模教学的学习进阶指导起始于对学生已有知识和技能的诊断,以此来确定学生的进阶起点。根据建构主义理论,知识和技能的学习是在原有知识技能的基础上进行主动建构的过程,物理模型的建构过程中,了解学生的心智水平,并以此作为建模学习的起点是非常重要的。按照维果茨基最近发展区理论,建模起点的设定应稍高于学生的现有水平,并且学生通过努力能够达到。在班级教学中,初步确定建模起点之后,还要进一步完成建模起点与不同学生已有知识技能的衔接,将全班学生尽量统一到建模起点上来。

(1)测评已有基础　建模教学开始于对学生已有知识和技能的测评或诊断。具体操作中可以通过提问、讨论或测试的方式来确定,一般在课前完成,也可以放在课堂教学的前几分钟。

(2)知识强化和铺垫　在确定学生相关知识水平的基础上,要对比建模所需知识内容,采取适当措施进行知识的强化和铺垫,帮助基础薄弱同学补齐知识缺陷,引导全体学生辨析易混点和易错点,为新模型的建构作好知识铺垫,针对新模型建构中可能出现的相异构想做提前预警。

(3)方法、工具的选取及准备　梳理建构新模型过程所涉及的方法和工具,结合学生以往学习中用到相应方法的知识点,对相应的方法和工具进行回忆和总结。物理建模涉及物理学常用的科学方法、思维方法和物理解题的基本方法等;处理物理问题需要用到必要的工具包括语言文字工具、图形图表工具、数学工具、实物影像工具……

"带电粒子在匀强电场中的加速和偏转模型"的进阶目标为灵活运用动力学和能量观点分析求解带电粒子在匀强电场中加速和偏转的问题。根据以往的教学经验,在接触"带电粒子在匀强电场中的加速和偏转模型"之前,学生应具备了独立分析质点匀加速运动、类平抛运动过程的能力,同时具备分析带电粒子在电场中的受力和简单运动的能力、熟悉平行板电容器板间场强与电压的关系。

为了解不同学生的知识和能力水平,统一进阶的起点,设计如下的诊断性问题。

【自主学习】

1. 本章涉及的带电粒子通常有两种,一种是微观粒子,如＿＿＿＿＿＿＿等,一般不计重力;另一种是带电质点,如＿＿＿＿＿＿＿等,一般考虑重力。

2. 若带电粒子在电场中所受合力为零时,粒子将保持＿＿＿＿＿＿＿状态或＿＿＿＿＿＿＿状态。

3. 利用电场来改变或控制带电粒子的运动,最简单情况有两种,利用电场使带电粒子＿＿＿＿＿＿＿;利用电场使带电粒子＿＿＿＿＿＿＿。

4. 若带电粒子只受电场力作用且与初速度方向相同,带电粒子将做＿＿＿＿＿＿＿运动。

5. 若带电粒子只受到恒定的电场力作用且与初速度方向垂直,带电粒子将做＿＿＿＿＿＿＿运动。

【课堂探究】

一、带电粒子在电场中的平衡问题

问题1：如图3，水平放置的两平行金属板间有一匀强电场，已知板间距离为 d=5cm，有一质量为 $m=1.0\times10^{-9}$kg、带负电的液滴悬浮其中，其电荷量为 $q=5.0\times10^{-12}$C。要使液滴处于静止状态，两极板间应加多大的电势差？哪块极板的电势较高？

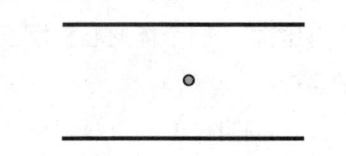

图3　带电粒子在电场中的平衡

具体操作中，"自主学习"中的5个小题放在课前几分钟，以测试的方式完成，在上课前投影答案，让学生对照答案完成自我诊断。"课堂探究"的问题1放在课堂教学的起始阶段，以提问和学生互评的方式完成，诊断学生运用动力学观点初步分析电场力问题的能力，统一进阶起点，同时起到热身的效果。教学中还可以适时提问平抛运动的处理方法，帮助学生将运动的合成与分解方法迁移到类平抛运动中来。

2. 心智模型外显策略

在建模活动中，学生面对新的情境，在与自身前认知的相互作用下，首先会形成一个心智模型。心智模型是内隐的，带有鲜明的个性色彩，需要使用符号将心智模型表征出来，然后再和其他个体的心智模型进行交流。在这一阶段，教师的作用是引导和促成学生心智模型的外显。在具体操作中，可分为描述、表达、展示等方式。"描述"指运用恰当的语言将心智模型描绘出来，例如在建立质点模型的过程中，让学生在实例分析基础上描述在不同问题中是处理物体形状和大小的，进而描述对"用一个点来代替实际物体"的理解；"表达"指运用适当的工具表达心智模型的意义，这里的工具，多指数学工具、图形图表工具、影像工具等，例如在同步卫星的学习中，组织学生画出同步卫星的轨道示意图和受力示意图；"展示"指的是组织展示心智模型的思维过程，重在展示思路和方法，例如在平抛运动模型的学习中，组织学生在自主推导基础上展示运用运动合成分解方法求解位移、末速度等运动参数的过程。

3. 心智模型到科学模型过渡策略

新模型的建构可以是已有模型的优化或拓展，也可以是多个已有模型的整合，或者根据课题情境的适用范围、建模的目的构建新的模型。在模型建构过程中，学生无法通过科学知识的建构历程获得对知识的深刻而全面的理解，也很少有机会能够在真实世界中建构模型,因此,在促使心智模型外显的基础上,帮助学生实现从心智模型到科学模型的过渡,就显得尤其重要。具体策略为:

对比:将不同个体的心智模型进行对比,找出其中的共性和区别,尝试进行初步的评析。

比较:将自己的心智模型与公认的规范结论进行比较,找出心智模型的差距及差距形成的原因。

整合:将其他个体的心智模型、公认的规范结论和自己的心智模型进行整合,形成对课题的全面理解。这一过程可以是同化为主,也可以是顺应为主,或者平衡整合。

解释:尝试用自己的理解解释课题情境,解决所研究的问题,或形成探究结论。

验证:寻找不同的证据验证结论,或尝试在应用中印证结论。

规范:对结论进行全面的总结,包括研究对象、成立条件、适用范围、表达方式等。

表述:尝试用规范的方式将科学模型规范地表述出来。

玻尔的原子模型给出了氢原子内部原子核与核外电子的结构规则,学生在学习之前已经有了电子绕核做匀速圆周运动、库仑力充当向心力的心智模型,教学中可以从这些模型出发,引导学生类比人造地球卫星的绕行参数推导电子在半径为 r 的轨道上运动时线速度、周期、动能等物理量的表达式,给出电势能的表达式后再导出电子动能和电势能之和,作为与半径 r 对应的氢原子的能量值,然后对比这一模型与经典电磁论的矛盾,类比足球场看台的台阶划分,提出玻尔的轨道量子化思想,类比卫星轨道半径不变时动能、势能、机械能不变提出玻尔的定态假设及能级划分规则,给出能级跃迁及频率条件,最后让学生尝试对上述原子模型做出完整的描述,并与玻尔理论的三个假设进行对比,形成对玻尔模型的全面理解。引导学生进一步推导较高能级向第二能级跃迁时辐射光子的波长公式,通过与巴尔末公式的一致性解释氢光谱,验证模型。

需要说明的是,上述策略只是心智模型到科学模型过渡的常用策略,在具体模型建构过程中,需根据特殊的情境灵活处理。

**4. 建模进阶变量控制策略**

建构教学过程需要围绕核心活动展开,寻找学习进阶的最优化路径[6]。在进阶起点和进阶目标之间,各个进阶节点之间不是孤立的,而是存在内在的联系,进阶变量是联结各进阶节点的桥梁和纽带。有效地控制进阶变量,在进阶变量的科学演化中促成物理模型的学习进阶。

以知识内容本体作为进阶变量在进阶研究早期占主流,知识内容本体作为进阶变量可以清晰地刻画学生对某一主题理解的认知发展层级。现阶段研究中进阶变量的内涵日益丰富,有学者以关键能力作为进阶变量;也有学者关注学生头脑中内在知识结构的关联程度,以知识整合度为进阶变量描述学生对能量概念的理解。当前研究中进阶变量的选取还呈现出两种趋势。一方面是内容和能力的融合;另一方面是基于认知理论来更深入地分析学生的进阶。

在建模教学中控制进阶变量,可以从以下几个侧面入手。

(1)确定进阶变量的种类和性质　在建模教学中,进阶变量可以是物理模型的组成要素,包括相关概念、规律、各种已有模型等;也可以是模型涉及的方法和工具;还可以是学生对模型的认知水平,包括对模型的理解程度、表达水平、直接应用、拓展迁移程度等等。例如带电粒子在匀强磁场中的匀速圆周运动模型,进阶变量就可以是洛伦兹力公式、匀速圆周运动规律等知识点,或者轨道半径、周期、动能、等效电流等相关量的决定因素;也可是用力和运动之间关系分析带电粒子在磁场中运动,在有界磁场问题中找圆心、定半径的方法;还可以是对圆周运动相关参数、有界磁场问题中几何关系的理解程度等。需要说明的是,在建模教学中,不同种类的进阶变量可以同时存在并受到关注,各自表征不同层面的进阶层级。

(2)划分进阶变量的演化层级　确定了建模教学中需要重点关注和次要关注的进阶变量后,需要进一步划分进阶变量的演化层级,在教学实施中,通过进阶变量层级来控制建模进阶。

(3)寻找进阶变量演化的载体　进阶变量的演化需要一定的载体,师生通过基于特定载体的课堂活动实现进阶变量的演化,建立每一个模型的成分和结构。这种载体可以是一类实验探究活动、一系列问题的思考和回答、一种实际问题的物理学分析,或者一组存在内在联系的题目。

(4)选择进阶变量演化的测评工具　在建模教学中控制进阶变量,关键是对进阶变量的演化进行即时测评,通过测评把握学生的学习进度。适于进行即时测评的工具包括量化工具和质性工具,量化工具包括问卷、测试题、正答率的即时统计等;质性的评价工具包括提问、汇报、展示、讨论、质疑、辨析等等。

5. 科学模型优化策略

在学生建构起初步的模型之后,要引导学生通过一系列的学习优化自己的模型,从而使个体的心智模型和科学模型达到一致。动能定理是一个对象理论模型,给出了物体受到外力作用,运动状态变化过程中外力做功与物体动能变化之间的定量关系,同时也给出了处理动力学问题的一种方法。在教学中,以特定的问题情境为载体,引导学生运用牛顿定律结合运动学公式导出外力所做的总功与物体动能变化的关系,建构起初步的模型之后,定理的优化可以从以下几个层面展开。

**模型验证**:通过实验探究外力做功与物体速度变化的关系,根据实验结论"速度的平方与外力的总功呈线性关系",来帮助学生检验模型。引导学生运用外力做功与动能变化的关系分析求解其他的动力学问题,在问题解决中为学生提供批判性思考的机会,帮助学生反思和审核模型。

**模型分析**:分析模型的条件和范围、内涵和外延等规定,形成模型的规范表述,通过模型的直接应用体会模型的典型性。模型分析可回应建模的目的,对问题进行解释。动能定理本质上是一种功能关系:物体动能的变化用外力的总功来量度;动能定理又给出了求解动力学问题的一种方法,这种方法与牛顿运动定律具有内在一致性,但求解过程更为简单。

**模型拓展**:帮助学生发展迁移的技巧,利用建立的模型来解释新情境,甚至在已建立模型基础上进行延伸,再建构一个新的模型。在建立起动能定理模型之后,帮助学生在后续学习中类比分析重力势能变化的量度(重力做的功)、弹性势能变化的量度(弹簧弹力做的功)、机械能变化的量度(重力、弹簧弹力以外的力做的功)、摩擦生热的量度(一对相互作用的滑动摩擦力对系统做的功)等不同的功能关系,从而对"功是能量转化的量度"形成全面的理解。

模型优化过程可以通过交流、评价、反思、修正、应用、拓展等活动来实现。在上述活动中,交流与合作是必不可少的过程,学生之间通过交流与合作取长补短,不断发展自己的模型,并使其最终与科学模型达成一致。

姜连国/文

## 参考文献

[1] 张静、郭玉英、姚建欣:《论模型与建模在高中物理课程中的重要价值》,《物理教师》2014 年第 6 期。

[2] 姚建欣、郭玉英:《为学生认知发展建模:学习进阶十年研究回顾及展望》,《教育学报》2014 年第 10 期。

[3] 徐宁:《基于认知模式转化的高中物理概念教学研究》,北京师范大学,2009 年。

[4]张静:《基于学生心智模型进阶发展的建模教学研究——以大学物理中的静电学为例》,北京师范大学,2014年。

[5]邱美虹:《模型与建模能力之理论架构》,《科学教育月刊》2008年第306期。

[6]翟小铭、郭玉英、李敏:《构建学习进阶:本质问题与教学实践策略》,《教育科学》2015年第2期。

**书海撷英**

筛选物品的同时,你会发现与周围人的关系也慢慢发生了变化。

# 化学教学中运用"自我提问单"
# 培养学生高品质自主学习能力

## 一、问题的提出

加拿大心理学家温内说:"当为学生的终生学习做准备号召提出时,各种形式的自主学习就被追加到教育目标的清单上。"近五十年来,自主学习已成为教育心理学领域研究的一个重要课题,教育的许多分支学科都把自主学习作为自己的研究主题。例如,在课程论领域,培养学生自主学习能力被作为一项重要的课程目标,自主学习被看成课程实施的一种重要的手段而对之加以研究;在教学论领域,自主学习被视为一种重要的教学方法,研究者关心如何通过学生自主学习来克服学习的被动性,体现其主体性;在学习论领域,自主学习则被看成一种高水平的学习方式,研究者关心如何通过提高学生的学习自我调节水平来改善他们的学习成绩,使他们成长为有效的学习者。

理想和现实总是有差距的。尽管"自主学习"的理念被越来越多的人所接受,但是具体到一线的学科教学中,"自主学习"还存在很多现实问题。例如,简单地把学生自己看书预习复习与做题的过程等同于自主学习,自主学习的效率不高是最显著的问题。"自主学习"的本质是什么? 作为教师来说,究竟要通过什么样的教学策略才能培养学生高品质的自主学习能力? 笔者认为,发现与提出问题是培养学生高品质自主学习能力的途径。学生要想积极主动地自主学习,就必须发现和提出问题来引导注意力和促进思维活动,学生能够发现和提出问题,是学生积极理解和独立思考的标志,发现和提出问题对学生积极加工信息起到重要的作用。在自主学习过程中,如果学生能有意识的不断去发现和提出问题,自主学习的能力就能得到有效培养,自主学习的水平如宽度和深度都能得到有效提升。

然而,我们的学生普遍缺乏问题意识,课前、课上、课后均表现为不愿思考,不爱提问,不善答问。如何才能在化学学习中有效地引导学生发现问题和提出问题,既是课堂教学质量提升的关键,也是学生真正会学的体现。笔者在化学教学中开展了运用自我提问单引导学生发现问题和提出问题,培养学生高品质自主学习能力的研究,取得了一定的效果。

**二、研究的基础**

1. 自主学习的核心内涵

国外自主学习的思想可谓源远流长:继古希腊的苏格拉底、柏拉图、亚里士多德之后,卢梭、第斯多惠、杜威等都是自主学习思想的倡导者。无论哪种观点或学派,虽然各有着不同的表达方式或角度,但都共同揭示了自主学习的核心内涵:指学生在学习的过程中具有主动学习的意识,保持积极主动学习的状态,对自己的学习过程始终能做到自我监控或自我调节而不是消极被动地接受教师传授的知识。具体表现在:操作主义理论和信息加工理论都强调学生的自我监控;言语自我指导理论和认知建构理论都强调学生学习的自我调节。操作主义认为自主学习的四个子过程中包含的自我监控、自我指导、自我强化和自我评价,其中自我监控和自我指导是对学习过程中观察、记录和制定学习计划、选择学习方法的调控,自我强化是自己对自己的奖赏从而促进积极地学习得以维持;信息加工理论则强调自我监控在个体的自主学习中起着复杂而又关键的作用;言语自我指导理论强调学生内部语言对自己学习的主动调节作用;认知建构理论所突出的是学生通过同化和顺应过程的自我调节。

2. 自我提问单

自我提问法由美国的波利亚提出。其模式为:向学生提供一系列在问题解决的各个阶段供自我观察、自我监控、自我评价的启发式问题。学生在问题解决过程中依据这些问题进行自我提问,从而启发自己的思路并对思维进行监控。自我提问法是训练学生问题解决中元认知能力的一个重要途径。而有效贯彻自我提问的方法就是通过编写自我提问单让学生按照有关项目在解决问题过程中自己对自己提问。研究表明:自我提问单的运用有利于使学生从具体的问题解决过程中概括出普遍适用的结构化、条件化、策略化知识,并进一步使他们原有的认知结构得到改善、元认知水平得到提高。

3. 自我提问单设计的理论基础

自我提问单设计的首要理论基础是化学学科的系统思维,化学学科无论是知识结构还是思想方法都具有系统性,在设计自我提问单时,可以根据提供的具体化学情景内容所处的系统的完整性、动态性和有序性设计自我提问单。

例如，学生在自主阅读具体的元素及其化合物的相关知识单元时，自我提问单的设计就要考虑元素及其化合物知识的系统性：知识结构系统就是物质的组成、性质、结构、用途、制备等；思想方法系统就是"位、构、性"三者之间的关系、八点图、氧化还原理论、离子反应等；实验系统就是实验目的、原理、试剂、仪器、装置和操作等。因此针对元素及其化合物知识设计自我提问单可包含：该物质具体的组成、结构、性质、用途、制备、存在是什么？该物质的组成或结构是如何决定它的性质和用途的？如何在实验室或工业生产中制备该物质？

再如，化学史不仅如实地记录了影响化学发展的重要事件，系统地阐述了化学发展的历程，更向学生展示了化学家们揭开化学现象背后的规律所进行的思维活动（如何发现和提出问题的）和所采用的科学方法（如何解决问题的），以及他们所具备的科学精神。学生通过自主阅读化学史，不仅从中可以获得化学知识和技能，还能亲身体会到科学家的研究过程与方法，同时获得情感态度与价值观的教育，可谓三维目标全面实现。同时，一部化学发展史就是一部不断发现问题、解决问题的历史。化学概念、定律、原理的产生往往都是从问题开始的。通过自我提问单引导学生从化学史的阅读和分析中发现和提出问题，可以使学生认识到发现和提出问题的重要性，学会模仿科学家去思考去发现去提出去分析去解决问题的方法，培养思维能力。

下面是针对化学史阅读设计的自我提问单，供学生在自主阅读化学史的时候使用。

（1）化学知识与技能系统：通过阅读这段化学史，我获得了哪些化学知识与技能？我能运用历史的方法，追踪化学发展的轨迹，并在脑海中构建出一幅时间与该知识发展的坐标体系吗？这些知识与技能与我在课堂上老师讲的和教材中阅读到有什么关联？这段化学史能将我脑海中哪些零散的化学知识串成串，帮助我构成较为系统的知识体系（知识的来源、知识的演变、知识的创新与知识的建构）？

（2）化学过程与方法：为解决这段化学史中的问题，科学家用到哪些研究方法和程序？我理解了哪些化学科学研究的方法？哪些关键或独特的方法或程序导致了研究的最后结果？科学家发现、质疑、探索、分析等一系列科学研究的过程，帮助我体会到哪些化学学科的思维方式？对我学习化学有哪些指导作用？

（3）化学家情感态度与价值观：该化学史的哪些角度激发了我学习化学的兴趣，产生了哪些积极的情感体验？该化学史体现了科学家哪些天才的智慧，同时还体现了科学家哪些严谨的科学态度，坚韧不拔、追求真理的精神？

学生思维品质的成分及表现形式也是自我提问单设计的理论基础之一。林崇德在《学习与发展——中小学生心理能力发展与培养》中指出：思维品质的成分及其表现形式很多，集中地表现在深刻性、灵活性、创造性和批判性、敏捷性五个方面。培养思维品质是发展智力与能力的突破口。化学思维品质特征也应该包含五个方面，即思维的灵活性、深刻性、独创性、批判性和敏捷性，所不同的是这些思维品质的特征中包含着化学学科特色。化学思维的灵活性反映了思维的变化能力。在认识化学和解决化学问题过程中，思考的方向、过程与思维技巧的转换是思维灵活性水平高低的集中反映。化学思维的深刻性就是学生对具体化学学习材料进行概括，对宏观——微观——符号进行抽象，在分析问题的过程中思维的深度、广度、难度以及严谨性的综合反映。化学思维的独创性是指思维的独特性、新颖性以及发散性，表现为在认识和解决问题过程中能独立自觉地分析和解决问题，善于通过不同的途径解决问题，得到具有创造性的思维成果。化学思维的批判性体现了思维的主见性，用怀疑的态度思考问题的能力。化学思维的敏捷性反映了思维的敏锐程度和反应的快慢程度，即思维过程的速度和效果。

下表是根据化学思维品质的特征设计的自我提问单，供学生在阶段性自主复习过程中使用。

**表1　学生在阶段性自主复习过程中使用的自我提问单**

| | 化学课堂 | 化学实验 | 化学问题解决 |
|---|---|---|---|
| 灵活性 | 我能从不同角度思考回答老师提出的问题？ | 我能从多角度对化学实验装置和现象进行观察分析？<br>我能用多种方法设计实验方案吗？<br>对实验现象产生的可能原因我能从不同角度进行解释？ | 我能用不同方法解决化学问题？<br>当解决化学问题遇到困难时，我能转换思路，寻找其他途径解决？ |
| 深刻性 | 在课堂学习中，我能抓住老师讲的重点知识，进行归纳概括？<br>我喜欢从化学反应原理的角度认识反应的本质？ | 我能充分考虑各种实验条件对实验的影响？<br>我能对复杂的实验现象进行分析，揭示产生现象的本质原因？ | 我能从物质结构的视角推测元素及其物质的相关性质？ |
| 独创性 | 课堂中实验方案讨论中，我能提出与同学不同的实验探究方案？ | 我会对化学实验现象做出与众不同的推理或解释？ | 对于已经解决的化学问题，我愿意思考有没有更好的解决方案，并积极尝试吗？ |

续表

|  | 化学课堂 | 化学实验 | 化学问题解决 |
|---|---|---|---|
| 批判性 | 我是不是从不盲目相信化学教材上的知识,希望自己可以理解或探究其本质,自己到实验室通过做实验验证? | 对于化学实验,我是否总想按着自己的方法进行实验,或者对原有的实验方案进行改进? | 我是否经常对化学问题解决方案等提出评价意见和建议? |
| 敏捷性 | 透过教师的讲解,我能否迅速抓住化学知识的实质? | 在实验操作中的突发状况,我能否迅速正确地进行应对? | 我能否迅速选择正确的解题方法,并能找出简捷解法?<br>在做化学习题时,能否快速解题,正确率高? |

### 三、具体案例实施

以人教版化学1第四章第一节《无机非金属材料——硅》为例,通过提供元素化合物知识自我提问单,引导学生在自主阅读教材过程中发现和提出问题,从而有效提升自主学习的广度和深度。

这部分内容难度不高,主要是了解层次,涉及硅和二氧化硅的存在、主要性质和用途。所以采取的是课前让学生自己阅读,根据元素化合物的自我提问单,提出自己不明白的或者关心的问题,小组同学交流问题并尝试解决,最后不能解决的问题提交全班讨论。

**表2 元素化合物知识自我提问单**

| 知识结构系统 | 本节内容涉及哪些元素及其物质家族? 组成如何?<br>这些物质的物理性质是什么? 化学性质有哪些? 我能在纸上写出相应的化学方程式或离子方程式并叙述反应的现象吗?<br>这些物质有哪些用途? 如何制备这些物质? |
|---|---|
| 思想方法系统 | 通过观察和经验我能认识这些物质的哪些性质?<br>我能从哪些方面(氧化还原、八点图、类比等)推断和预测出它具有的性质?<br>我通过什么方法来验证我的推断和预测? 如果与预测推断不符怎么办?<br>有哪些途径实现这些物质之间的相互转化?<br>这些物质为什么具备这样的性质? 为什么可以这样使用? 使用时要注意哪些问题? 为什么选择这样的制备方法? |

续表

| 化学实验系统 | 教材中呈现的实验,实验目的是什么?实验原理是什么?实验操作是怎么进行的?实验现象是什么?实验中注意哪些问题?<br>如果是我来设计这个实验,我会选取什么实验方法?教材中的实验会提供哪些优点给我?我设计的实验与教材中的实验相比,优缺点各有哪些? |
|---|---|

学生自主阅读教材,在自我提问单的引导下,对本节课发现和提出问题分类如下:

(1)关于物质的性质:水晶、玛瑙都是二氧化硅,为什么颜色不同、花纹不同?硅化学性质不活泼,为什么在自然界中不以单质形式存在?硅是更亲氧还是亲氟?什么样的元素亲氧?光导纤维都是无色的吗,它是如何导光的?为什么盛放硅酸钠的试剂瓶不能用玻璃塞密封?盛放氢氧化钠溶液的试剂瓶为什么可以是玻璃的?二氧化硅有氧化性吗?硅酸比碳酸弱,如何证明,硅酸能使石蕊试剂变红吗?硅酸钠为什么显碱性?为什么用硅酸钠泡过的纸不易燃烧?半导体什么时候导电什么时候不导电?

(2)关于物质的结构:为什么沙子不透明而水晶透明?玻璃为什么是透明的?为何硅不能像碳一样组成大量的有机物?碳硅最外层电子数都为4,为什么碳在自然界中存在游离态,而硅没有?为什么二氧化硅的网状结构决定了二氧化硅不溶于水?晶体硅和无定形硅有何区别?

(3)关于物质的用途:半导体有何作用,与导体有何区别?催化剂的载体是什么,有什么作用?为何只能用二氧化硅制光导纤维?为什么使用硅芯片能缩小电脑体积?硅是如何将太阳能转化成电能的?

(4)关于具体的化学反应:为什么强酸不与二氧化硅反应,而氢氟酸能与之反应?除HF、强碱外,二氧化硅还能与哪些物质反应?二氧化硅能否与氢氧化钙反应呢?氢氧化铁胶体制备和硅酸胶体制备流程为什么不同?硅酸钠与盐酸反应的离子方程式如何写?

(5)关于实验:为什么硅酸钠溶液要稀释?滴加酚酞有什么作用?可以用二氧化碳来制硅酸吗?可以向盐酸中滴加硅酸钠吗?

(6)其他:石膏是什么?什么导致元素在地壳中的含量多少?

于漪先生说:"读书要能发现,要能提出问题,探究疑难,否则,往往是蜻蜓点水,不甚了了,深入不下去。"本节教材在自我提问单的引导下,学生发现和提出问题数量和质量都有了很大进步,学生会提问题,会提化学问题,带着问题进行阅读,而不是走马观花,一下子就把本节课的容量和难度提升了几个等次:由原来的了解,变成了从结构、从原理等角度去解释去论证,把单纯记忆变成了寻求理解,有效提升了学生自主学习的广度和深度。课堂的教学围绕学生提出和发现的问题展开,学生的探究欲望大大增强,在探究问题答案的过程中理解能力自然随之加强。部分问题还留给学生课下自主去搜索解决,将课堂延伸,进一步促进学生高品质的自主学习。

### 四、结束语

新一轮课程改革明确提出要培养学生的科学素养。科学素养是指:"有科学素养就意味着一个人对日常所见所经历的各种事物能够发现,能够提出,能够回答因好奇心而引起的一些问题……"从这个意义讲,"能够发现和提出问题"是科学素养的逻辑起点。只有具备了强烈发现和提出问题意识的学生,才有可能关注科学知识、科学方法及其研究过程,才能实现真正的高品质的自主学习。在不同类型的化学学习中,为学生提供相应的自我提问单,有助于学生发现和提出问题,产生怀疑。随着时间的推移,相信学生能体会到自我提问单的优缺点,并学会根据自身的需求自行修改设计适合于自己的提问单,从而逐渐摆脱教师提供的提问单,学会自我提问的方法。

于乃佳 范晓琼/文

**参考文献**

[1]石华军:《基于化学史教育的化学教学设计研究与实践》,2013年硕士论文。

[2]郝玉梅:《中学化学教学中培养学生提出问题能力的探究与实践》,2004年硕士论文。

[3]梅婷婷:《高中化学思维品质特征和培养策略研究》,2014年硕士论文。

**书海撷英**

物品要用才有价值。物品在此时、当下,应该出现在需要它的地方。物品处于恰当的位置,才能展现美感。

# 什么是有价值的历史教学？

**一、什么是有价值的教育？——为生活而教，为有用而学。**

随着科技日新月异的发展，尤其是信息技术在社会生活中的普及，我们进入了一个信息"大爆炸"的时代，只要轻触鼠标，知识随手可得，这种新的变化对传统教育的经典知识传授模式提出了质疑；传统教育本身的模式化和功利化也产生了这类的问题："伪学习，学生'学会了'成为消费者，在他们看来，老师教授的知识顶多可用于升入下一个年级或是考试过关，出了校门，他们看不到这些知识有任何价值，只有得到的文凭是有用的，能让他们（有机会）获得一份工作，转到消费所需的金钱。"[①]这些传统教育模式中的问题要求我们重新思索教育的初衷和本质，重新思索什么是有价值的教育，重新思索什么样的教育是未来社会所需要的，比如现在的小学教育接受者在他们三十多岁时要应对的是2040年的社会与生活，我们的教育能为他们提供合格的应对能力吗？

在不断地思考和探索中，学习的本质和初衷浮出了水面。从生物学的角度看，学习并不是人类所特有的，生物都在漫长的岁月里不断地适应周围的环境，把适应环境的特性通过遗传保存下来。所以说，学习和改变是生物的固有基因。人类的学习也是如此。所以，从最根本上看，学习就是为了生存，为了更好地生存。凡是服务于这一目的的，才是有价值的学习。所以说："对学习者的生活有意义的知识（即生活价值）才可能具有长久的生命力。"[②]我们的教育似乎更关注了学习的本身，习惯性地沿着前人教育的轨迹传授那些经典的知识，很少抬起头来重新思考学习的目的，思考现在的教育内容和体系是否能达到这一目标。我们对学校教育成功与否的评价方式，尤其是对基础教育的评价方式可能就是最终有多少学生成功地进入了高等学府和什么样的高等学府，我们埋头于这样的"人才"生产线，不去思考我们的教育对学习者的幸福生活有多大的价值，似乎，教育者结束学校生涯后的生活与我们无关，这就导致了教育与现实社会的脱节，中国的高等教育也存在这样的问题。其实,中国的教育先驱者们非常重视这个问题。陶行知先生的生活教育理论就是要解决这个问题。在他的《传统教育与生活教育有什么区别》这篇文章中,他说:"传统教育,是吃人的教育;生活教育,是打倒吃人的教育。……传统教育怎样是吃人的教育呢?他有两种吃法:(一)教学生自己吃自己,他教学生读死书,死读书;(二)教学生吃别人,他教人劳心而不劳力,他不教劳力者劳心。……生活教育与传统教育则刚刚相反:(一)他不教学生自己吃自己,他要教人做人,他要教人生活。健康是生活的出发点,他第一就注重健康。他反对杀人的各种考试,他只要创造的考试,也就是他不教人赶考赶人死。简单地说来,他是教人读活书,活读书,读书活。"[3]虽然他文章中的传统教育说得是封建教育,但我们现在的教育中仍然有这样的影子。而"生活教育"仍是我们所欠缺的。

解决了学习的本质,才能解决学习的动力问题,教育工作者们一直致力于如何让学生有学习的动力,如何让学生更好地学习。殊不知,我们基因中埋藏一个学习的过滤器。"只有当学习这种能力能给个体带来更多的东西,特别是当个体能够利用所学时,我们才对这样的学习感兴趣。"[4]

**二、什么是有价值的历史教学?**

在提及"有用"这两个词时,我们往往底气不足,也许在我们还是历史专业的学生时,我们就有这样的困惑。因为,在物质的现实面前,历史没有什么实际的用途。我们往往这样自解:"历史是贵族的学问",从事这样的专业应该是衣食足之后的爱好与消遣。在提及"科学"这个词时,我们仍旧底气不足,因为作为文字的历史,不可避免带有人的主观色彩;作为一种人文学科,在发挥它的社会导向价值时,它不可避免地又打上时代的烙印,胡适就曾说过"历史是任人打扮的小姑娘"。

所以,作为历史教育工作者,我们也会扪心自问:"历史有用吗?""什么才是有价值的历史教学?""什么样的历史教学能为学生未来的生活做准备?"

在我们思考的同时,不妨来看看学生对这个问题的解答:

图 1

他认为,历史要针对学生的兴趣而教,能培养学生的兴趣,能为未来的自主学习打好基础。

图 2

她认为,历史能锻炼思维,充实心灵,培养为人处世的能力。

图 3

他认为,历史可以充实自我;历史博大精深,我们应该专注某个方面去学习。

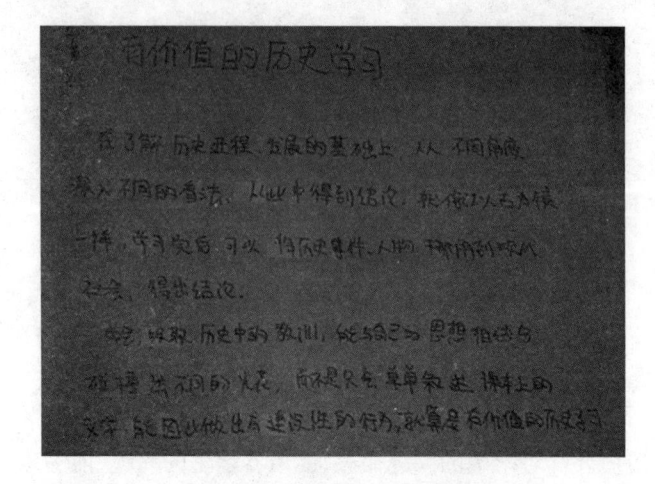

图 4

她认为,历史为我们提供不同的思考问题的视角,我们和古人的对话中可以碰撞出思想的火花。还可以以史为鉴。

图 5

他认为,历史满足了人们好奇心。

图6

他认为,历史有一定政治和社会价值,但很庆幸,没有我们想象的悲观,学生的看法很理性。

当然,在肯定历史的价值的同时,也有不同的声音:

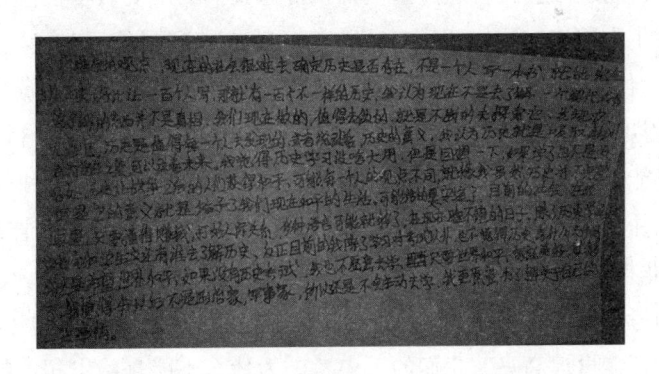

图7

他认为,由于历史的主观性,历史在当今社会缺乏实际价值,所以可有可无,但人类从历史的教训中学会了和平。

学生们的回答让我看到了希望,他们中大多数人都认为历史是"有用的":满足我们人类的好奇心和求知欲,提高个人的修养,培养独特的历史视角,与古人隔空交流,有利于社会的稳定,等等。

如果若干年后，当课堂上的这些历史知识被我们遗忘殆尽时，关于历史，还会还留下什么？

他们回答，可能是思维方式和角度吧。

这些答案虽然不全面，但却为我们解决什么是有价值的历史教育提供了线索。

有价值的历史教育能激发学生的兴趣，并能为学生在将来独立地继续学习打下一定的基础；有价值的历史教育是在某一方面的深入探究，而不是包罗万象；有价值的历史教育能为学生提供看世界的独特视角；有价值的历史教育能给我们继承古人的历史智慧。

**三、如何进行有价值的历史教学？**

虽然历史有着上述的价值，但也可以看出学生对于这些价值的实现程度并不满意，有学生说，如果不考试，更愿意学历史。为什么呢？他们反感死读书、读死书；他们反感考试所需要的大量的记忆和背诵。

不可否认，历史教学价值的实现离不开历史知识，是以一定的历史知识为载体的，我们在历史教学中怎么能脱离大量的历史知识呢？但是，我们有没有思考过一个问题，在教学之后，在通过这些知识传递我们的历史教学价值之后，我们可否不要求学生去记忆这些知识呢？因为毕竟我们来到了信息时代。实际上是可以的，我们为什么不能光听不记，或者不全部记忆？我们搜集历史资料，通过资料去论证，去得出自己的结论。我们学会了辩证地看待问题，我们获得了诸如此类的历史学科能力之后，我们会在未来新的信息和资料面前施展这种能力，而不需要背负着以往的沉重材料。这就好像我们学会了骑自行车，什么样的车都可以骑，为什么非得花大量的精力去保存第一辆车呢？我们为什么这么做，因为考试？虽然我们的考试制度在变革，降低了对知识的考察，更注重能力的考察。但能力考察的比例还能再提高吗？我们的历史考试为什么不能是给出相关的材料之后，让学生去写一篇论文呢？为什么不能是提出一个历史或社会问题让学生去解答呢？我想，我们可以为此做出更多努力。

我们发现，脱离知识后的历史教学价值的核心其实在于"历史思维方式"，或者是我们历史教育工作者所说的历史学科核心素养：论从史出、批判性思维、辩证地看问题、从比较的角度看问题、从发展的角度看问题等等，是一种"修昔底德"式的方式。

霍尔特（《历史的思考：叙事、想象与理解》）鼓励我们设想一种完全不同的历史学习——学生面对各种开放性问题,这些问题令史实和事件变得饱满、生动;有助于推测和解释简单的史实;当出现价值取向偏小众的史料时,有助于比较不同价值观之间的冲突;能够充满怀疑精神地审视历史依据;并且不偏不倚地陈述彼此冲突的历史叙事。霍尔特用下面的文字描绘了这样一幅历史学习的蓝图。

如果学生有机会直接考察原始的历史研究资料,并且自己得出对这些"史实"的可靠解释,那么,情况会怎么样呢?假如在学习的过程中,学生必须定期整理支离破碎的、不完整的历史证据,并建构一种文体导向的叙事,进而得出结论,情况会怎么样?倘若每个学生都像历史学家一样需要面对同诡异事件的多种矛盾叙事,那又将如何呢?

专业的历史学家能够运用自己的学科直觉和分析能力,从史料的蛛丝马迹中建构起一种历史叙事。我认为,高中学生也可以、并且应当做到这一点。"[5]

而我们的历史课堂教学在多大程度上做到了这一点呢?为了保证历史学科体系,保证历史知识的完整性,我们剩余的让学生去探究的时间不多了;我们引用史料,但这些都是经过教师筛选加工过的史料,与原始史料相去甚远;我们也无法展示许多对同一问题的不同声音,那如何培养学生的批判性思维?

如果要做到修昔底德式的历史教学,我们不可避免地要牺牲历史完整性,像学生所期望的那样就某些方面进行深入的探讨。"掌握一种认知方式,相应的代价就是学到的知识内容有可能受限。"[6]但我想,有些放弃是值得的。

除了这个历史教学体系的巨大变革之外,我们现在还可以做什么?我想还是要以"为生活而教,为有用而学"为引导,尽可能地培养学生学以致用的能力。学生学习了古代和当代的民主制度,但他们会用所学知识去理性看待和评价当代的一些政治问题吗?学生学习了很多的改革、改良和革命,但会用这些知识思考当代社会的变革方式吗?学生了解了很多战争,但这些知识能引发他们对人性黑暗面的反思吗?学生学习各种思潮、流派,但他们能够深刻理解这些历史演变背后的政治社会因素,并用以评价经济、政治和文化的关系吗?并开始去关注知识分子的命运吗?如果他们不能,我们是不是应该引导他们去思考?为他们打开一扇更广阔的认识世界的大门,让他们学会把"死知识"变成"活知识",让他们更好地理解这个世界,更深沉地思考我们的未来!

张燕/文

**注释**:
① 安德烈·焦尔当:《学习的本质》,第4页。
② 美戴维·铂金斯:《为未知而教,为未来而学》,第3页。

③《生活教育》1934年12月1日第1卷第20期。
④安德烈·焦尔当:《学习的本质》,第4页。
⑤转引自美戴维·铂金斯:《为未知而教,为未来而学》,第175页。
⑥美戴维·铂金斯:《为未知而教,为未来而学》,第178页。

**书海撷英**

我们会在不知不觉中掉进折扣的陷阱,完全忘记了"东西是不是适合自己的品位"。

# 《为未知而教　为未来而学》有感

《为未知而教　为未来而学》作者是：戴维·铂金斯（美），该书主要探讨了什么才是有价值的学习？其中书中有这样一个案例：一名学生在几何课上质疑老师：我们为什么要知道这个？换一个角度作为老师我们也要问：我们为什么要教？为具有生活价值的学习而教。那我们要怎么教？下面我以初中地理教学中的人文地理教学部分的学习为例，谈一谈为具有生活价值的学习而教要采取哪些策略？

### 一、人文地理概念教学的策略

教师如何进行人文地理概念的教学呢？我以初中地理教材中的语言与宗教、聚落、人口和人种的分布等人文地理内容为例进行分析。

《世界的语言与宗教》中涉及语言概念的教学。语言本身是一个不难理解的概念，语言是人类交往最主要的工具。采用什么样的教学方法能促进学生对语言的感知呢？

语言，学生每天都在使用。既然是生活中学生离不开的，就从生活入手。我们学校有得天独厚的条件，国际部有很多来自不同国家地说着不同语言的小留学生，为了让学生们充分感受到语言的魅力，课前我录了一段录像请了六名学生也就是左图中六个学生用德语、俄语、意大利语、日语、西班牙语、蒙语来表达同一个意思：八十中学欢迎您！最后又用汉语喊出了"八十中学欢迎您"。在这个设计中学生不仅体会到语言作为交流工具的魅力，而且亲身感受语言种类多样。这样才真正是学习生活中的地理，学习对生活有用的地理。随后语言小故事的介绍，使学生更深刻地理解语言的内涵、作用，能更好地理解语言的概念。当然这个环节的设计也是为了使学生的视觉、听觉都能得到刺激，激起学生学习的兴趣。

当然，还有些概念，听起来就很陌生，比如聚落，没学过地理的人很难理解什么是聚落，所以类似聚落这样的人文地理概念的教学就一定要给学生一步一步搭梯子。课表要求如下：运用图片描述城市景观和乡村景观的差别。在教学中先给出两组画面群：一组是热门电视剧《乡村爱情故事》乡村场景，一组是学生们熟悉的城市场景。

然后设计了这样的活动：《介绍生活的地方》

并给出了介绍的要求：(城市/乡村)，这里的房屋是……(高矮和多少)，这里的道路是……(道路多少和宽窄)，这里有……(商店/学校/医院等)生活设施有什么？我们的生产方式……学生通过这样的活动全面地了解了城市的同时也了解了不熟悉的乡村有什么？对图中的生产设施和生活设施有了了解和接触，同时学生了解生活在城市和乡村的人们的生活和生产方式异同点？从而对乡村和城市聚落有了感性、直观的认识，得出聚落的概念。聚落是人类各种形式的居住场所，包括房屋以及居住活动直接有关的道路、商店、水电管网等生活设施和生产设施。在得出概念的过程中强化了聚落既包括生产设施也包括生活设施。这种图文结合、创设情境，运用比较异同的方法，能引导学生自主探究，在比较异同的过程中形成聚落的概念，过程清晰，轨迹明显。

还有些概念比较抽象，比如宗教、基督教、佛教等，这样的概念最重要的是让它具体化，让学生看得到摸得着。《世界的宗教》的教学用自己制作的一段视频短片开启：短片中有不同宗教的寺庙、教堂的景观图，宗教活动的实时画面，宗教的节日、与宗教有关的绘画等宗教景观，再配上背景音乐，学生们很感兴趣。随后设计一个抢答活动，"你知道他们属于什么宗教吗"？学生头脑中的宗教景观满满融汇，从而了解了宗教以及基督教、佛教、伊斯兰教的不同之处。再结合生活中的一些经验，宗教这抽象的概念具体化了。

将人文地理概念的教学，解构于生活情境中，提供创设情境或资料，力争做到学习人文概念生活化、具体化。不同的人文地理概念采取不同的教学方法，(1)具体概念：一方面给予概念学习的情境(如聚落)，另一方面引导学生参与概念的获取和形成的学习过程，利于学生比较、判断、归纳等思维方法的培养。(2)抽象概念：提供直观形象、生动的素材，或者利用学生已有的经验，使概念有生活的具体目标，易于感受，化抽象为具体，化难为易。

(3)对易混概念(人种与民族)可采用对比、辨析、讨论的方法，印象深刻，差异凸显，还可通过迁移运用的方法，加以巩固。

## 二、人文地理事象分布教学的策略

人文地理事象的分布是人文地理学的核心内容，重点内容。人文地理事象的分布教学有哪些有效策略呢？

（一）通过阅读地图的活动(查找、识记)，学会获取相关信息（分布）的读图方法。这样的读图方法有两个层次，一种是浅层阅读，就是在图上查找、指出、认知、描述(说说画画)、比较等人文地理事象。目的：认知位置、明确在哪？例如：世界主要宗教的分布，在上课的过程中学生通过阅读图例，观察图很容易就能在图上找出三大宗教的分布区域。这样的读图活动而问题集中在表述得不够准确。学生之前的知识储备只到大洲这里，因为还没有学习区域和国家，所以对大部分学生来说准确描述宗教的分布区域还是有些小困难的。因此老师在这里要对学生给予读图指导：强调大洲加方位即可。学生反复练习，每一次都依据看图例——观察——学生描述分布区域，完成基督教、伊斯兰教、佛教的区域分布教学的学习。

第二个层次就是适度加深——一图多读　便于比较

以世界主要语言的分布读图为例——利用同一幅图分六次阅读，分别找出西班牙语、俄语、英语、汉语、阿拉伯语、法语的分布地区。学生读图表述的过程中，发现了英语是分布最广泛的语言，而汉语是使用人数最多的语言，学生下意识地就开始进行比较，比较之后，学生对语言分布的描述就会更准确。

适度加深的第二个含义是：多图叠加　探寻成因，比如：刘楠老师在讲《世界的人种和人口分布》时，探寻人口分布不均衡的原因，她在同一画面上，给出了世界地形、降水、气温和人口分布图，然后将这些图叠加在一起，提问：人口稠密的地区的自然环境和人口稀疏的地区的自然环境有什么不同，从而得出影响人口分布的自然原因。这样的设计，学生思维过程逻辑性非常强，对世界人口分布极不平衡的自然成因理解非常到位。

（二）学会归纳表述人文地理事象的特征

学生在读图的过程中要学会准确对人文地理事象的特征进行描述。不同的人文地理事象，描述的方法不同。世界人口分布，空间描述角度(面状)：通过读图活动，归纳人口分布特点读出分布不均，还要学会用稠密、稀疏来进行表述；世界城市的分布——空间描述角度——位置：区域内城市是集中或分散。

在学习聚落的分布时通过绘制原理示意图来讲，在图上模拟河流沿岸、低山区、平原区聚落的形状、规模、位置等，然后归纳聚落的分布特征：

（带状、散状、面状），学生能说准位置，说出特征就是能读懂图。所以在读图过程中，要强调归纳和描述的方法。

人文地理事象的分布一般要通过阅读地图的活动建立空间的概念，发现地理联系,找出空间差异。在考虑学生实际水平的前提下,读图和探讨活动的层次可递进加深,第一层:先读图,查位置、认知分布,后归纳分布特点,再学会表述的方法;第二层:通过一图多读、多图叠加的活动可提升对人文事象的分布差异及形成原因的分析的能力;第三层:引导认识人文事象分布对人们生产生活的影响。

### 三、人文地理事象与自然地理环境之间有机联系的策略

(一)通过提供自然背景,让学生逐步认识到自然环境对人文地理事象的影响。

《世界的宗教》的教学应该用更形象更直观的视觉或听觉资料来进行分析探讨。两幅景观图,一幅是西亚的茫茫沙漠,学生在思考的过程中认为一幅是南亚的雨季。一湿一干,看反差大,毫无相似的地方,都产生了宗教,学生们感觉很困惑。这样的背景需要老师和同学们继续深挖根源,寻找共性——恶劣的自然环境。在探讨的过程中,学生对宗教的产生与自然的关系有更深刻的认识,同时他们就能完成图上的框架图,从而对自然对人文地理事象的影响有更深刻的认识。例如:将人种特征的不同与自然环境的不同建立对应关系,因果关系凸显出来。人文地理事象的区域差异鲜明。

(二)是运用反向思维的方法,依据人文事象的特征,学会分析推断该地域的自然环境。这种方法往往是新课内容迁移、运用的环节 PPT 上右边的图,是依据聚落特征,猜自然环境。贝壳——大海,盐——内陆,这样的设计使学生对自然环境和聚落的影响理解得更透彻,就地取材也能体现因地制宜的人文思想。

学生读图思考,亚马孙平原没有成为世界人口稠密的地区,得出气候此时成了主导因素,而地形因素退居次要地位,自然环境与人文地理事象之间的联系被真正的有机联系起来!

人文地理事象繁多,知识内容宽泛,再加上孤立地去理解,将人文事象与自然割裂开来,使人文地理教学难以把握。我们知道从自然与人类发展过程来看,总是先有自然再有人类,人类活动是不可能摆脱自然而自行存在和发展的。自然环境对人类的制约和影响,无可置疑。

人文事象与自然环境有着千丝万缕的联系,因此人文地理教学的一个关键策略在于教师注重将人文地理事象与自然环境有机地联系起来即提供相应的自然背景。具体的针对性地将人文与自然有机联系起来,将大大提升人文地理教学效果。

**四、注重人文地理事象影响因素思维建构的策略**

（一）明确问题，引导学生建立思维导向示意图。地理讲的是理，所以喜欢讲完新课，利用思维导图完成课堂小结。

聚落的形状、建筑等形态受自然因素和人文因素的共同影响。虽然只有不多的几个字，但是脉络清晰，分析方法得以体现，学生以后遇到新的聚落也能根据这样的思路分析出聚落特点。

（二）提供相应资料或创设情境，认识影响人文地理事象的社会环境因素。《黑人故乡》的教学片段中，在分析完撒哈拉非洲是黑种人的故乡之后，又给出美国是种族博物馆，也有很大比重的黑人，为什么？让学生探讨，接着给出了《黑奴贸易》的背景资料。很多同学模糊地知道原因，刘老师这儿还要提供背景资料，其实这恰恰反映出地理教学备课准备要严谨，影响人种分布既有自然原因，又有社会原因，培养学生思考问题要全面、综合。

（三）初步学会辩证认识影响人文地理事象的诸多因素。诸多因素主要分为下列三种情况：主导与次要、一般与特殊、静止与动态。例如：麦加聚落的形成并不是以靠近干旱区的水源作为主导因素的，而是社会因素为主导。乙聚落的大小会慢慢增大，因为发现了矿产资源；影响因素是一成不变的吗？美洲黑人的分布和非洲黑人的分布体现了静止与动态。所以在人文地理事象影响因素的思维建构要多角度，全方位，学生的思维才会更开阔。

人文地理有其独到的学习思维，其中核心是区位分析的方法。鉴于学生年龄和认知水平，可创设情境或提供资料的基础上，明确探讨的人文地理问题，从多方面多因素对应分析，细化结论，然后归纳小结，呈现综合分析的思维框架示意图。

**五、人文地理教学中追求文化趣味的教学策略**

人文地理教学中追求文化趣味的教学策略。应该说这是人文地理教学一个很重要的目的，提升学生的文化趣味和人文思想。

（一）用生活常见的文化素材给予人文文化的熏染

《在世界的语言》的教学片段中，用了这样三幅图片，孔子学院——背后蕴含的思想，中国在向世界推广自己的文化，世界各国随着中国的强大需要学习中国的语言，中国的文化。联合国工作语言可以激起学生学习语言的兴趣，语言的小故事拓展学生的知识，也让他们知道科学医学技术要用拉丁文的国际惯例。学生在学习中了解了语言背后的很多故事，文化气息在滋生。

(二)用经典传统文化,引导学生自助学习。这是我在讲聚落时的一个片段,江南传统聚落的成因分析,我选择了一首古诗。

### 送人游吴
#### 杜荀鹤

君到姑苏见,人家尽枕河。

古宫闲地少,水港小桥多。

夜市卖菱藕,春船载绮罗。

遥知未眠月,乡思在渔歌。

这首诗描述了江南水乡的生产方式——夜市卖菱藕,春船载绮罗,乡思在渔歌;生活方式——人家尽枕河。古宫闲地少,水港小桥多。读完之后,江南聚落的典型特征跃然而出。

中国的古诗中蕴含的地理知识比比皆是。当然除了古诗、音乐、绘画等传统文化资料的使用,会使学生徜徉在传统文化的长河中,加强对传统经典文化的认同。

(三)在宗教教学中选择八十中学的清真食堂这幅图片,就是为了引导学生用文化地理眼透视熟识的文化现象,这张图片有很多的内涵,这不仅仅是饮食问题,他体现了我们对宗教信仰者的尊重和包容,是宗教信仰自由的体现。

(四)透过建筑景观等文化景观审美的教学,初步形成人文欣赏的意识,了解人文景观的文化内涵

1. 多选用一些建筑景观作为自己教学的背景资料,因为古老建筑景观具有艺术性强,建筑质量高,历代珍惜保留下来的特点,这样学生树立保护的意识。

2. 初步理解不同的建筑类型表达的不同情感:教堂的建筑、对称、高耸的风格渲染了宗教的庄严;家乡传统聚落的形状、色彩的对比,激起热爱家乡的热烈情感。

(五)通过适应各地气候的建筑,感受到建筑的风格,打上地域的烙印,折射人地和谐之美

世界各地由于历史、文化、意识的差异,在建筑景观的风格和建筑文化上,也折射出建筑景观风格和建筑景观的差异,从而体现不同的建筑文化之美。

所以文化建筑景观的内涵是培养学生文化趣味的一个很重要的方法。

1. 人文地理教学中,追求文化趣味,初步形成科学的文化认知、文化欣赏和文化判断能力。

2. 教学中引导学生对文化事物的兴趣、好奇、求知探索,对学生的终身发展有

积极影响。

（1）有利于热爱文化生活，有利于学生文化素养，提升文化审美取向和价值观的养成。

（2）有利于对世界多元文化的了解，同时采取彼此尊重、平等及相互包容及相互学习的态度。

教学，教是为了学。作为老师要深入研究如何教才能帮助学生的学，让学生能更好发展，所以作为老师要不断学习不断探索。

皮艳芳/文

**书海撷英**

教育是人类牵涉于个人与社会之间关系的一项自觉的实践活动。现代的、先进的、代表着人类文明前进方向的教育，一定饱含这两个元素：生命教育与公民教育。前者服务于个体幸福人生的营造，后者服务于自由、平等、公正、法治社会的建设。

# 生涯规划教育：让学生为未来而学

随着高考改革的不断深入，越来越接触到了改革的重点：招生制度的优化改革，即高考不再文理分科，考试科目变为"3+3"。新一轮高考改革目标是扭转片面应试教育倾向，为学生成长成才提供更多机会和更大舞台；"增加学生选择权""坚持自主选择，为每个学生提供更多的选择机会，促进学生发展学科兴趣与个性特长"[1]是这次改革的核心要义。这一改革举措为学生依据自己的学习兴趣、认知特长、专业志向自行选择学习科目，尤其是为选修横跨不同学习范畴的科目组合提供了保障，把学生的选择权由"被动"变为了"主动"。

## 一、生涯规划教育：落实学生选择权的可靠途径

适应了应试教育的高中教育，在迎接高考新方案转变时，需要面对的问题很多：如何让学生"会选择""能选择"和"愿选择"，由"被动选择"变成"主动选择"？如何指导学生根据自己的兴趣、特长选择报考科目以成功应对高考？如何真正实现把学生的选择权交给学生？这些问题成为教育行政部门、学校以及广大社会人士关注的焦点，成为众人眼里迫切需要解决的问题。于是，在这一背景下，高中生涯规划教育被推上了教育改革的前台。生涯规划教育被认为是解决"落实学生选择权"这一紧迫问题的最"可靠"的途径。"建议高中开设职业生涯规划课程，帮助学生了解自己的兴趣、特长以及将来的职业方向"，[2]"以培养学生选择能力为核心的生涯教育就成为高中学校必须提供的课程和服务。新的招生考试方案的实施，一定会推动学校尽快补上这一重要内容"。[3]

## 二、生涯规划教育：从自我认识开始

生涯规划简单来说，就是对影响我们生涯发展的经济、社会、心理、教育、生理等各种因素的选择和创造，包括学业生涯规划和职业生涯规划。它通常是建立在个体对自我全面、深刻的认识的基础之上，需要结合学生自身发展的特点，整合利

用资源,从而制定并实现自己的职业目标。因此,对于高中学生来说,第一要务是要对自己有一个全面、客观、正确的认识,了解自己的兴趣爱好、性格特点、能力特长、价值观等,通过做测定、分析和权衡,选择适合自己的科目和专业方向等。因此在学生刚上高中时,就非常有必要对学生开设生涯规划课,让学生在客观正确地认识自己的基础上,获得学习资源选择、时间管理、情绪管理等方面的主动权,培养学生的自主学习能力、问题解决能力,为学生未来成长和发展提供方法、思路,培养能力,使学生在未来面对高考科目选择、专业选择、职业选择时,能够客观的、正确的选择,拥有更多的自主权、选择权,真正成为适应未来社会新的人才选拔标准。

### 三、生涯规划教育:学生不太了解的领域

由于生涯规划教育在国内起步比较晚,因此,对大多数学生而言,生涯规划教育是一门新的课程、一个陌生的领域。中学阶段的老师们,也是在最近几年才有所听闻或了解。为了了解我校高一学生对生涯规划现有的认知程度,学校心理教研组三位老师编制了调查问卷,为接下来的生涯规划课提供了前测数据资料,便于我校生涯规划课程更好的设置内容和安排课时。本次问卷施测对象为高一年级全体学生,于2015年9月开学第一周进行了调查。问卷共包含10道选择题(采用5点评分法)和两道问答题,共回收有效问卷356份。各题目及作答情况统计如下:

表1:高一学生对生涯规划的了解调查表

| 序号 | 题目 | 4 非常符合 | 3 比较符合 | 2 一般符合 | 1 比较不符合 | 0 完全不符合 |
| --- | --- | --- | --- | --- | --- | --- |
| 1 | 我有清晰的高中三年规划 | 32% | 52% | 6% | 10% | 0% |
| 2 | 我知道自己大学想学习的专业领域 | 55% | 19% | 10% | 16% | 0% |
| 3 | 我了解自己的职业兴趣 | 55% | 29% | 13% | 3% | 0% |
| 4 | 我清楚自己的性格特点 | 61% | 32% | 6% | 0% | 0% |
| 5 | 我有自己擅长的技能 | 17.5% | 9.3% | 5.2% | 0% | 0% |
| 6 | 我清楚什么对我是最重要的 | 68% | 29% | 3% | 0% | 0% |
| 7 | 我清楚该怎样搜集和未来专业相关的信息 | 32% | 42% | 26% | 0% | 0% |
| 8 | 我探索过我感兴趣的职业 | 42% | 42% | 6% | 10% | 0% |

续表

| 序号 | 题目 | 4 非常符合 | 3 比较符合 | 2 一般符合 | 1 比较不符合 | 0 完全不符合 |
|---|---|---|---|---|---|---|
| 9 | 我和家人探讨过自己未来的职业角色 | 65% | 23% | 0% | 6% | 6% |
| 10 | 我认为未来规划对高中生活很重要 | 71% | 23% | 3% | 0% | 3% |

数据分析1：从这次高一年级学生的问卷汇总来看，"我有清晰的高中三年规划"选择"非常符合"的学生为32%，"比较符合"的为52%。从前测数据看，共计有84%认为自己是有比较清晰的高中三年规划；"知道自己大学想学习的专业领域"选"非常符合"和"比较符合"的学生共计74%。单从调查数据来看，似乎大部分学生都了解"生涯规划"，清楚自己想学的专业领域。为了验证学生们的回答是否属实，有没有其他干扰因素，比如社会称许性的干扰等，在接下来第一次课"做自己的生涯规划师"的作业中，我们设计了两个相应的验证性题目。

第一题：有要求学生写出自己未来三年各个阶段的计划和目标，越具体越好，抽取高一年级某班33名学生的作业检查，根据目标SMART原则（目标要具有明确、可测量、可实现、相关性、有时限的特点）采用5级等级法进行统计，结果如下：

表2：高一学生高中各阶段目标抽样调查结果统计

| 高中阶段目标 | 目标非常清晰具体可操作 | 目标比较清晰具体可操作 | 目标比较模糊宽泛可操作性差 | 目标很模糊宽泛无可操作性 | 没有目标 |
|---|---|---|---|---|---|
| 人数 | 2人 | 5人 | 6人 | 16人 | 4人 |
| 比例 | 6% | 15.2% | 18.2% | 48.5% | 12.1% |

第二题：让学生为自己设计十年后的名片，要求介绍自己的大致专业或职业方向。此题目的在于了解学生是否对自己未来的职业或专业方向有初步的了解。统计结果如下：

表3：高一学生对自己未来职业设想抽样调查结果统计

| 对未来职业的设想 | 有清晰的职业设想 | 职业设想模糊 | 无职业设想 |
|---|---|---|---|
| 人数（人） | 11人 | 18人 | 4人 |
| 比例（%） | 33.3% | 54.5% | 12.1% |

数据分析2：从这道题的数据来看，对自己未来的职业有清晰设想的学生只有33.3%，和前期调查时"我知道自己大学想学习的专业领域""我了解自己的职业兴趣"这两问55%的数据有很大的偏差，说明实际上多数学生对自己未来具体的职业方向是不清晰的，甚至有12.1%的学生表示"没考虑过""不知道"。

数据分析3：从学生对自己未来三年高中目标制定的情况统计来看，只有6%的学生有非常清晰、具体可操作目标，48.5%的学生目标很模糊、宽泛、无法测量或观察到，没有操作性、没有时间，"好好学习""努力学习""考重点大学"等等表述很普遍；还有12.1%的学生没有目标！这说明，学生对"清晰的规划""专业领域"的理解还停留在很粗浅的理解上，并不是真正明白什么是规划、什么是目标、该怎么规划等，生涯规划对学生而言是一个比较陌生的领域，学生们在这方面的知识很欠缺。

数据分析4："我了解自己的职业兴趣""我清楚自己的性格特点""我有自己擅长的技能"这三个题目是用于了解学生对自我的认识情况。从调查结果来看，认为比较"了解自己的职业兴趣"的学生共计84%；认为比较"清楚自己的性格特点"的学生共计93%；认为比较"有自己擅长的技能"的学生共计26.8%。同样为了验证学生是否真正比较清楚地了解自己，在第一节课中，还设计了一个教学活动，要求学生画一幅自画像，并用至少三个以上的词语向同伴介绍这幅自画像想表达的自己的性格特点，并要解释原因。活动结束后，让学生写出这个活动给自己的启示时，绝大部分学生写道：这个活动让他们意识到自己并不真正了解自己，不知道自己未来的职业兴趣，也不清楚自己的性格特点，擅长的技能很少。

数据分析5："我清楚什么对我是最重要的"这个题目旨在了解学生的价值观，97%的高比例说明大部分学生价值观已初步形成。当然职业价值观还有待他们进一步探索，其真实结果可能仍然会受社会称许性等因素的影响而产生比较大的误差。

数据分析6："我清楚该怎样搜集和未来专业相关的信息""我探索过我感兴趣的职业""我和家人探讨过自己未来的职业角色"这三个题目，旨在了解学生对生涯规划中很重要的职业探索的途径、方式方法的了解情况。数据表明，学生更多的是从父母和家人那里了解未来的职业角色，在职业信息和职业兴趣探索方面，大部分学生还需要更多的教育。

数据分析7："我认为未来规划对高中生活很重要"一题，有94%的学生认为规划是很重要的。这说明，虽然学生并不是很了解生涯规划的具体内容，但他们能敏锐地意识到生涯规划的重要性。

从以上前期调查中,我们看到,大多数学生对于生涯规划的了解还只是停留在字面上,对他们而言还是很陌生的一个领域,学生对自己的性格特点、兴趣爱好、能力特长等方面的了解很模糊,不少学生没有明确的学习目标,如果以这样的状态去面对即将到来的高考改革,如何正确选择适合自己的科目和专业方向,将是很困难的,学生们的现状也再次要求我们要重视在高一阶段开设生涯规划课,其重要性和必要性是不言而喻的。

### 四、生涯规划教育:让学生为未来而学

新高考背景下,高中生涯规划教育主要承担了两大任务:

第一个任务,生涯规划教育要着眼于学生在高中阶段所面临的成长与升学的特殊需求,培养学生以选择能力为核心的初步的人生规划能力,帮助他们顺利完成人生的初步选择。在这一阶段,学会正确地认识自我并根据自身兴趣与特点做出最合适的选择,如学科选择、专业选择、高校选择等——这样一种选择能力的养成是这一阶段学生最需要学会的。这种选择能力包含三方面:一是学业规划能力,即能够正确评估自己的学术兴趣与专长,能根据自己的学习特点与兴趣特长选择恰当的学习科目,合理规划学业发展,能够制定阶段性目标等;二是职业规划能力,包括关注、了解、收集社会职业发展相关信息的能力,学会思考自己的职业志向与职业理想,能够对自身职业道路进行初步规划等;三是生涯决策能力,包括确立符合实际的个人发展目标的能力,能初步评估实现该目标所需要的条件及需要考虑的各类要素,制定个人发展的中长期规划以及在特定情况下做出决断的能力等。

第二个任务,生涯规划教育要面向未来,在把握知识经济时代职业变化规律的基础上,培养学生能够适应职业变化所需要的核心能力与重要品格,即要有自主学习能力、创新能力等。这一任务对于学生的未来发展具有基础性和发展性。

所以,概括起来就是:生涯教育是让学生为未来而学习的教育,因此对学生而言具有非常重要的作用。

### 五、生涯规划教育:亟须改进完善

1. 生涯规划教育目标亟须和学校课程目标相融合

从目前各个学校生涯规划教育实施的效果和存在的问题来看,绝大多数学校的生涯规划教育亟须改进和完善。生涯规划教育虽然具有独立性,但它是在整个

学校课程体系架构下作为一种具有独立目标与主题的课程存在的。因此,生涯规划教育的目标要"融于"课程目标之中,"融于"整个学校的课程之中,"融于"学校的育人目标之中。

2. 生涯规划教育目标亟须顶层设计

目前,多数学校对生涯规划教育定位不够清晰,尤其是对其与学校整体课程之间关系的理解还不够到位,有点像独立于学校整体课程之外的"拼盘",因此亟须重新定位生涯规划教育的地位,要在学校课程整体架构中对生涯规划教育课程目标进行顶层设计,充分利用、整合校内生涯教育资源,以各学科课程实施为主体、以生涯导向课程和生涯发展指导制度为两翼的生涯规划教育实施体系。

3. 生涯规划教育亟须全体教师的参与

全体教师参与的学生生涯规划教育既是适应高考的需求,也是满足学生多样化发展的必要举措。因此,学校可以以各学科课程实施为主体,除了开设专门的生涯教育课程外,还要让全体教师参与学生的生涯发展指导。在学校的教育教学中,要整合和融入生涯规划教育的内容。

4. 全体教师生涯规划指导能力亟须提高

不少老师对生涯规划教育还存在这样那样的误解,而目前提升全体教师生涯规划指导能力的培训在全区乃至全市还很少,我校在上学期做了一些尝试,但如何让每个教师都成为学生合格的成长导师,这是我校教师培训的新主题,要以培养、提高每个教师的生涯规划和指导能力作为新的培训方向。

总之,无论从学生现状的需要还是高考改革的需要来说,高中生涯规划教育作为为学生指引航向的教育,必将在新的高考改革中承担其应有的新使命与新任务。相信在各级教育主管部门、学校领导和教师的共同努力下,高中生涯规划教育将步入正轨,逐渐从几个心理老师隔周上课,变为全体教师参与的常态化的教育。

黄秀英/文

**注释:**

[1]《国务院关于深化考试招生制度改革的实施意见》(国发[2014]35号)

[2]王品芝:《网友关注高考不分文理期待高中开设职业规划课程》,《中国青年报》2014年10月9日。

[3]霍益萍:《理性看待高考改革对普通高中教育的影响》,《文汇报》2014年9月20日。

**参考文献：**

1. [美]戴维·珀金斯(David N. Perkins)：《为未知而教，为未来而学》，杨彦捷译，浙江人民出版社。

2. 刘静：《高考改革背景下高中生涯规划教育的重新审视》，《教育发展研究》2015年5月25日。

3. 邹联克：《高中阶段需要生涯规划教育》，《人民教育》2011年第24期。

4. 胡伟国主编：《高中生职业生涯规划》，上海交通大学出版社2013年版。

5. 赵世俊，钮维萍主编：《中学生生涯规划：高中版》，江苏科学技术出版社2013年版。

6. 黄天中，吴先红主编：《生涯规划——体验式学习》，北京师范大学出版社2011年版。

**书海撷英**

拓展教学边界之一：超越基础技能——21世纪必备综合能力与品质。在全球范围内，教师们开始致力于培养学生的批判性思维和创造性思维、合作能力和合作意愿、领导力、创业精神，以及在这个时代生存和发展所需的其他关键能力与品质。

# 从思维训练角度分析中学阶段
# 对外汉语教学中的诗歌教学

纵观近年来国内外对外汉语教学,几乎都以"实用"为首要原则,对于经典文学形式涉及较少。其实作为中国文化的重要载体、中国文学最早的一种表现形式——诗歌,在对外汉语教学中可以扮演重要角色。在语音、汉字、词汇、修辞、语法等方面的学习中,诗歌都可以发挥重要作用。而目前在对外汉语的教学领域,对留学生进行诗歌教学的研究还比较少,笔者结合自身教学经验及留学生高考,从思维训练入手谈一谈中学阶段留学生诗歌教学的任务和意义,从语音、汉字、语法、词汇、修辞等语言基本要素方面撰写本文,希望能够为从事中学阶段对外汉语教学的朋友们提供一些想法。

**一、中学阶段留学生为迎接高考进行诗歌学习的任务及教学中存在的问题**

根据 2008 北京国际新闻中心举行的北京市社会发展情况新闻发布会发布的信息显示,截止到 2008 年,北京市有约 75 所大学可以接收外国的留学生,有约 85 所中小学也可以接收外国学生来学习。在北京可以接收留学生的中小学数量已经超过了大学。

其中多数中小学的留学生的来华学习目的是在北大、清华等院校继续学习,而在这些学校的考试试卷中,诗歌都在考试范围内。

例如:

(一)清华 2009 年留学生本科入学考试"汉语言文学知识试题"的 100 分中,诗歌占了 12 分,包括:

1. 古代汉语部分翻译诗句 6 分

(1)兼葭苍苍,白露为霜。所谓伊人,在水一方。(2 分)

(2)念天地之悠悠,独怆然而涕下。(2 分)

(3)羌笛何须怨杨柳,春风不度玉门关。(2 分)

2. 文学常识中选择题2分

(1)《观沧海》中,最能表达作者博大胸襟的句子是(　　)

A. 日月之行,若出其中。星汉灿烂,若出其里。

B. 树木丛生,百草丰茂。

C. 水何澹澹,山岛竦峙。

D. 树木丛生,百草丰茂。秋风萧瑟,洪波涌起。

(2)诗句、题目、诗人姓名对应有错误的是(　　)

A. 但使龙城飞将在,不教胡马度阴山。《出塞》　　　　王昌龄

B. 晓看红湿处,花重锦官城。《春夜喜雨》　　　　　　陆　游

C. 南朝四百八十寺,多少楼台烟雨中。《江南春》　　　杜　牧

D. 采菊东篱下,悠然见南山。《饮酒》　　　　　　　　陶渊明

3. 填空题3分

(1)马致远在《天净沙·秋思》中写游子孤寂愁苦之情的名句是_____。《送杜少府之任蜀州》中流传千古的送别名句是_____。

(2)醉里挑灯看剑,_____。(辛弃疾《破阵子》)

(3)_____,千树万树梨花开。(岑参《白雪歌送武判官归京》)

(二)清华大学的诗歌考试内容主要以默写翻译为主,而北京大学对诗歌的考察则偏重赏析。

例如:

北大2007年留学生本科入学考试语文试卷中考察了王勃和王维的诗歌的比较赏析,共6分。

山　中　　　　　　　　　　　山　中

王勃　　　　　　　　　　　　王维

长江悲已滞,万里念将归。　　荆溪白石出,天寒红叶稀。

况属高风晚,山山黄叶飞。　　山路元无雨,空翠湿人衣。

(1)两首诗诗题相同,但格调意境迥异,请结合两诗意象的不同特点,分析两诗各体现了诗人怎样的感情。(4分)

(2)试分析王维诗尾中"湿"字的妙处。(2分)

2012年考察的是徐志摩的《再别康桥》,问题涉及作者情感、意象分析以及"三美"在诗歌中的体现。

目前留学生中学阶段的语文教学还没有统一的教材和统一的教学大纲,在日常教学中,教师们只能借助各大学的留学生高考范围中关于诗歌的说明。以清华

大学为例,古代诗歌包括从《诗经》中的《关雎》到清代龚自珍的《己亥杂诗》共80首,现代诗歌包括毛泽东的《沁园春·长沙》等10首。但因为实际命题不完全受考试说明的限制,所以教学内容要比上述篇目多很多。

随着名牌大学留学生本科入学考试日期竞相提前,语文教学越发显得时间紧任务重。在日常的诗歌教学中,填鸭式的现象与日俱增,忽视对学生思维能力的培养,诗歌朗读、背诵与汉语知识、技能的提升渐行渐远。留学生在学习诗歌时,难以感受诗歌的美,汉语水平也难以通过诗歌的学习得到提升。随着学诗数量的增加很多学生都出现了厌学、厌背,以及背诵混乱的现象。

## 二、引导学生将诗歌学习和汉语学习相互结合

针对上述情况,笔者对所在学校国际部高三年级和高二年级随机抽选35名学生进行了两次问卷调查。

调查问卷如下:

| 受调查学生基本信息 ||||
|---|---|---|---|
| 姓名: | 国别: | 学习汉语时间: | HSK 等级: |
| 调查内容 ||||
| 1. 你学习汉语的过程中愿意学习诗歌吗? ||| A 愿意(　) B 不愿意(　) |
| 2. 你能够背诵学过的诗歌吗? ||| A 能(　) B 不能(　) |
| 3. 学习诗歌对你感受汉语的音调变化有帮助吗? ||| A 有(　) B 没有(　) |
| 4. 学习诗歌,对你学习汉字有帮助吗? ||| A 有(　) B 没有(　) |
| 5. 学习诗歌,对你学习汉语的修辞有帮助吗? ||| A 有(　) B 没有(　) |
| 6. 你能够通过阅读感受作者的思想感情吗? ||| A 能(　) B 不能(　) |
| 7. 在老师的讲解后你能够理解作者的思想感情吗? ||| A 能(　) B 不能(　) |
| 8. 你学习过的诗歌,在你的写作和阅读中对你有帮助吗? ||| A 有(　) B 没有(　) |

第一次调查有效问卷30份,结果如下:

| 内容＼选项 | 1 | 2 | 3 | 4 | 5 | 6 | 7 | 8 |
|---|---|---|---|---|---|---|---|---|
| A | 20 | 18 | 17 | 16 | 13 | 15 | 27 | 16 |
| B | 10 | 12 | 13 | 14 | 17 | 15 | 3 | 14 |

从这次调查结果看,留学生的诗歌学习效果并不好。针对这些情况,笔者注意调整教学策略,从思维训练入手,在诗歌教学中关注留学生在语音、汉字、词汇、修辞以及文化等方面的学习,提高学生赏析诗歌的能力。

(一)注重整体性思维能力的训练,把诗歌与对外汉语语音教学相结合

所谓整体性就是说主体在把握对象时,不是孤立地、静止地看待某一方面;而是系统地、全局性地去把握对象。中国传统思维的基本特征是注重整体性。

依照传统的说法,每一个音节都有一个元音,元音的前后可以有辅音或半元音。就汉语来说,元音音高的升降和音长的总和形成了音调。因此,汉语音韵学规定,每一个字都有声母、韵母和声调。而在这三者中,留学生感受、掌握声调是比较有难度的。

"音乐性"是诗歌语言的基本特性之一。朗读诗歌有助于培养留学生对声母韵母拼读和声调的感觉。特别是一些从语言班刚刚升入学历班的留学生,这种帮助作用更加明显。教学时可以通过诵读来让学生感受诗歌的韵律美,体会某一个韵母和不同声母的拼读,以及声调的变化。

例如:

从军行——王昌龄

青海长云暗雪山,孤城遥望玉门关。

黄沙百战穿金甲,不破楼兰终不还。

诗中涉及韵母 an 的拼读有暗 àn、山 shān、关 guān、战 zhàn、穿 chuān、兰 lán、还 huán。涉及四个声调中的三个。而诗歌特有的韵律美,更能够让学生感受汉语语音的美。朗读诗歌练习语音,远比进行单纯的变音练习更能激发学生的兴趣。

旧体诗是这样,现代诗也是如此。

例如:

《再别康桥》——徐志摩(节选)

轻轻的我走了,

正如我轻轻的来;　　　　　　　来 lái

我轻轻的招手,

作别西天的云彩。　　　　　　　彩 cǎi


那河畔的金柳,

是夕阳中的新娘;　　　　　　　阳 yáng　　　　　娘 niáng

波光里的艳影,　　　　　　　　光 guāng　　　　 影 yǐng

在我的心头荡漾。　　　　荡 dàng　　　　漾 yàng
软泥上的青荇，　　　　　青 qīng　　　　荇 xìng
油油的在水底招摇；　　　招 zhāo　　　　摇 yáo
在康河的柔波里，
我甘心做一条水草！　　　草 cǎo

只是需要注意,诗歌按照韵部押韵,韵部和韵母不完全相同;韵母包括韵头,而韵部不包括韵头。不同韵头的字,只要主要元音和韵尾相同,就算韵部相同,可以相互押韵。

例如:《田家》——范成大

昼出耘田夜绩麻(má),村庄儿女各当家(jiā)。

童孙未解供耕织,也傍桑阴学种瓜(guā)。

不过这些并不影响留学生朗读诗歌时对某一个韵母和不同声母的拼读,以及声调的变化的体会。

注重思维训练的层次性,把诗歌与汉字教学、词汇教学相结合。

留学生学习汉语是有层次的即从字到词,从词到句,从句到段,从语段到篇章。国内语文教学中借助语文阅读进行思维训练已经渐渐成为语文界的共识,也成为阅读教学乃至整个语文教学的发展趋势。对于初学汉语的留学生们,教师应该尊重思维规律,从汉字、词汇入手培养学生的思维能力。

(二)诗歌与对外汉语汉字教学的结合

汉字教学是对外汉语教学中的重要组成部分,而对偏旁部首的理解无疑是留学生打开汉字之谜的钥匙。在学习诗歌的过程中,可以引导留学生了解很多偏旁部首方面的知识。

例如:

《七步诗》——曹植

煮豆持作羹,漉菽以为汁。

萁在釜下燃,豆在釜中泣。

本是同根生,相煎何太急。

其中,"煮""燃""煎"三个汉字可以放在一起讲,通过诗歌的内容使留学生更加清晰地了解"灬"和"火"的联系。

《绝句》——杜甫

两个黄鹂鸣翠柳,一行白鹭上青天。

窗含西岭千秋雪,门泊东吴万里船。

其中,"鹂""鹭""鸣"三个汉字可以放在一起讲解,是学生了解"鸟"在构成汉字中的作用。

(三)诗歌与对外汉语词汇教学的结合

汉语在古代曾经是单音节词占优势的语言。所谓单音节词,就是一个词只有一个音节。在现代汉语里,双音节词占了多数,但是这些双音节词,从来源上说绝大多数都是单音节词复合的。所以无论是旧体诗还是现代诗,在词汇方面都和现代汉语密不可分。

(1)诗歌中蕴含有很多成语,在现代汉语里有广泛的应用。

例如:

曲径通幽处,禅房花木深——曲径通幽

《题破山寺后禅院》:弯弯曲曲的小路,可通往那幽隐的地方。

优哉游哉,辗转反侧。——辗转反侧

《关雎》:翻来覆去,难以成眠。形容心里有所思念或心事重重。

长风破浪会有时,直挂云帆济沧海。——长风破浪

《行路难》:实现政治理想。比喻志向远大,不怕困难,奋勇前进。

欲把西湖比西子,淡妆浓抹总相宜。——淡妆浓抹

《饮湖上初晴后雨》:指淡雅和浓艳两种不同的妆。

问渠那得清如许,为有源头活水来。——源头活水

《观书有感》:源头活水,原比喻读书越多,道理越明。现也指事物发展的动力和源泉。

(2)古典诗歌中有很多词语在现代汉语中还在使用。

例如:

| 诗歌 | 词语 |
| --- | --- |
| 碧玉妆成一树高,万条垂下绿丝绦。<br>不知细叶谁裁出,二月春风似剪刀。 | 剪刀、春风、不知 |
| 少小离家老大回,乡音无改鬓毛衰。<br>儿童相见不相识,笑问客从何处来。 | 离家、乡音、儿童、相见、相识 |
| 秦时明月汉时关,万里长征人未还。<br>但使龙城飞将在,不教胡马度阴山。 | 明月、万里、长征 |

续表

| 诗歌 | 词语 |
| --- | --- |
| 寒雨连江夜入吴,平明送客楚山孤。<br>洛阳亲友如相问,一片冰心在玉壶。 | 亲友 |
| 空山不见人,但闻人语响。<br>返景入深林,复照青苔上。 | 青苔 |
| 君自故乡来,应知故乡事。<br>来日绮窗前,寒梅着花未? | 故乡、来日 |
| 独在异乡为异客,每逢佳节倍思亲。<br>遥知兄弟登高处,遍插茱萸少一人。 | 异乡、佳节、兄弟、登高 |

这些诗歌浅显易懂,且意境优美。其中的词语在现代汉语中也可应用,学习这些诗歌对留学生提高汉语水平,了解中国文化都有很大作用。

**四、拓展思维空间,把诗歌与对外汉语修辞教学相结合**

思维训练除了常规的思维能力,还应该发展学生的创造性思维,所谓创造性思维,就是突破定势,追求思维方向的灵活性和思维表达的新颖性。只有引导学生掌握多种思维形式,并将其有机融为立体思维动态结构,从而最大限度地扩展具有张力的思维空间。

"言之无文,行而不远",留学生想要说出有些水平的汉语,就必须有针对性地进行拓展思维空间的训练。掌握修辞方法是必不可少的。现代汉语中比较常用的修辞方法:比喻、拟人、排比、对偶、夸张、反复、顶针……在诗歌里有广泛的体现。

例如:

| 修辞方法 | 诗歌 |
| --- | --- |
| 比喻 | "那河畔的金柳,是夕阳中的新娘,<br>波光里的艳影,在我的心头荡漾。" |
| 拟人 | "君自故乡来,应知故乡事。来日绮窗前,寒梅著花未。"<br>"软泥上的青荇,油油的在水底招摇。" |

续表

| 修辞方法 | 诗歌 |
| --- | --- |
| 排比 | "她是有<br>丁香一样的颜色，<br>丁香一样的芬芳，<br>丁香一样的忧愁，<br>在雨中哀怨，<br>哀怨又彷徨；" |
| 对偶 | "金樽清酒斗十千，玉盘珍馐直万钱。"<br>"谁言寸草心，报得三春晖。" |
| 夸张 | "燕山雪花大如席，片片垂落轩辕台。"<br>"飞流直下三千尺，疑是银河落九天。" |
| 反复 | "鹅鹅鹅，曲项向天歌。白毛浮绿水，红掌拨清波。"<br>"轻轻的我走了，正如我轻轻的来；<br>我轻轻的招手，作别西天的云彩。" |
| 顶针 | "西风烈，长空雁叫霜晨月。<br>霜晨月，马蹄声碎，喇叭声咽。<br>雄关漫道真如铁，而今迈步从头越。<br>从头越，苍山如海，残阳如血。" |
| 反问 | "男儿何不带吴钩，收取关山五十州？<br>请君暂上凌烟阁，若个书生万户侯？" |
| 设问 | "旅馆寒灯独不眠，客心何事转凄然？<br>故乡今夜思千里，霜鬓明朝又一年。" |

通过学习这些诗歌可以帮助留学生掌握运用修辞方法的技巧。

此外，在诗歌中包含大量的名言警句，留学生通过学习诗歌掌握名句，可以运用引用的修辞方法，在交际中使用，提高自己的汉语水平。

例如：

独在异乡为异客，每逢佳节倍思亲。

莫愁前路无知己，天下谁人不识君。

东边日出西边雨，道是无晴却有晴。

夕阳无限好，只是近黄昏。

春风又绿江南岸，明月何时照我还。

不识庐山真面目,只缘身在此山中。

春色满园关不住,一枝红杏出墙来。

(五)进行探究性思维能力培养,把诗歌与对外汉语文化教学相结合

语言是文化的载体,传播中国文化是对外汉语教学的重要任务。学习诗歌,对留学生了解中国文化有重要作用。更好的理解诗歌中承载的文化内涵对学生探究性思维能力的培养有很大的帮助。

1. 节日文化

在诗歌中有很多是以传统节日为背景的。留学生通过学习诗歌,可以了解某个节日的习俗,探究中国人的传统习惯。

例如:

重阳节——九月九日忆山东兄弟　　　王维
　　　　　独在异乡为异客,每逢佳节倍思亲。
　　　　　遥知兄弟登高处,遍插茱萸少一人。

中秋节——静夜思　　　　李白
　　　　　床前明月光,疑是地上霜。
　　　　　举头望明月,低头思故乡。

春　节——元日　　　　王安石
　　　　　爆竹声中一岁除,春风送暖入屠苏。
　　　　　千门万户曈曈日,总把新桃换旧符。

通过学习这些诗歌,留学生可以了解重阳节全家登高,带茱萸草;中秋节与家人团圆;春节燃放爆竹,初一更换桃符辟邪等节日习俗。

2. 传统思想

诗歌中蕴含了很多传统思想,留学生学习诗歌,可以引导他们去探究中国人的优秀品质。

例如:

孝道——《游子吟》　孟郊
　　　　慈母手中线,游子身上衣。临行密密缝,意恐迟迟归。
　　　　谁言寸草心,报得三春晖。

爱国——《十一月四日风雨大作》　　陆游
　　　　僵卧孤村不自哀,尚思为国戍轮台。
　　　　夜阑卧听风吹雨,铁马冰河入梦来。

节俭——《悯农》　李绅

锄禾日当午,汗滴禾下土。谁知盘中餐,粒粒皆辛苦。

**三、课堂教学中一些手法的尝试**

在带领留学生朗读诗歌,寻找诗歌与汉语学习的契合处的同时,我在诗歌教学的过程中,还尝试使用一些方法,引导留学生感受诗歌的美,提高诗歌的赏析能力和汉语水平。

首先,引导留学生发挥想象和联想,调动形象思维。

诗中的世界不同于现实的客观世界,他们总是经过诗人的"改造",投上了诗人在特定情境中的感情色彩,"以我观物,物皆着我之色彩",要理解诗人的感情,首先得进入诗中的世界。所以鉴赏诗歌首先应通过诗中描写进入作者的内心世界,再结合自己的生活经验,感悟诗歌的内涵。这中间有一个关键环节,就是联想和想象。在教学中我有意识地引导学生进行联想和想象。如我在带领留学生学习柳宗元的《江雪》时,对大家说:"请同学们闭上眼睛,想象和老师一起去一个地方,那是寒冷的冬天,重重的大山上没有一个人,小鸟也飞到别处了,在山下的一条江上,有一个披着蓑,戴着笠的老人独自在漫天的大雪中钓鱼。大家想一想,这个老人会有什么感觉?"学生们马上就七嘴八舌地说"冷""孤独",然后我又引导大家回忆学过的关于柳宗元的文学常识以及他被贬官的经历,体会作者在写诗时的思想感情。经过这一环节的教学,同学们大多能结合诗歌内容有所想,有所说,既锻炼了他们的口头表达能力又提高了他们诗歌赏析的能力。

其次,联系学生实际,引导学生获得独特的生活和情感体验,培养独立思维习惯。

教诗歌时我还注重引导学生注意语文与生活的联系,注意引导学生联系生活学习诗歌,充分调动学生的生活积累,让他们自己说出对生活的独特感受,从而更深刻地领悟诗歌的内涵。由于每个学生的生活经验不尽相同,所以对诗歌内容的理解也不完全一样。有的留学生会对一些诗句有着特别深刻的感受。

例如:我在带领高二的留学生学习诗经中的《氓》要求找出你认为写得较好的诗句或词语,并简要说明原因。有一个父母离异的女同学就立刻大声读出"三岁为妇,靡室劳矣;夙兴夜寐,靡有朝矣。言既遂矣,至于暴矣。"在她解释理由时说女生找男朋友一定要考虑清楚,不能找那些脾气不好的,打人的女生,还希望那同学们以后结婚了要帮助妻子做家务活。

新课标指出"文学作品的阅读鉴赏,往往带有更多的主观性和个人色彩,应鼓励学生积极的,富有创意地构建文本意义",诗歌尤其如此。我尊重学生结合自己的生活经历去感受诗歌,这更能激发他们的学习热情。

经过一个学期的教学实践,留学生学习诗歌的状况有了较大改善,笔者进行了第二次问卷调查,调查人数34人,有效问卷31份。

| 选项<br>内容 | 1 | 2 | 3 | 4 | 5 | 6 | 7 | 8 |
|---|---|---|---|---|---|---|---|---|
| A | 29 | 21 | 20 | 21 | 21 | 20 | 29 | 19 |
| B | 2 | 10 | 11 | 10 | 10 | 11 | 2 | 12 |

前后两次调查结果比较:

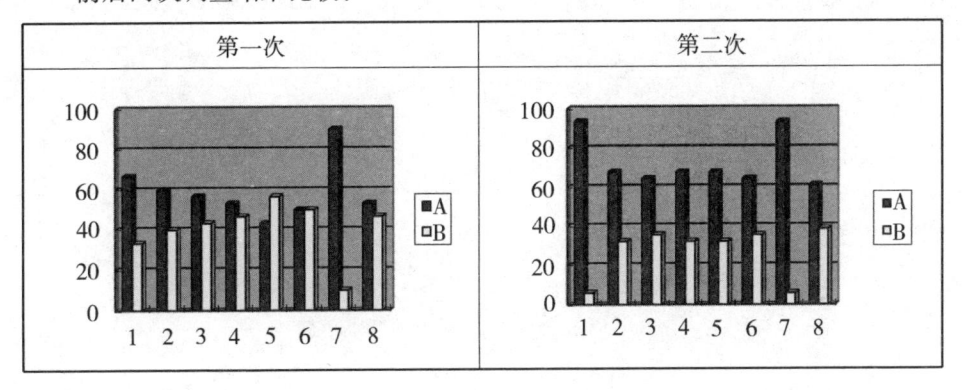

通过努力,留学生对诗歌的学习兴趣有了提高,对诗歌学习的作用有了新的认识,诗歌的背诵和赏析都有了很大进步。

诗歌是诗人对生活的艺术再现,是最精粹的文学形式之一。诗歌教学也是一项富有创造性的工作。虽然对于留学生来说理解诗歌,特别是古代诗歌有一定难度。但在对外汉语教学中适当而有策略地引入诗歌的鉴赏与教学,还是有利于学生思维能力的提升、汉语水平的提高和民族文化的传播的。

刘博蕊/文

**参考文献:**

王力:《汉语音韵》,中华书局。

周小兵、朱其智:《对外汉语教学习得研究》,北京大学出版社。

王志武:《唐宋诗初读》,北语出版社。

齐心:《中国古典诗歌与对外汉语教学》,《兰州大学学报》2012年。

金孝仁:《对外汉语教学中古诗歌的使用》,《浙江大学学报》2012年。

吴铮:《国学教育与对外汉语教学浅论》,《中国诗歌研究动态》2009年。

李娟:《宁鸿彬中学语文教学思维能力培养经验研究》,《首都师范大学学报》2009年。

**书海撷英**

物品原本就是因为你要用才留在手边的,而且也应该是因为这种想法才被带到家里来的。所以,如今你没有用它,这就相当于背叛了当时的关系。在断舍离里,我们必须时常关注着"物品与自己的关系",所以这种关系要是这么不上不下的,我们不仅忽视它,甚至还遗忘它,那么物品非但无法完成自己的使命,而且甚至连自身的存在价值都被否定了。

# 注重培养学生的思维能力

刘卫红著的《面向未来的课堂》一书，从思维教育的意义、思维教育的内容、思维教育的实施以及思维能力的培养等四个方面，详尽地阐述了知识教育的纠结问题的独到见解。通过阅读这本书籍，使我认识到了思维教育不仅是学生提高学习成绩的好方法，是提质减负的良方，是优异的教学策略，而且是教育活动的核心、目的和重要组成部分，是培养学生具有创新思维能力的首要工作。

其中我对《面向未来的课堂》一书的两点印象比较深刻，也非常赞同作者的观点。思维教育的培养有两个方面必不可缺，一个是由知识至上型的教学模式向培养学生思维能力的教学模式转变；另外一个是注重对学生反思能力的培养。下面我就结合英语教学具体阐述一下对培养学生反思能力的深刻认识。

**一、转变教学观念和教学模式**

要转变教学观念和教学模式，坚持在课堂上培养学生思维能力。回想我校一直以来提倡"高效课堂"的教学理念，对教师的课堂教学提出了新的要求：重视学生的学法，使其学会学习、学会合作、学会创新；重视提高学生的思维能力，实践创新能力；注重情感引导，倡导愉快教学，培养学习兴趣，促进学生身心健康发展。这不正是书中作者提出的培养学生思维能力的教学模式的具体体现吗？我反复学习"高效课堂"教学理念，思考如何制订符合学情的学习目标，安排能调动学生学习积极性的教学环节，设计恰当的问题引导开发学生的思维能力。我把课堂教学按四大环节进行操作：激趣定标、自学互动、适时点拨、测评训练。

（一）以"激趣定标"为引导，启迪学生思维。课堂教学的导入是否能激起学生学习兴趣是非常关键的，结合文本所需，利用图片、故事、创设情境等多种方式导入新课，既达到提高英语教学质量的目的，省时高效，激发学生学习兴趣，又能启迪学生思维。在自主学习之前，共同了解学习目标。同时在学习目标的指引下，学生可以直观明白地确定学习方向，以此为核心开展自主学习。

(二)以自主合作学习为主的思维能力培养过程。从前我们的课堂教学,尽管并不完全是老师"满堂灌",但是学生并没有完全地参与到课堂的教学中,只是被动地听。这样就大大地助长了学生对老师的依赖心理和懒惰心理,缺乏独立思维能力。因此,要让学生喜欢上学习,主动学习,善于思维,教师就要学会放手。只有在课堂上真正拥有了时间和空间,才能真正落实学生的主体地位,才有可能是自主学习。让学生通过自主学习、合作学习发现问题,解决问题。这样既能让学生掌握相关的知识,又能让学生充分享受学习带来的快乐。同时,同学们在通过自学获取知识的过程中,建立了自信,提高了思维能力。在通过合作学习的过程中,培养了学生的团队意识、增强了集体荣誉感。同时在学生展示的过程中教师要及时点拨,尤其是重难点知识。点拨尽量做到语言精简、方法恰当,并列举恰当的实例进行补充。这样便于我们的学生在以后的展示过程中抓住重难点。对于学生的语言表达能力、知识归纳的能力和思维能力的提高会有很大的帮助。当然,展示的时间也会大大缩短。

　　(三)以"测评训练"拓展学生思维空间。"测评训练"主要目的是促使学生巩固和消化在课堂上所学的知识或技能,并能灵活应用它们解决问题。课堂练习是使学生掌握知识,形成技能,培养学生运用知识解决实际问题的有效手段,是学生学习的重要环节。它对优化课堂教学过程,提高课堂教学效率,拓展学生思维空间,起着重要的作用。

　　在这段时间对"学生课堂思维的训练",我把学习空间放给学生,注重发挥学生的主体性和渗透学习方法,发现学生对英语的学习兴趣高了,学生动起来了,课堂上发言声多了,思维能力也强了,常有一些动人的不同的声音提出各种奇思妙想。然而教师的任务也更重了。要做到充分备课、预设,才会有丰富多彩的课堂展示。要使学生在课堂上的活动有意义,不单要备教材,还要备学生。同时也更大程度地考验教师主导课堂变化的能力。

## 二、注重对学生反思能力的培养

　　要培养学生的思维能力,就必须注重对学生反思能力的培养。《面向未来的课堂》一书,从反思的意义、反思的内容和反思的策略三个方面阐述对学生反思能力的培养,我非常赞同作者的观点,而且应用到实际教学中。

　　我在教学中注重引导、培养学生这种反思的学习能力。我也曾通过以下方面来加以指导培养学生获取这种反思的学习能力。

(一)教学中创设情境,培养学生反思意识

1. 充分利用典型话题的功能设置情境。"学起于思,思源于疑",质疑是反思的基础,反思是质疑的深化和目的,两者相互作用。教学中我们经常发现一些话题学生虽然会背诵,但是终究不知道这类话题的功能,也就是说究竟在什么情况适用。例如学生在学习一般将来时态时,就可以让学生想象一下未来的家庭或者学校是什么样子,学生会很感兴趣,充分发挥自己的想象,结合一般将来时的用法,从而完成交流的功用。所以只有教师对这类话题的功能背景设置的合理化,学生才明白话题的功能及作用,才会强化学生的反思意识。

2. 创设合作探究的情境。自主探究、合作交流学习是新课程提倡的学习方式。要多让学生经历主动参与合作探究、自觉建构的过程,让学生在合作探究的情境中树立反思意识,例如在教授外研版七年级下 Module1 Lost and Found 这一课时可以让学生以小组为单位合作探究。Lost 和 Found 的区别,哪一个应该对事物进行具体描述,哪一个应该简明扼要地说明一下事物,另外在描述中都应该说清什么,拾到或丢东西的时间地点,是否应该说清楚,联系人是否应该讲明等等。在练习这类开放性题目时,答案不唯一更要让学生合作交流完成,因为由于学生个体差异,对问题理解不同,这种不同的结果就会刺激其他学生的思维,引起反思,这样学生在享受别人的学习方法时,也无意识中树立了自己的反思意识。

3. 创设广泛的开放的情境。在教学中改变封闭、专制的学习环境。更要改变只有教师的满堂灌或者只有几名优等生的参与学习形式。要让每位学生积极思考,敢想敢说,在课堂上教师更应留有一定的时空给学生反思,鼓励学生大胆的推测,从而培养学生的反思意识。在教授难点时尤显重要,如教授非谓语动词的使用时,可以适当鼓励学生把跟 to do 和跟 ing 的动词总结规律,编辑成顺口溜,从而帮助记忆,学生通过合作很快会编出合适的口诀,从而记住这些与中文完全不一样的用法。

(二)课后鼓励学生掌握反思性学习的方法,反复实践,记住反思策略,培养学生的反思能力

任何一种理念,只有落实到操作层面,才具有实践意义。反思性学习也不例外,教学中教师要引导学生反复训练,让学生掌握反思的方法,才能使学生在日常学习中有效地组织反思性学习。鼓励学生努力做到以下两点:

1. 养成对课文内容的反思习惯,螺旋式前进。

对于英语学科来说,反思可以通过回忆课文大意来反思所学单词和词汇,也可以通过课文来反思语法项目,看自己是否理解。比如回想春节那一课就会联想

到与春节有关的词组和句型。就会想起打扫房间,包饺子,团聚,放鞭炮,发红包,新年祝福等词语。从而确定时态的用法,如果只是描述春节中国人的习俗,应该是一般现在时态,但如果陈述某人是如何过春节的,应该是过去时态或是你打算如何过这个春节,就应该是一般将来时态,以此类推,举一反三,循序渐进,螺旋式前进。

2. 养成对于错误和经验的反思习惯,不断进步。

一个人的实力绝大部分来自学习。在某种意义上说,学习是一个通向真理、通向知识的过程,也是不断吸取经验、纠正错误的过程。通过不断纠正错误,人的知识和技能就能够逐步提高。犯错误是正常的,但犯了错而不反思则是不对的。我坚持让学生养成反思错误的习惯,学生们每人都有错题本,专门用来记录自己在作业或考试中出现的错题。总结归纳原因,寻找知识上的漏洞。这样日积月累,学生学习的效率就会越来越高,成绩也会越来越好,思维能力也会越来越强。

总之,我通过阅读学习刘卫红的《面向未来的课堂》一书,使我学到了很多关于思维教育的知识,并且在教学实践中取得了一定效果,我将会在以后的英语教学实践中,进一步研究和探索如何培养学生的思维能力。

宗世颖/文

**参考文献:**

刘卫红:《面向未来的课堂——为理解而教单元教学实践案例》,高等教育出版社,2015年5月。

**书海撷英**

拓展教学边界之二:超越传统学科——新兴的、综合的、有差异的学科。例如,教师们开始关注生命伦理学、生态学、心理学和社会学的最新理念,以及其他能够应对当前机遇与挑战的学科领域。

# 课堂活动应"为学生思维发展"而设计

今年的寒假,学校的读书要求与往年不同,不再是自己选取书目,读后有感而发;而是有了统一的命题:为学生思维发展而教。结合自己的教学生涯,围绕"为学生思维发展而教"总结提炼自己的教学思想,结合自己的教学实践反思教学过程和教学效果,使读书不再是盲目地读,而是服务于教学的有效思考和尝试。

本来想选戴维·珀金斯(David Perkins)著的《为未知而教,为未来而学》,觉得更好切入主题,更容易发挥,但仔细想想又会流于形式。转而翻了翻《面向未来的课堂——"为理解而教"单元教学实践案例》这本书,恍然觉得与以往所读的教学案例截然不同,看了几个其他学科的设计发现其"理解目标的搜寻""对理解目标的核心再提炼""对理解目标的论证和确定""对理解活动的设计和评估"等环节都颇有新意,而这些所谓的"繁文缛节"又是为了什么呢?是的,毋庸置疑,一切为了学生的思维发展而教。

索性快速搜索着自己熟悉的学科,谢天谢地,真有两个:在105页有"社会实践方案设计"单元教学设计,乍一看以为跟英语没啥关系。单元名称:北师大版初中英语教材七年级下册第四单元"季节和天气";教材内容:学校旅行方案之——"设计征集""明确的目标""有意义的活动""合理的路线""小组汇报"。

拿到这个话题,我想每个老师心中都会有一套自己的教学设计,应该说这个话题并不难,学生和老师也都熟悉,接下来就应该是设计任务。这个话题贴近学生的生活实际,也容易引起学生的兴趣,教师往往能想到的就是设计任务。而在此话题下设计的任务仍旧不能脱离传统的设计模式——"假设你是XX的笔友,请为国外来的笔友介绍本地的天气和着装建议""假设你是旅行社的员工,请为客户设计一份暑假出游的推荐线路""假期去哪里玩儿?"等等诸如此类,以往我们还津津乐道于自己所设计任务的真实性,在教学设计里也不乏溢美之词,夸赞自己如何将语言的学习与真实语境的完美应用。

而我惊喜地发现作者却认为这种"伪装"出来的任务毫无新意,因而进入了为学生思维的发展而教的阶段:深入挖掘教学内容的意义和价值,努力从学生的角度思考问题。

作者从另一个角度思考课本内容:我们为什么要带着学生讨论去哪里玩的问题呢?答案可以是为了寻找和体验生活中的美好,而这个启发性的论题回到教材才发现课文中所蕴含的语言材料并不够丰富,而且初一的词汇水平还达不到这样的高度,因此目标落实起来会很困难。于是作者继续思考学生和旅游之间能建立起来的联系。

不是为教而教,一切源于对学生发展而教的努力,作者想到了超越课本,从生活实际出发去寻找师生共同感兴趣的真实话题。他们想到为学校建游泳池提供设计方案的案例:案例中教师借助这个发生在学校里的真实事件,把面积、体积等知识巧妙地融合在一起,因此整个学习过程非常有趣。那么回到我们的教学单元,能够在学校这个背景下进行的旅行活动又能有什么呢?当然是学生的社会实践活动——"School Trip"。

当然话题确定,接下来一系列的方案设计就都迎刃而解了,也就顺其自然的上了轨道。我感受颇深的是教师对活动的反复思考,这源于对学生负责任的表现,对学生能力的培养不止于嘴上而是用心了。敷衍了事谁都会想出一两个话题,周而复始,我们就荒废了培养学生的最佳时机。特别关键的是启发性议题一旦确定,理解目标就是实现其价值的最直接体现。在这个问题上,美国的威金森博士提出的"逆向设计"教学理论为我们提供了有力的思想工具——我们从单元的终极任务开始思考,我们需要给学生提供什么样的帮助和铺垫,才能让他们用自己的头脑思维,既不是违心的设计,不加思考的答案毫无意义,也不是能力所不能及,达不到的目标谁还有兴趣,这个度就需要了解他们的老师拿捏把握,给学生的思维发展铺台阶,搭梯子,这是养成习惯的重要过程,日复一日,教师于每个学生的成长功德无量。

不仅于此,作者在活动中要求学生完成的活动形式、选择理由、天气特点、地点特点等诸如此类一系列就此展开的方案自不赘述,还有一点也让我在读书中茅塞顿开:就是活动评价。

在116页中提到的活动介绍的评价标准:

(1)丰富性 Various——学生能够在那里做各种不同的活动。

(2)有趣 Interesting——活动足以吸引大多数学生。

(3)有意义 Meaning——学生能够通过这些活动学到知识、技能等。

(4)实际 Practical——所有的活动都必须安全并且有时间保证。

当然，我们在教学设计后也会按照新课标的标准堂而皇之地表述一下学生通过学习学到了什么知识层面的东西，情感态度价值观方面的所得。这些内容只是被要求写上去撑门面的。我们何时认真分析过活动本身带给了学生什么？是经历？还是能力？这四条不是让老师去评价的，而是学生对活动设计的评价。这说明课堂所学的东西是有价值的，是建立在有真正应用意义的基础上，不是表演，也不是不食人间烟火。学生应该通过每一次学习知识的同时把自己融入社会而不是和现实生活脱节的，也就是我们教出的学生不是"两耳不闻窗外事，一心只读圣贤书"的书呆子，只会纸上谈兵，而是使自己有甄别的能力，有自己的思维和思想的真正人才。

开学初学校安排的讲座我觉得特别得好，使我感受最深的是来自北京市基教研的专家从国家层面分析了各国在基础教育中对受教育者核心素养的培养，这一点非常重要，是我们所培养的人在未来社会中所应具有的基本素质。作为教师在了解未来中高考改革层面我们也必须做些努力和尝试，尤其是一些跨学科的试题例子非常有说服力。知识不再是孤芳自赏的存在的，而是需要用来解决问题的。什么样的知识值得学习？哪些知识在学习者未来的生活中能够发挥生活价值？传统教育如何才能突破障碍，不断创新教育方法？也许，我们需要以一种新的视角来看待教育，在教育中既关注已知，也关注未知。也许，我们需要一种具有"未来智慧"的教育视角，在复杂而多变的世界努力培养学生的好奇心、启发学生的思维、增进学生的自主性和责任感，引导他们积极地、广泛地、有远见地追寻有意义的学习。

想象一种教育，其中的大部分课程都能带来全局性理解；想象一种学习，它能够给这样的理解带来生命力，使其长存，并且支持终生学习；想象一个世界，大部分人在接受基础教育之后，对基本的政治活动、个人健康护理、经济行为、生态责任、人际社会交往，以及其他许多概念充满了浓厚的兴趣并以此为发展方向。

我国教育面临着从"应试"教育向真正的"素质"教育转轨的问题。要提高学生的素质，特别是学生的思维和能力，作为教师，首先应具备更新教育观念的勇气和提高自身教书育人的能力。学生的成长关乎千万个家庭，学生能力的培养关乎国家的未来。是的，是到了反思我们教学行为的时候了，再不思变，不是误己那么简单，而是误人、误国呀！

用去年读的《从优秀教师到卓越教师》作为结束，因为那是我们永远要做的。教学永无止境，没有人能够真正到达教学巅峰。即使是卓越教师也会犯错，不同的是，卓越教师会努力让自己不再重复同样的错误，他们会让教学技巧一天比一天进步,这也正是他们所共同追求的目标。所有的卓越教师都懂得为提高自己当下的教学能力而努力奋斗,他们每天坚守着提高自身教学能力的务实理念,一步一个脚印地向着目标前进。卓越的教师不是为了达到一个目的而做出的一种姿态,它是一种思想,一种情感,一种氛围,运用得恰当,它会把"爱"自然而然地贯穿于教育的某一个环节,也会不声不响地体现在教育的每一个细节,更会潜移默化地浸润着每一个学生的心灵。"为学生的发展而教"是卓越教师永无止境的追求。

刘玉双/文

**书海撷英**

拓展教学边界之三:超越彼此割裂的各学科——跨学科的主题和问题。有的课程向学生提出了一些重要的当代现实问题,这些问题通常具有跨学科的特性。例如,贫困的根源及其可能的解决途径、各种能源资源的贸易问题等。

# 为学生思维发展而教

　　一个人在高山之巅的鹰巢里,抓到了一只幼鹰,他把幼鹰带回家,养在鸡笼里。这只幼鹰和鸡一起啄食、嬉闹和休息,以为自己是一只鸡。这只鹰渐渐长大,羽翼丰满了,主人想把它训练成猎鹰,可是由于终日和鸡混在一起,它已经变得和鸡完全一样,根本没有飞的欲望了。主人试了各种办法,都毫无效果,最后把它带到山顶上,一手将它扔了出去。这只鹰像一块石头似的,直掉下去,慌乱之中它拼命地扑打翅膀,就这样,它终于飞了起来!

　　某种程度上,我们的学校教育就是将许许多多像"鹰"一样的孩子带回了"家",在这样的大家庭中,"整齐划一"的教育让我们的孩子都变得像"鸡"一样非常的"温顺"。当他们走入社会以后,就仿佛在20世纪80年代初期的纺织厂,产品一经出库就面临着过时、滞销和淘汰等问题。怎么让雏鹰展翅,这是当今教育者面临的一大难题。这个问题可能没有标准答案,但是我们每个人都可以展开自己的思考和探索。

　　以上这两段话摘自高等教育出版社刘卫红主编的《面向未来的课堂——"为理解而教"单元教学实践课例》一书,寒假里,细细品读,颇受启发。看到"面向未来的课堂"的七个大字时,顿增惭愧之情。我究竟是否在面向未来的课堂里当人民教师?

　　作为一名人民教师,我不应该只是培养传统意义上的"鸡",而应该多培养些"鹰"来适应未来社会对人才的要求。教育的本质目标是培养人。但是要培养什么样的人,可以有一百种、一千种说法。相信每个教育者都思考过这个问题,我也不例外。教师应该树立"培养附着在学生身上'带得走'的适应未来社会发展需要的能力和素养"的目标。生存教育成为学校教育重要的一环,能让学生面向未来、适应未来是我们的重要任务。

　　我受到书中各科老师关于学生思维发展的设计的启发,决定尝试在英语教学当中也设计一些为学生着想的话题。

当今，中国传统文化已经成为高考英语和语文学科考试的重点。作为英语教师如何把中国传统文化贯彻到自己的教学当中去，过去的教法是英语老师找到很多的材料全部灌输给学生，耗费时间久，效果却不理想。为了学生的发展，我决定让学生自己去总结概括中国传统文化在英语作文中的应用。

作为教育者，要时刻保持在教学上寻求突破，更新自己的教育理念是探索的第一步。我们敞开胸怀接受了来自世界各地的很多教育教学理念，逆向设计、概念教学、自由学习、多元智能等诸多国内外先进的理念走入了我们的视野。不可否认，这些先进的教育理论和思想开阔了我们的视野，让我们有了不断变革、不断改进的方向和动力。

一种新的教学模式和理论——"为理解而教"（Teaching for Understanding，简称TFU）。这种教学理念认为，学习是通过学生持续不断的努力并结合实际生活中的问题而产生的。解决实际生活中的问题需要学生积极地探索，在传统的基础上创造新的产物。这种模式帮助教育者设计有效的教学方案，以此促进学生形成并加深对重要理念的理解。

"我们应该教什么？""为理解而教"的教学模式提供的答案：启发性论题。对学生而言，"为理解而教"强调以"理解"为中心，它使批判性思维和灵活解决问题成为可能，使学习者能够在新情境中迁移技能和应用知识，也就是帮助学习者实现高阶思维和高阶技能，从而让学生面对新问题和新情境时游刃有余。这是我们要让学生"创造未来"的目标，"为理解而教"给了我们一个从课堂上的切入口。

我们需要以一种全新的视角来看待教育，在教育中既关注已知，也关注未知。我们也需要一种更具有"未来智慧"的教育视角，在复杂而多变的世界努力培养人的好奇心、启发人的智慧、增进人的自主性和责任感，引导学生积极地、广泛地、有远见地追寻有意义的学习。

我们教师在心中总是问自己，未来在等待什么样的人才？哪些能力是闯荡未来世界所必需的？在生活的各个方面都具有普遍重要性的个人能力和人际交往能力，我们称之为综合能力。它更关注人们如何更好地应对自己的个人生活和人际关系，包括家庭角色、公民角色、工作角色等。如今的工作越来越需要综合能力，只是循规蹈矩已经不足以支持人们保住饭碗。那么，学校教育是否足以帮助学生发展这些能力呢？

21世纪必备综合能力框架涵盖的能力范围着实令人印象深刻，事实上，教育者很容易为之倾倒。而有的教育者则更重视该框架下的一个子集——4Cs技能。4Cs技能衍生自21世纪必备综合能力框架的第二大类，即"学习与创新的技能"，具体包括:沟通(Communication)、合作(Collaboration)、批判性思考(Critical Thinking)和创造力(Creativity)。

我们生活在一个复杂的时代。信息爆炸、数字化和全球化、淡水和石油等资源日益紧张、许多地区开始由工业主导转变成服务业主导、信息经济以及其他种种因素,导致当今世界对丰富的知识、复杂的思维能力与合作能力的要求越来越高,远远超过了对父辈时代的要求。而且,这些趋势似乎还将以我们无法预知的方式继续塑造明天的世界。所以,我们必须为未知而教。

此外,一贯为教育提供基础的各学科也已改头换面:它们包含了更多的内容,在某种程度上发生了一些变化,值得学习的知识正不断扩张疆土,新兴学科、综合学科纷纷涌现,例如:社会生物学、行为经济学、大历史、进化心理学等。从各方面而言,这比传统学科内容更有意义、更令人兴奋。这一切敦促着我们重新思考什么知识值得学习。

因此我们当今的教师不应该是某一个具体学科的老师,而是一个多学科跨界的综合性的老师,这样我们才能提高学生的综合能力。因此老师应该尝试改变传统的教学模式,转换教学模式,培养学生的综合能力。

**案例片段：**
英语写作中关于中国传统文化的总结单元教学设计

单元名称:英语写作中的中国文化

单元内容:整个不同文章,考试说明,各类模拟试题资源

单元学时:4 学时

设计人员:张三、高二 x 班和高二 x 班学生

单元教学设计概览:

中国传统文化介绍

一、教学过程

(一)论证

(二)调查

(三)搜集

二、学生活动

学生活动一

学生活动二

学生活动三

三、终极展示

115

案例介绍：

一、启发性论题的设计

(一)寻找启发性论题的过程

教材分析

中国传统文化在人教版英语课本中比较散乱，不太规整。随着高考英语的改革，中国传统文化成为一个重要的话题。

学情分析

我所教的两个班是重点班，应该自己进行归纳总结与同学进行分享的能力，如果让他们去做，应该是可以的。

第一阶段：从教材出发，分析、提炼核心话题

从人教版中找出有关中国传统文化的课文单元。让学生总结概括课本上的有关中国传统文化的词汇和句型。

第二阶段：深入挖掘教学内容的意义和价值，努力从学生的角度来思考问题

让学生讨论为什么要介绍中国传统文化给外国朋友，总结课本中的有关中国传统文化的内容。

第三阶段：超越课本，从生活实际出发去寻找一些师生共同感兴趣的真实话题

课本毕竟有限，让孩子们在网上、书本中，很多丰富的资源中寻找一些中国传统文化的话题。

(二)论证启发性论题

1. **中心性**：中国传统文化涉猎很广，但都离不开中国传统文化的这个中心。

2. **吸引力**：这个单元让学生自己设计活动并开展小组之间班级之间的比赛，好的话题可以成为八十中学高三英语高考的准备材料。这个论题极大地激发了所有师生的参与热情。

3. **资源易得性**：学生能从课本、阅读材料、网络、生活经历等多种渠道获取资源。

4. **联系性**：这个论题涉及语文、地理、历史、科学等跨学科知识，并与学生的高考密切相关。

5. **挑战**：学生遇到的主要挑战为设计实践方案和汇报实践方案。对此，我们采取了教师推荐相关英文网站、设计调查问卷、提供真实的社会实践设计范例、提供及时的任务进展评估等方式来帮助学生克服这些困难。

二、单元理解目标的确定

(一)搜寻行动

启发性议题一旦确定,理解目标就是实现其价值的最直接体现。在这个问题上,美国的威金森博士提出的"逆向设计"教学理论为我们提供了有力的思想工具——我们从单元教学的终极任务开始思考,我们需要给学生提供什么样的帮助与铺垫,才能让他们顺利完成任务。

我们的终极任务比较明确,即学生要以小组为单位提供一份自行设计的"中国传统文化"来参加竞标。我们上网搜集了英美国家的有关中国传统文化的介绍。学生在策划这一方案的过程中,除了需要用到很具体的语言支持外,还要具备查找资料、设计合理的活动等各方面的能力。可见,学生通过完成这个单元的学习,可以收获的东西一定是非常丰富而又实际的。

(二)目标论证

启发性论题是一个任务,所以理解目标就是学生在完成这一任务的过程中逐步需要达到的目标。我们在每一节课上都呈现出学生相应的目标,给师生以任务引导和动力。

三、理解活动的设计与评估

本单元任务是每个小组设计一份完整的中国传统文化方案进行竞标。我们需要帮助学生逐步加以实现,并让学生在完成任务的过程中得到及时、细致的反馈,不断进行修正和调整。理解活动评估的作用在于不断促进教师的教和学生的学,教师可以通过制订评估标准使自己对理解目标有更加清晰、全面、深刻的认识,并在教学过程中判断和衡量学生对于特定目标的掌握程度,进而了解自己教学的效果和进展情况。同时也可以根据标准给学生提出反馈意见,帮助学生更清楚自己的学习进度以及需要加强之处。

课堂活动:问卷调查

1. 活动目标

学生能够清楚自己对中国传统文化的认识程度。

2. 活动学时

1课时

3. 活动流程

(1)学生回顾一下自己所了解的中国传统文化。

(2)完成问卷调查,讨论一个好的关于中国传统文化的调查报告。

(3)学生进行小组交流,发表自己对中国传统文化的意见和想法。

4. 活动评价

(1)学生能在完成英语调查问卷的过程中,学习并认读关于中国传统文化的相关词汇。

(2)学生在小组活动中能表达自己对该话题的想法。

林斌/文

**书海撷英**

居住环境是凭借一己之力可以改变的环境。要打造出能够款待自己的空间。

# 02

| 知 行 篇 |

02
第二篇

# 抽丝剥茧理文脉，提弦勾要明文意

**一、文本简介与设计思路**

（一）文本简介

语言，我们几乎每时每刻都要用，但它的本质是什么，有怎样的发展变化规律，我们却知道得很少，因此可以说对语言既熟悉而又陌生。人教版高三必修五《语言的演变》节选自吕叔湘先生的《语文常谈》，原题是《古今言殊》，包括"语言也在变""语汇的变化""语法、语音的变化"和"从文言到白话"等四个部分。选入课本时，作者删去了第四部分，并将前三部分的小标题改为序数词。原题也改成现在的题目。这段文字以"汉语演变"为例，简明扼要地讲述了词汇发展变化的一般规律。

（二）设计意图

本文是人教版高三必修五的一篇讲读课文。是一篇介绍古今汉语变化发展规律的普及性的事理说明文。它把语言学，特别是现代语言学的研究成果，通过汉语史常识的讲解介绍给普通读者。文章本身既有较高的学术水准，但又考虑到读者的接受水平，就写得深入浅出。学习时，既要考虑到课文"深"的一面，把握住文章的理论框架，让学生懂得一点语言常识；又要考虑到课文"浅"的一面，学习作者是怎样把抽象的、深奥的理论讲得浅显易懂的，让学生摸到阅读事理说明文的门径。

设计思路：本节课拟采用"理文脉、析结构"的方法在梳理文脉的基础上，体会本文巧妙借助"双线结构"简明扼要地让读者体会到汉语言词义演变的复杂性和丰富性。具体的步骤为：明确说明对象→勾画对象特征→理文脉，发现问题→抽丝剥茧，品词炼意→筛选合并信息，双线交叉概括文意。

(三)教学目的

1. 了解汉语词汇的变化特点,热爱本民族语言;
2. 学习阅读长文本的基本方法:理文脉、巧概括。

二、教学过程及说明

(一)导入

先导问题1:明确本节课的学习重点和难点。

如何快速把握篇幅较长的说明文文意,并用简洁准确的文字概括文意是高考现代文阅读的重点,在之前的练习中我们了解了快速把握文意的方法,现在我们一起来回忆一下。

引导学生回答,快速明文意的基本方法是看标题,明对象;重首段,明特征;画语句,理文脉。

接着提出关键问题:在概括文意的过程中,我们遇到的问题有两个,一是不能准确区别重要信息和一般信息;二是不能找到合适的上位概念,准确概括文意。

明确本节课的学习重点:

将以"理文脉、析结构,借助品读关键词"的方法来解决这一问题。

【设计说明】

明确本节课的学习重点,有利于学生迅速进入状态,在初读长文本时就能够第一时间把握说明对象——汉语词语意义的演变,更能有意识地初步勾画表明汉语词语意义变化规律的语句,为下面的快速梳理文脉做准备。

先导问题2:明确梳理文脉、概括文意的原则。

紧紧围绕说明对象的特征,关注影响特征的关键因素:关键词的含义。

引导学生关注本句中的"因而",这是一个表示因果关系的连词,表明下文是上文的结果,因此本段说明对象的特征是词汇含义变化快而显著,其原因是词汇与人们的生活最为紧密,因此在梳理文脉和概括文意时首先要关注词汇与生活的关系,其次要关注作者是如何体现词汇"变化快而显著"的特征的。

(在这里需要说明的词汇就是语汇)

学习的方法:小组合作探究。以小组为单位,交流分享自己"梳理文脉、概括文意"的情况并做好完善工作,确定好本小组的发言人。

【设计说明】

本文节选自吕叔湘先生的《语文常谈》共2496个字,主要谈的是汉语词汇意义的演变。因此阅读时有意关注词汇变化的规律是阅读的关键。但是由于汉语词汇变化与生活密切相关,而生活又是多样的,因此词汇意义的扩大、转移、缩小和感情色彩的变化呈现出千姿百态的特点,再加上词汇本身在演变过程中也有它的独特性,因此要把这些变化通俗易懂的说清楚就需要严谨的逻辑思维和准确的遣词。吕叔湘先生思维缜密,语言洗练,举例典型,分析深入浅出,尤其善用精当的关联词。因此从品读关键的词语入手是理清文脉、理解文意的关键。选择"因而"一词是希望通过引导学生关注句间关系,来理清文脉,学习一种快速准确理顺文脉并概括文意的方法。

(二)小组合作,自主探究

探究作者是如何说明"词汇变化快而显著"的特点的。

探究的方式:

小组交流、分享并整理本组交流的情况;全班交流、分享并探究。

(4 到 5 个同学一组,分工:组长、记录员、发言人等),时间:7—8 分钟

教师巡视、了解学生讨论的情况,随时调控。

探究的步骤:

1. 选择一到两个小组的代表展示本小组交流的成果;

2. 在分享的基础上,引领学生梳理文脉、概括文意。

探究的难点:

第一部分的难点突破:段落的合并,层意的准确概括。

主问题1:这三段是从哪个角度阐述"词汇变化快而显著"的?

(引导学生理解:品读对比关键语句,理清段落关系;合并段意、概括要点)

引导学生分析:

1. 在第二段中举例提到关于"几""案",为什么在第四段又举这两个字,说明什么?

(说明:这两处举例的目的不同,第二段是从生活方式改变,坐具出现,新的词语产生,来说明新词语产生词汇数量增加;第四段是从生活方式改变后,新词语出现,原有的旧词语的意义发生了改变,就"几"而言是词义缩小了。从这两处的分析可以看出第四段是从"词汇意义的变化"这一角度来阐述"词汇变化快而显著"的"。

2. 除此以外,第四段的首句"随着社会的发展,生活的改变,许多字眼的意义也起了变化",引导学生关注"也"字的含义。

"也":在现代汉语中用作副词是指同样的意思,而用作助词是指用在句末表示判断或肯定语气的意思。在这里是副词。既然是"同样"有变化,同什么一样

呢？说明上面的段落是从另一个角度阐述"词汇变化快而显著"的。

由此，不难分析出：

第三段讲的是外来事物带来外来词，比重较小，但是数目可观。转折的语句侧重点在后面，因此得出外来语的出现，使词汇总量增加；

第二段讲的是新事物、新概念的出现，新词语出现，使词汇总量增加；

第一段是讲旧事物、旧概念的消失而消失，因此词汇总量减少。

由此，将这三段的段意进行合并同类项就概括出：

第一段到第三段是从"词汇数量"这一角度来说明"词汇变化快而显著"的。

板书：角度一"词汇数量"说明词汇变化快而显著

3. 深入探究

词汇的变化与生活最为紧密，马的种类没有消失，为什么形容马名称的字会消失呢？

补充：(1)因为在先秦时期，驯马养马发达，这可能和当时战车作战有关系，比如"乘"，一辆车四匹马曰一乘，"千乘之国"指国家国力强大。《鲁颂》的《駉》篇是借写骏马来歌颂鲁僖公爱惜贤才。

(2)在农业社会中，马占有重要的地位，是耕作和交通的重要工具，人们为了便于交流信息，给各种各样的马起了专名由此说明社会生活影响语言的发展。

【设计说明】

此环节的设计是采用纵向抽丝剥茧的方法，从段落中选取关键的实词、虚词，通过词义的品读，段意的理解，使学生明确"并列结构的段落，段意是采用合并同类项的方法。"

主问题2：分析说明"词汇意义的变化"是从哪几个角度阐述的？（生活与词汇意义的关系）

1. 引导学生根据刚才分析的方法，快速阅读4到8段，关注段首句：

第4段：随着社会的发展，生活的改变，许多字眼的意义也起了变化。

第5段：再举两个名称不变而实质已变的例子。

第6段：也有一些字眼的意义变化或事物的名称改变，跟人们的生活不一定有多大关系。

第7段：词义也可以转移。

第8段：词义也会弱化。

2. 引导学生发现这样的规律：

4、6段是从一个角度说明的，即词义的变化与"生活改变"关系的疏密有关。

同时4、5、6、7、8段还有一个角度,即所有的例子都在说明词汇的外形没有改变,但是意义发生了变化:词义缩小(几、床、肉);词义扩大(江、河;菜等);词义转移(坐、钟、涕、信、书等);词义弱化(很、普遍等)。这是从"名同实异"角度说明"词义变化得快而显著"的。

问题:9到11段是从哪个角度说明"词汇变化得快而显著"的?

(引导学生分析)

名异实同:

音节的变化

字形的变化

情感的变化

由此明确4到11段采用的结构是双线交叉式,板书:

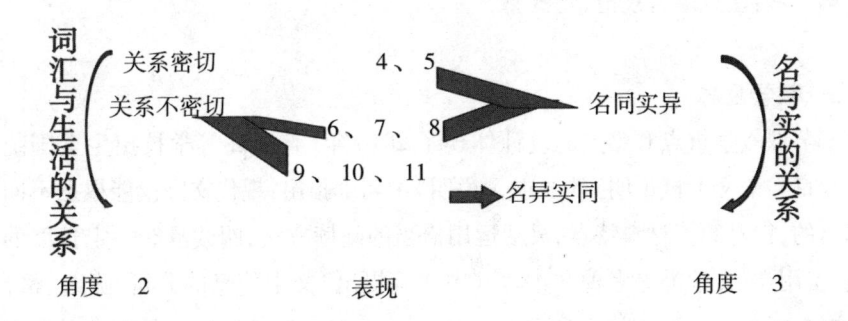

$$
\text{词汇与生活的关系}\begin{cases}\text{关系密切} \rightarrow 4、5 \\ \text{关系不密切} \rightarrow 6、7、8 \rightarrow \text{名同实异} \\ \qquad\qquad\quad 9、10、11 \rightarrow \text{名异实同}\end{cases}\text{名与实的关系}
$$

角度2　　　　　　表现　　　　　　角度3

3. 深入探究:

"词义转移"时,古今义不是并存的,而是由新的意义代替。如"交通",古义为彼此相通,"阡陌交通,鸡犬相闻"。(《桃花源记》)今义是"往来通达"。

讲"词义弱化"时,注意与"词义缩小"比较。弱化,表程度由高到低,由强而弱;缩小,表范围由大变小。以"公"为例,古代用来表爵位、尊称,现代汉语中不用或用得很少了,词义在缩小了。再如"甚",古代表示程度很高,有"太""非常"的意思,语气也很强;现代汉语中说"甚美",虽有"很"的意义,但语气削弱多了。

【设计说明】

该环节的设计有两个目的:

一是为了使学生掌握概括文意的方法:遇到双线结构的文段,要采用交叉概括的方式。

二是运用所学知识,解决实际问题。

第三个环节:小结本节课内容
汉语词汇演变的规律:汉语词汇变化快而显著
　　　　　　　　　　词汇数量与事物的关系
　　　　　　　　　　词汇意义与生活的关系
　　　　　　　　　　词汇名与实的关系

【设计说明】

该环节的设计目的在于巩固总结本节课知识:

快速梳理长阅读的文脉的方法。

第一步:关注题目、首段,每段的首句,并勾画重点语句。

第二步:明了文章(或段落)的基本脉络,根据说明或论述对象及特征,用"合并同类"或"交叉筛选"的方法提取关键词,概括文意。

第三步:注意语言规范,句式整齐。

## 三、教学反思

本节课教学重点和难点的设计体现了2016年《普通高等学校招生全国统一考试北京卷语文考试说明》的要求,《说明》中明确指出:现代文阅读能根据不同的阅读目的,针对阅读材料特点,灵活运用恰当的阅读方法,阅读具有一定长度的论述类、实用类、文学类等多种文本。其中明确提出"文中信息的分析、筛选、整合""文本结构、作者思路的梳理和分析"是重点,在实际教学中这也是难点。在本课的教学中,采用了"理文脉、析结构"的方法,逐层深入,引导学生在理文脉的过程中,关注重点词语和句子的理解,巧妙设疑,引导学生在阅读过程中自主解疑,从而发现文章的巧妙之处。

王学东/文

**书海撷英**

在考虑物品是否应该被留下时,思考的主语是"我",而不是物品。

# 基于数学学科核心素养的自主学习指导

　　基于核心素养的教学要求：强化立德树人观念，更新质量观；强化目标意识，将学科核心素养渗透于学习目标中；着眼教师课程设计能力、课程整合、综合课程建设能力的提升；提倡自主学习，合作交流，探究实践；重视学生发现问题、分析问题、解决问题的能力；培养学生联系生活与社会、跨学科知识与技能的能力等。下面结合"对数函数及其性质（第一课时）"教学设计，谈谈基于数学学科核心素养的自主学习指导。

【教学目标】

水平1：

(1) 了解对数函数的概念；

(2) 会用描点法画出函数 $y=\log_2 x$，$y=\log_{\frac{1}{2}} x$，$y=\log_3 x$ 及 $y=\log_{\frac{1}{3}} x$ 的图象；

(3) 类比指数函数性质的研究，得出对数函数的性质。

水平2：

(1) 能从指数与对数间的联系，理解对数函数，会从联系变化的角度思考问题；

(2) 能从特殊的对数函数的图象，联想一般对数函数的图象的变化，体会从特殊到一般的思维方法；

(3) 能观察出对数函数的图象特征，并由此概括出对数函数的性质，感受数形结合的思想的运用。

水平3：

(1) 能应用对数函数的图象性质求一些和对数相关函数的定义域，并能从中提炼一般的解题方法；

(2) 能利用对数函数的单调性，比较两对数值的大小，把不熟悉的问题转化为熟悉的问题来解决。

水平4：

（1）能灵活应用对数函数的性质，解决一些指数函数与对数函数的综合问题；

（2）能从对数函数的学习中，体会研究函数的一般方法，具备一定的自主探究的能力。

【教学重点】对数函数的图象及性质

【教学难点】探究归纳对数函数的性质

【教学方法】课前自主学习，课上合作探究，梳理引导

设计说明：

教学目标是教学活动所要达到的标准或质量规格，是一切教学活动的出发点和归宿，教学目标的有效确立与规范描述，是主导性课堂教学方案从经验型教案走向科学化教学设计的关键。明确、具体、可测是课时教学目标的具体特征，根据美国教育家马扎诺的教学目标理论，本课设计了上述教学目标四水平。

为了有效指导学生自主学习，我设计了如下预学案：

2.2.2 对数函数及其性质（一）预学案

【预习目标】

1. 了解对数函数的概念；

2. 会用描点法画出函数 $y=\log_2 x, y=\log_{\frac{1}{2}} x, y=\log_3 x$ 及 $y=\log_{\frac{1}{3}} x$ 的图象；

3. 类比研究指数函数性质的过程，得出对数函数的性质。

【预习内容】

1. 对数函数的定义

一般地，我们把函数 _____ 叫作对数函数，其中 x 是自变量，函数的定义域是 _____ 。

我想到了：

2. 在同一坐标系中，用描点法画出函数 $y=\log_2 x, y=\log_{\frac{1}{2}} x, y=\log_3 x$ 及 $y=\log_{\frac{1}{3}} x$ 的图象。

我想到了：

3. 对数函数的图象与性质（表1）

表1

| 定义 | $y=\log_a x(a>0,且 a\neq 1)$ ||
|---|---|---|
| 底数 | $a>1$ | $0<a<1$ |
| 图象 | | |
| 定义域 | | |
| 值域 | | |
| 单调性 | | |
| 共点性 | | |
| 函数值特点 | | |
| 对称性 | | |

我想到了：

【预习检测】

1. 课本 73 页练习 2,3

2. 比较下列各组数中两个值的大小：

(1) $\log_2 5$, $\log_7 5$；　(2) $\log_3 5$, $\log_6 4$

设计说明：

学科核心素养的教学要求倡导学生自主学习,重视发现问题能力的培养。帮助所有学生都有明确的预习目标,避免预习的盲目性,在预习案中设计了预习目标、预习内容等项目,让学生知道要预习什么,需要做些什么,怎么做,指导学生学会自主学习。设计学生用描点法画图的环节,是学生获取知识的重要经历与体验过程。为了培养学生的问题意识,在每个项目后面都设计了"我想到了…"栏目,启发学生主动思考,大胆发问,自主领悟。这样的设问没有标准答案,只要想得合乎情理就是好的想法,以此来训练学生的发散思维。

【教学过程】

一、检查学生课前预习情况,用PPT展示课前预习要点:

1. 对数函数的定义

一般地,我们把函数 $y = \log_a x\,(a > 0,且\,a \neq 1)$ 叫作对数函数,其中 $x$ 是自变量,函数的定义域是 $(0, +\infty)$。

2. 在同一坐标系中,用描点法画出函数 $y = \log_2 x$,$y = \log_{\frac{1}{2}} x$,$y = \log_3 x$ 及 $y = \log_{\frac{1}{3}} x$ 的图象。(图1)

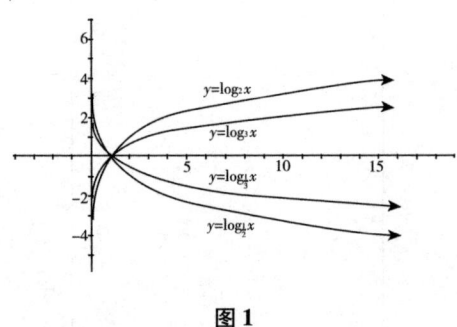

**图1**

3. 对数函数的图象与性质(表2)

表2

| 定义 | \multicolumn{2}{c}{$y = \log_a x\,(a > 0,且\,a \neq 1)$} ||
|---|---|---|
| 底数 | $a > 1$ | $0 < a < 1$ |
| 图象 | $y = \log_a x\,(a>1)$ 图象 | $y = \log_a x\,(0<a<1)$ 图象 |
| 定义域 | \multicolumn{2}{c}{$(0, +\infty)$} ||
| 值域 | \multicolumn{2}{c}{R} ||
| 单调性 | 在 $(0, +\infty)$ 上是增函数 | 在 $(0, +\infty)$ 上是减函数 |
| 共点性 | \multicolumn{2}{c}{图象过点 $(1, 0)$,即 $\log_a 1 = 0$} ||

续表

| 函数值特点 | $x\in(0,1)$时,$y<0$<br>$x\in(1,+\infty)$时,$y>0$ | 时,时,$y<0$ |
|---|---|---|
| 对称性 | 函数 $y=\log_a x$ 与 $y=\log_{\frac{1}{a}} x$ 的图象关于 $x$ 轴对称 ||

设计说明：

这个环节帮助学生梳理本节课的学习内容,把握知识脉络,达到教学目标的最低水平,完成教学的基本目标,初步了解对数函数的图象及其性质。

二、小组合作,讨论课前自己思考的问题;小组代表汇报讨论成果;教师梳理引导。

设计说明：

基于数学学科的核心素养的课堂教学不仅是传授知识,培养技能,而且要帮助学生形成良好的学习习惯,启发学生独立思考,关注学生对知识的理解,关注学生思维的达成,帮助学生积累逻辑思维的经验和实践的经验。哲学家詹姆斯说过:"人类本质中最殷切的要求是渴望被肯定。"对人的本性的科学揭示,就给数学学科教育者一个启迪:在实施数学教学时就必须要以学生为核心,以学生为本,也就是必须尊重、理解和信任每一个学生。给学生足够的时间和空间,促进他们自学、提问、思考、讨论、表达,让学生有更多的机会直接面对原生态的问题情境,有更多自己原生态的思维介入。设计小组成员相互交流,引导每个学生参与课堂教学活动,进行积极的自主探索,可以初步解决学生在预习过程中遇到的困难,激发了学生学习数学的兴趣;小组代表汇报讨论成果,既启发学生思考,自主领悟新知,又锻炼学生用自己的语言描述数学的知识的能力;通过教师梳理引导,促使学生对自己的学习进行调控,提炼学习方法,促进学生思维、表达、交流诸能力协同发展。交流的过程,是师生的情感交流、思维碰撞的和谐构建过程,它本身就是相互学习,相互启发的过程,也是开放的教学过程。

在备课的过程中,我设想学生可能想到的问题,对这部分内容做了如下预案:

1. 对数函数的定义预案:

①由 $y=\log_a x \Leftrightarrow a^y=x$,可知 $a>0$,且 $a\neq 1$;$x>0$,函数定义域为 $(0,+\infty)$;$y\in R$,函数的值域为 $(-\infty,+\infty)$

②求函数的定义域时,要求真数大于零;

③判断一个函数是对数函数,考察是否形如 $y = \log_a x (a > 0$ 且 $a \neq 1)$。

2. 四个特殊函数 $y = \log_2 x, y = \log_{\frac{1}{2}} x, y = \log_3 x$ 及 $y = \log_{\frac{1}{3}} x$ 的图象预案:

①由 $y = \log_2 x$ 与 $y = \log_3 x$ 图象,可以联想到底数大于 1 的任意两个对数函数图象间的相对位置关系,如 $y = \log_5 x$ 与 $y = \log_7 x$;

同样由 $y = \log_{\frac{1}{2}} x$ 与 $y = \log_{\frac{1}{3}} x$ 图象,可以联想到底数大于 0 小于 1 的任意两个对数函数图象间的相对位置关系,如 $y = \log_{\frac{1}{5}} x$ 与 $y = \log_{\frac{1}{7}} x$;

②从左向右看,底数 $a > 1$,图象是逐渐上升的;底数 $0 < a < 1$,图象是逐渐下降的(用几何画板演示);

③函数 $y = \log_2 x$ 与 $y = \log_{\frac{1}{2}} x$ 的图象关于 $x$ 轴对称,函数 $y = \log_3 x$ 与 $y = \log_{\frac{1}{3}} x$ 的图象关于 $x$ 轴对称,进一步猜想函数 $y = \log_a x$ 与 $y = \log_{\frac{1}{a}} x$ 的图象关于 $x$ 轴对称;

④对数函数凹凸性:函数 $f(x) = \log_a x, (a > 0, a \neq 1), x_1, x_2$ 是任意两个正实数。

当 $a > 1$ 时,$\dfrac{f(x_1) + f(x_2)}{2} \leq f(\dfrac{x_1 + x_2}{2})$;当 $0 < a < 1$ 时,$\dfrac{f(x_1) + f(x_2)}{2} \geq f(\dfrac{x_1 + x_2}{2})$。

3. 对数函数的图象与性质预案:

①由图象的特征,可看出函数的性质;

②不同底数对函数图象的影响:在同一坐标系内,当 $a > 1$ 时,随 $a$ 的增大,对数函数的图像愈靠近 $x$ 轴;当 $0 < a < 1$ 时,对数函数的图象随 $a$ 的增大而远离 $x$ 轴;(见图 2)

③关于对数式 $\log_a N$ 的符号:以 1 为分界点,当 $a, N$ 在 1 的同侧时,$\log_a N > 0$;当 $a, N$ 在 1 的异侧时,$\log_a N < 0$;

④一般函数的研究方法:画出函数图象,结合图象研究函数性质。

研究内容:定义域、值域、特殊点、单调性、最大(小)值、奇偶性、对称性。

图 2

设计说明:

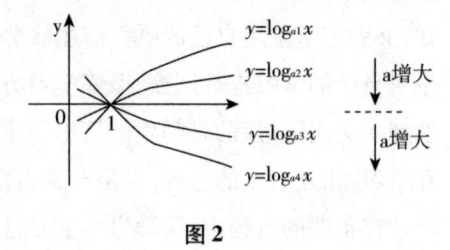

这样的预案,可能不能涵盖学生的所有想法,也可能学生没有想到这样的问

题,但作为教师要尽可能地去钻研教材,挖掘教材,站在学生的角度去合理想象,让学生感到知识方法问题是自然生成的。

### 三、例题分析

重点分析解题思路,强调规范步骤,提出新的思考。

【例1】求下列函数的定义域:

(1) $y = \log_a x^2$ ($a > 0$ 且 $a \neq 1$)

(2) $y = \log_a (4-x)$ ($a > 0$,且 $a \neq 1$)

【解析】由对数的定义知: $x^2 > 0, 4-x > 0$,解出不等式就可求出定义域。

(1)因为 $x^2 > 0$,即 $x \neq 0$,所以函数 $y = \log_a x^2$ 的定义域为 $\{x | x \neq 0\}$;

(2)因为 $4-x > 0$,即 $x < 4$,所以函数 $y = \log_a (4-x)$ 的定义域为 $\{x | x < 4\}$。

【总结】求与对数式有关的函数的定义域时,要考虑到真数大于0,底数大于0且不等于1。若底数和真数中都含有变量,或式子中含有分式、根式等,在解答问题时需要保证各个方面都有意义。一般地,判断类似于 $y = \log_a f(x)$ 的定义域时,应首先保证 $f(x) > 0$。

【例2】比较下列各组数中两个值的大小:

(1) $\log_2 3.4, \log_2 8.5$

(2) $\log_{0.3} 1.8, \log_{0.3} 2.7$

(3) $\log_2 5, \log_7 5$

(4) $\log_3 5, \log_6 4$

(5) $\log_a 5.1, \log_a 5.9$ ($a > 0$,且 $a \neq 1$)

【解析】(1)因为函数 $y = \log_2 x$ 在 $(0, +\infty)$ 上是增函数,且 $3.4 < 8.5$,所以 $\log_2 3.4 < \log_2 8.5$;

(2)因为函数 $y = \log_{0.3} x$ 在 $(0, +\infty)$ 上是减函数,且 $1.8 < 2.7$,所以 $\log_{0.3} 1.8 > \log_{0.3} 2.7$;

(3)方法一:利用不同底数的对数函数图象间的关系。

函数 $y = \log_2 x$ 和 $y = \log_7 x$ 的图象如图3所示。

当 $x > 1$ 时, $y = \log_2 x$ 的图象在 $y = \log_7 x$ 的图象上方,

这里 $x = 5$, $\therefore \log_2 5 > \log_7 5$。

方法二:利用换底公式。

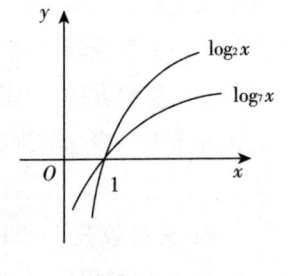

图3

因为 $0 < \log_5 2 < \log_5 7$，所以 $\dfrac{1}{\log_5 2} > \dfrac{1}{\log_5 7}$，即 $\log_2 5 > \log_7 5$

方法三：引进中间量。

因为 $\log_2 5 > \log_2 2 = 1 = \log_7 7 > \log_7 5$，所以 $\log_2 5 > \log_7 5$

(4) $\because \log_3 5 > \log_3 3 = 1 = \log_6 6 > \log_6 4$，

$\therefore \log_3 5 > \log_6 4$

(5) 对数函数的增减性决定于对数的底数 $a$ 是大于 1 还是小于 1，因此需要对底数 $a$ 进行讨论。

方法一：当 $a > 1$ 时，$y = \log_a x$ 在 $(0, +\infty)$ 上是增函数，且 $5.1 < 5.9$，所以，$\log_a 5.1 < \log_a 5.9$

当 $0 < a < 1$ 时，$y = \log_a x$ 在 $(0, +\infty)$ 上是减函数，且 $5.1 < 5.9$，所以，$\log_a 5.1 > \log_a 5.9$

方法二：转化为指数函数，再由指数函数的单调性判断大小，

令 $b_1 = \log_a 5.1$，则 $a^{b_1} = 5.1$，令 $b_2 = \log_a 5.9$，则 $a^{b_2} = 5.9$，

当 $a > 1$ 时，$y = a^x$ 在 R 上是增函数，且 $5.1 < 5.9$，

所以，$b_1 < b_2$，即 $\log_a 5.1 < \log_a 5.9$。

当 $0 < a < 1$ 时，$y = a^x$ 在 R 上是减函数，且 $5.1 < 5.9$

所以，$b_1 > b_2$，即 $\log_a 5.1 > \log_a 5.9$。

【总结】比较两个对数值的大小的基本方法是：

(1) 比较同底的两个对数值的大小，常利用对数函数的单调性。

(2) 比较同真数的两个对数值的大小，常有两种方法：

①利用不同底数的对数函数图象间的关系；

②利用换底公式化为同底的对数，再利用对数函数的单调性和倒数关系。

(3) 若底数与真数都不同，常可考虑寻找一个恰当的中间量来比较大小。

设计说明：

新知识的理解，需要在新知识的应用及新旧知识的联系过程中深化。美国教育学家克罗韦尔指出："教育面临的最大挑战，不是技术，不是资源，不是责任感，而是……去发现新的思维方法。"例题教学要重视引导学生把握数学知识本质，感悟数学的思想方法，积累解决问题的经验，养成思考分析的习惯。上面两个例题的指导重点是概念的理解，方法的领会。

### 四、分享收获

本节课你学到了哪些知识？体会到哪些思想？感受到哪些方法？

知识:对数函数的定义,图象及性质
方法:定义→图象→性质→应用
思想:数形结合,分类与整合,特殊与一般,化归与转化

**五、当堂检测(略)**

设计说明:

课堂小结应突出教学目标,突出要点;既要有知识要点的小结,还要有思想方法的小结。

数学学科的核心素养包括数学抽象、逻辑推理、数学建模、数学运算、直观想象、数据分析等六个方面,课堂教学是数学学科核心素养培养的主要途径,而自主学习又是课堂教学的重要途径。只要我们坚持人本教育的理念,积极指导学生自主学习,用心培养学生学会用事实、实证、逻辑、推理和论证进行思维的能力,着力培养学生独立、独特、个性、新颖的思维和想象能力,必将促使学生形成并发展数学学科核心素养,实现立德树人的愿景。

贾应红/文

**书海撷英**

拓展教学边界之四:超越区域性观念——全球化的理念、问题与学习。教师们的注意力已经不再局限于地区或国家事务,而是拓展到了国际问题。例如,世界史、全球金融贸易体系或培养世界公民的潜在意义等。

# 以建构主义指导小说阅读，
# 培养高中生英语核心素养

## 1. 背景
### 1.1 英语学科的核心素养
全球化进程的加速使越来越多的人意识到英语作为语言交流工具的重要性，英语课程改革更进一步提出了通过外语教学来培养学生的核心素养的要求，引发了教育者们对核心素养的思考。研究者们指出，核心素养应当包括两个方面，即认知的与非认知的。认知方面指的是学术、知识，非认知方面则是指价值观、情感态度等。21世纪技能可以包括3方面，即学习和创新技能，信息、媒介与技术技能，生活与职业技能；另外，批判性思维能力、解决复杂问题的能力、创造性的思考能力等等，也都属于今后培养核心素养中应包括的内容。(龚亚夫，2015)这要求教师摒弃以往以"考试"为中心，以"课本"为纲要的传统教学模式，重新审视英语教学及培养目标。在传统的英语教学模式中，教师在很大程度上依赖教科书，较少结合实际充实一些必要的英美文化背景知识等，使教学失去弹性，因而也就失去了许多功能性和时效性。从2015年9月起，笔者在高一教学中引入了小说阅读这一内容，使用《典范英语》9作为校本教材。该教材语言地道，内容丰富，具有英语语言国家的文化特征，非常有利于培养学生综合运用英语的能力，而且该系列小说语言灵活，话题新颖，更偏向于英语语言国家的价值观和文化意识。阅读原版小说，使学生不出国门，就能和西方学校的学生们接受同样的英语学习教育，在潜移默化中提升学科素养。在教学模式上，笔者进行了这样的探索，设计课堂外的自主学习任务，让学生完成小说的阅读。同时，在"小说鉴赏"的课堂上，设计任务，让学生对小说内容进行反思及内化，通过不同形式的讨论和展示对阅读的内容进行输出。

## 1.2 以建构主义学习理论指导学生课外阅读教学

学习是一个人获取知识的过程。英语核心素养提出英语教育的价值在于促进人的心智发展,有意识的自主学习应该是心智发展的一部分。建构主义学习观认为:知识不是通过教师传授得到的,而是学习者在一定情境即社会文化背景下,借助其他人(包括教师和学习伙伴)的帮助,利用必要的学习资料,通过意义建构的方式而获得。英语的课堂外进行的阅读活动是一种学习行为,具备建构主义学习观所提出的这几个因素。首先,学生的自主阅读过程是自己获取知识的过程。整个小说的阅读使学生在概括阅读主旨、复现单词和文化意识等方面都得到了潜移默化的提高。在面对生词的时候,没有教师讲解,学生或者借助工具书来查找单词,这是有意识地在获取学习资料。如果不查单词,学生也会通过上下文有意识地猜测词义,这是很好的英语学习策略的培养。本次公开课学生讨论的这部小说 Black Dan,有一些描写动物动作、神态和声音的句子,很多学生并没有查找词典,而是基于生活中养宠物的经历做出了正确的判断。

培养学生阅读的内动力。根据建构主义学习理论关于"自主建构"的观点,在课外阅读指导中,应由过去注重教师的"外部输入"转变为关注学生内部动力的生成,强调如何使学生想读。为此,要关注学生阅读动机的生成。《典范英语》系列小说都以十几岁的孩子为主角,反映孩子学习和生活的经历,内容、形式与学生的心理需求有相似性,就能使学生产生共鸣,激发起阅读的动机。语言上以生活化的词汇句式为主,迎合学生的阅读兴趣,有的语言略高于学生的理解能力但多数在学生的可理解范围内。

关注学生课外阅读成就感的生成。实践证明,当一个人的行为产生积极的自我体验,同时又得到他人肯定时,他的人格就能正常发展。学生的课外阅读活动中,适时组织有趣的活动,让学生展示自己通过课外阅读所获得的新信息,并给予其积极的评价,学生就能看到自己的进步,获得成功的快乐,从而激发自己再去阅读,使自己的认知水平达到一个新的高度。在学生阅读《典范英语》的每一本小说后,笔者组织了多种活动,通过合作阅读、相互交流、分组讨论、正反争辩等形式,让学生充分释放自己的积累,展示自己的收获,感受到课外阅读给自己带来的成就与快乐,从而形成愉悦的课外阅读氛围。

同时,课外阅读也锻炼了学生解决复杂问题的能力。遇到阅读中的长难句,学生要想办法解决,求助他人或者自己查找,都是学生需要解决的任务;阅读时间的获取,阅读任务和各学科作业的平衡,都有助于学生去分析和解决问题。为此,在外语课外阅读指导过程中,以建构主义理论为指导,可以提高课外阅读效益,同时也促进了学生外语学科素养的形成。

**2. 以建构主义指导小说阅读的实例**

**2.1 课题分析**

本课是小说阅读赏析课。Stevie 一家搬到森林边缘的一个小茅屋里。在这里,他们遇到了一只名叫 Black Dan(布莱克·丹)的狗。Stevie 很喜欢它并且收养了它。这是一个用于比赛的狗,以前的主人是老比利(森林管理员告诉 Stevie 的)。老比利有七只名叫 Black Dan 的狗,布莱克丹是第七条,所以又名 Black Dan Seven(布莱克·丹 7 号)。其余的六条在比赛失利后或老去后,老比利就会喂给它们有毒的肉丸从而害死它们,但布莱克丹 7 号不吃并且逃走了,算是个幸存者。在茅屋的第一个晚上 Stevie 就听到了凄厉的叫声,听起来像是狗的呻吟和咆哮。Stevie 在他卧室的窗户也看到了六对红色的眼睛。布莱克·丹 7 号在屋子内也非常得挣扎,非常想出去。第二天,Stevie 告诉他的父亲这些奇怪的事情,但他的父亲不关心这些。Stevie 带着布莱克·丹去森林里散步了,他们遇到森林管理员,他告诉 Stevie 老比利做的那些丧心病狂的事情。Stevie 开始怀疑那六双眼睛可能是死去的那六只狗的灵魂。就在当天晚上,嚎叫和呻吟声再次出现。布莱克丹 7 号从门缝里逃出,冲入森林。Stevie 跟着跑了出去,并且最后在森林里迷了路,被那六只幽灵狗包围了。危急时刻,布莱克丹 7 号及时赶来救了 Stevie,并且朝着那六只幽灵狗吠叫。之后,那六只幽灵狗消失了。关于小说中幽灵狗的存在与否是"仁者见仁,智者见智"的讨论,也是小说阅读的魅力所在。本篇小说旨在引导学生珍惜生命,爱护动物;鼓励学生在生活中用积极的心态对待恐惧,勇于战胜恐惧。课前学生已经阅读过小说,课堂上笔者给学生提出了一些深入探讨小说主题的问题,让学生带着这些问题对书中的有关章节做进一步的阅读,再进行讨论。通过这样的问题引发学生的学习兴趣和主动探索精神,再通过展开讨论,把对有关教学内容的理解逐步引入深层,从而让学生读懂了本篇小说的主旨实际上是人和动物的真挚情感。在这样的教学环境中,学生始终处于主动探索、主动思考、主动建构意义的认知主体位置,但是又离不开笔者事先所做的、精心的教学设计和在协作学习过程中的引导。

**2.2 情景设置**

建构主义理论的内容很丰富,但其核心只用一句话就可以概括:以学生为中心,强调学生对知识的主动探索、主动发现和对所学知识意义的主动建构。在本节课的一开始,笔者让学生观察小说 Black Dan 的封面和题目,让学生讨论:为什么封面上有一群狗,而小说的题目却看上去像是一只狗的名字?这群狗和 Black Dan 是什么关系?然后让学生回忆小说的主要角色,学生一致认为主人公是男孩 Stevie。笔者问学生,为什么小说的主人公是 Stevie,而小说的题目却是狗的名字,Stevie 和狗 Black Dan 是什么关系?在课的开始,学生对这些问题的回答流于表面,提炼的是小说中事实性的信息。教师先肯定学生对小说事实信息做了正确的提取,同时把这些问题留下,让学生通过深入阅读后再次回答。这样,通过创设问题情景,使学生发现问题,引导他们对小说内容做深层次的探究。

### 2.3 教学方式设计

建构主义的情境性学习理论强调在教学中把所学的知识与一定的真实任务情境或模拟的任务情境联系起来,让学生解决情境性的问题。由于问题自然而然地产生于真实而复杂的背景中,使学生感受到问题与背景相关联的同时,也感受到问题是自己的,而非教师强加的。呈现在学生面前的问题就成为一种特定的学习任务,而解决这些问题就构成了学习活动。在这节公开课上,笔者在课堂设计上采用了"整体输入、整体感悟、整体输出"这一教学手段为学生创造一种丰富、真实、轻松、自然的语言环境,让学生在这样的语言环境中整体感知语言,融合了语言知识和语言技能的学习。

基于建构主义布置课堂合作学习

建构主义的教学观强调合作与交流的作用:学习者以自己的方式建构对事物的理解,因而世界上不存在唯一的标准理解,但学习者的合作可以是理解更加丰富和全面。在本节公开课上的课外阅读汇报环节中,笔者设计了"阅读角"的活动,四名学生组成一个阅读小组,每人负责一个角度,从不同角度把读到的内容进行交流。一名同学负责介绍故事,根据图片介绍小说中相应内容;一名同学负责分析人物性格,对小说中的主要角色进行性格分析;一名同学负责语言,挑出小说中描写生动的语言并分析语言特色;还有一名同学负责提问题,针对小说内容进行提问,引导大家对小说进行深层次讨论。每一节课按顺时针调整,保证学生轮流完成不同的任务。通过合作学习,交流与合作的能力也得到了提高,也有助于核心素养的培养。

以建构主义设计学生的课堂讨论

本节课的一开始,笔者提出的有关本书封面和主人公的问题引导学生带着这些问题对书中的有关章节做进一步的阅读。通过这样的问题发掘学生的学习兴趣和主动探索精神,再通过展开讨论,把对有关教学内容的理解逐步引入深层。经过"阅读角"的讨论后,学生对小说的内涵有了深刻的理解。在公开课的结尾,学生读懂了本篇小说描绘了人和动物的真挚情感,那么笔者就引导学生回到课堂开始的问题:为什么小说的题目是狗的名字?学生做出了这样的回答:其实小说的中心角色是 Black Dan。Black Dan 是七只狗的统称,揭示了老比利对狗的迫害,是人和动物不和谐因素的表现;同时,Black Dan7 号与 Stevie 的故事又体现了人和动物的和谐。所以,这个题目蕴含着小说的主题。理解了文章的题目后,笔者给学生布置了这样的任务:让学生为小说重新设计一个题目,并设计相应的封面。这样,学生基于对小说的理解,自然而然地就给出了 Human and Animal, Protection, Endless love 等题目并配上了体现人和动物关系的封面。这是一个开放的任务,没有唯一的固定的答案,对任务的解读和完成的过程就是学生把自己置身于情境中潜移默化获取知识的过程。

以上是笔者基于建构主义设计小说阅读鉴赏课的尝试。作为语言学习的指导思想,建构主义在英语教学中尚有更广阔的领域等着研究者们去开拓,去研究,以切实改变陈旧的教学方法,积极培养学生的兴趣,引导学生主动参与、乐于探究、勤于动手,培养学生搜集和处理信息的能力、获取新知识的能力、分析和解决问题的能力以及交流与合作的能力,最终提高学生素养。

吕寅梅/文

**书海撷英**

选择物品的窍门,不是"能不能用",而是"我要不要用",这一点必须铭刻在心。

# 专题复习课中的模型构建及数理整合分析

### 一、教学背景

（一）对于科学思维素养的理解

物理核心素养是学生在接受物理教育过程中逐步形成的适应个人终身发展和社会发展需要的必备品格和关键能力，是学生通过物理学习内化的带有物理学科特性的品质，我国的高中物理课程从物理观念、科学思维、实验探究、科学态度与责任等四个方面界定物理学科核心素养。

科学思维在物理学中的突出体现是一种理想化思维，其内涵是从物理学视角对客观事物本质属性、内在规律及相互关系的认识方式，对物理学中基础理论、理想模型和经验事实之间关系的理解。

在培养科学思维的过程中，要求学生能根据研究问题和情境，在一定条件下对客观事物进行抽象和概括，构建便于研究的、能从主要方面反映事物本质特征和共同属性的物理模型和概念。

科学思维的培养，还要求学生能正确使用分析综合、归纳演绎、抽象概括等方法，从定性和定量两个方面进行科学推理，形成物理规律及理论，解释自然现象和解决实际问题。在定量推理过程中，数学方法在物理中的应用显得尤为重要。

（二）学生的物理建模能力现状

我们处理实际问题时，常常需要从物理情景中发现物理问题，提出研究思路或解决方案，构建适当的简化模型，并应用恰当的研究方法得出结论，这个过程称为物理建模。中学阶段的物理模型一般分为物质模型、状态模型、过程模型等三类。

物质可分为实体物质和场物质。学生熟知的实体物质模型有力学中的质点、轻弹簧、弹性小球等，电磁学中的点电荷、平行板电容器等，热学中的理想气体等。匀强电场、匀强磁场等都是典型的场物质模型。

研究理想气体时,气体的平衡态;研究原子物理时,原子所处的基态和激发态等都属于状态模型。

在研究质点运动时,如匀速直线运动、匀变速直线运动、匀速圆周运动、平抛运动、简谐运动等;在研究理想气体状态变化时,如等温变化、等压变化、等容变化、绝热变化等;还有一些物理量的均匀变化的过程,如某匀强磁场的磁感应强度均匀减小、均匀增加等,都属于理想的过程模型。

高二年级的学生,通过一年多的高中物理学习,已接触大量的物理模型,并初步具备物理建模能力。

(三)数学在高中物理中的应用

物理学是运用数学思想和数学方法最充分、最成功的一门科学。张宪魁教授在《物理学方法论》中阐述道,"对物理学而言,数学是发现物理学规律的工具,数学是表达物理学内容的精确语言,数学是分析物理学数据的手段,数学是预见物理学事实的途径"。具体而言,数学在物理中的应用主要体现在如下几个方面:

1. 数学是创立和发展物理学理论的主要工具

物理学的发展离不开数学,很多物理学中的发现都是数学方法和物理思想巧妙结合的产物。经典物理中的原理、定律往往是直接从实验概括抽象出来的,首先是物理量的测定,然后再通过大量的数学分析、归纳建立物理量之间的联系——数学关系式。例如,开普勒用十余年的时间分析第谷的天文观测数据提出行星运行的椭圆模型,牛顿凭借高超的数学能力论证了开普勒定律的正确性。在近代物理学的发展历程中,利用数学方法对物理规律进行演绎推理、预见未知事实的事例不胜枚举,例如,爱因斯坦利用质能方程预示了原子核聚变或裂变时巨大核能的释放,麦克斯韦方程组预言了电磁波的存在。

2. 数学是表达物理概念、物理规律最简明而准确的语言

数学为物理提供了一种简洁而准确的形式化的语言。牛顿的代表著作《自然哲学的数学原理》,采用数学语言对力学的基本定律做了科学的系统的论述。高中物理中概念的建立和定律的表达大多凭借数学语言来实现,例如,速度、密度、电场强度、磁感应强度等物理量都是通过比值的方法定义的,牛顿第二定律、欧姆定律、法拉第电磁感应定律等定律都可以用简洁的方程来表述。

3. 数学为物理学提供了定量分析的手段

在应用物理知识解决生产和生活中的实际问题时,若没有对物理量变化情况的定量分析和计算,就不能准确掌握其变化规律。在中学物理阶段,数学计算方法主要集中在初等数学,例如:方程、比例、三角函数、不等式、最值和极值、极限、

数列、几何知识、矢量运算、函数图象等。随着数学新课程标准的实施,学生在高中阶段初步接触导数和定积分,这为用微元法处理物理问题提供了强大的数学工具。

二、课例设计

(一)教学设计意图

1. 借助"等效替代"的思想方法,类比重力场中的运动模型,形成对等效重力场中相关概念的理解,如等效重力加速度、等效最低点、等效最高点,从而实现知识的顺向正迁移。

2. 整合相关的数学思想,构建函数解决等效重力场中的极值问题。

(二)教学环节设计

【知识回顾】重力场中物体的运动

* 如图 1 所示,小球静止,求细线拉力 F 的大小;
* 如图 2 所示,小球初静止,剪断细线后,小球如何运动?
* 如图 3 所示,小球由图示位置无初速释放,求其最大速率 $v_m$;
* 如图 4 所示,小球做斜抛运动,求其最小动量 p;
* 如图 5 所示,小球在竖直面内做圆周运动,求其最低点速度 $v_0$ 的最小值。

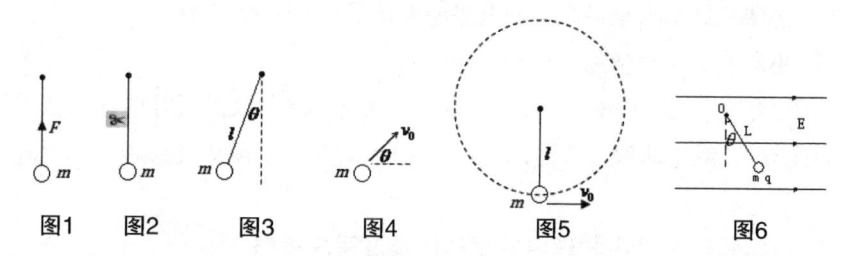

图1  图2  图3  图4  图5  图6

说明:学生课前完成,课上汇报交流。

【活动一】带电体在等效场中的直线运动

【模型题】如图 6 所示,将质量为 m、带电量 q > 0 的小球用细线悬挂在水平方向的匀强电场中,平衡时细线与竖直方向的夹角 θ = 37°,求:

①场强 E 的大小。

②若将细线剪断,小球将如何运动?

说明:类比重力场中的平衡和自由落体运动。

【活动二】等效摆模型中的极值问题

③向左拉动小球使细线处于竖直方向（仍绷紧），然后将小球由静止释放，求其最大速率 $v_m$。

说明：类比重力场中的单摆运动，采用等效替代、函数极值等两种方法求解。

【活动三】竖直面内的圆周运动

④若对静止于图示位置的小球施以沿切线方向的瞬时冲量，小球获得初速度 $v_0$，此后刚好可以在竖直面内做完整的圆周运动，求 $v_0$ 的大小。

说明：类比重力场中的圆周运动，运用动能定理、向心力等知识，采用等效替代方法求解。

【课后思考】

（等效场中的抛体问题·2005 北京理综）真空中存在空间范围足够大的、水平向右的匀强电场。在电场中，若将一个质量为 $m$、带正电的小球由静止释放，运动中小球的速度与竖直方向夹角为 $37°$（取 $\sin37° = 0.6$，$\cos37° = 0.8$）。现将该小球从电场中某点以初速度 $v_0$ 竖直向上抛出。求运动过程中：

(1) 小球受到的电场力的大小和方向；

(2) 小球从抛出点至最高点的电势能变化量；

(3) 小球的最小动量的大小和方向。

说明：类比重力场中的斜抛运动，采用等效替代、函数极值等两种方法求解。本题难度较大，留作课后思考题，学生充分思考后在后续课堂交流。

### 三、数学知识在高中物理中应用的困难及解决策略

（一）数学知识在高中物理中应用的困难

现行的《普通高中物理课程标准（实验）》旨在提高学生科学素养，促进学生全面发展，在课程具体目标中明确要求学生"通过物理概念和规律的学习过程，了解物理学的研究方法，认识物理实验、物理模型和数学工具在物理学发展过程中的作用"。鉴于数学方法贯穿了物理概念和规律的创立、发展、应用的各个环节，不难发现，新课程标准把数学在物理学中的应用放在了非常突出的地位。

物理的事实和过程比较复杂，物理概念的表述非常严谨，物理规律的运用非常灵活，物理学习对数学工具的要求比较高，这些因素不可避免地提升了物理学习的难度。通过对师生的调查研究和查阅相关研究资料，研究者发现，数学能力

不足往往成为学生学习物理的最大障碍。究其原因,有如下三个方面:

1. 数学、物理课程的衔接问题造成的学生数学基础不足

数理间相互协调的问题自分学科之始就存在。在数学课程的编制过程中,编制人员会适当考虑其他学科对数学内容和教学顺序的要求;物理课程编制者也会考虑学生的数学基础。但是,数学课程的编制要考虑数学学科自身的逻辑需要,不能完全顾及其他应用学科的需求。这样,物理课程学习中数学基础不足的情况就会存在,这一事实必然造成物理学习的困难。

2. 知识迁移的困难

迁移是一种学习对另一种学习的影响。数学知识在物理情境中的迁移,就是将数学知识从抽象的理想化的情境中迁移运用于实际的物理情境中。

物理中的数学,与纯数学中的数学有很大区别。数学语言作为物理工具,在物理情境和规律中被赋予了具体的物理含义,它反映物理量的数量关系和变化规律,必须以物理事实作为公式的外延。例如,注意公式的适用条件,要区分变量与常量,注意物理量的取值范围、单位和有效数字,准确理解物理量前正负号的含义等。这些问题对于初学物理者而言,具有相当大的难度。

3. 建模方面的困难

现行的《普通高中数学课程标准(实验)》明确指出"高中数学课程应力求使学生体验数学在解决实际问题中的作用、数学与日常生活及其他学科的联系,促进学生形成和发展数学应用意识,提高实践能力",在内容标准中专门提出要培养学生的数学建模能力。

物理学作为数学应用的最为广泛的学科,为数学的教学与学习提供了大量的实际应用模型,如:动量守恒定律中的碰撞模型、板块模型、风能计算中的柱体模型,太阳能计算中的球面模型等。

建模的过程,就是物理问题抽象为数学问题的过程,要求学生通过对物理事实的认识和探索,借助数学知识建立解决问题的模型,发现解决物理问题的公式或函数,通过数学计算解决实际问题。在数学课程的能力培养目标中,建模能力属于较高层次的能力要求。通过建模解决实际的物理问题,对学生而言是一个不小的挑战。

(二)解决数学知识在高中物理中应用困难的策略

1. 梳理高中物理课程中涉及的数学知识及其在数学课程中的讲授时间,针对不同的知识点制定学科衔接教学计划,形成高中创新实验班物理课程纲要。

2. 根据桑代克的相同要素理论,迁移的程度取决于两种情景共同要素的多

寡。为了有效地将数学知识从数学情景向物理情景迁移,教师需要引导学生主动分析数学知识与物理问题的内在联系,概括出二者的共同特征,从而形成清晰、稳定的认知结构。

具体到不同课型的物理教学而言,在概念和规律课教学中,要加强渗透、注意总结归纳,把概念的定义式、规律的表达式与相应的文字表述结合起来,让学生真正理解数学表述的物理意义;在实验课教学中,有意识地引导学生从实验数据的基本事实出发,通过分析思考,运用数学工具得出或验证规律性的结论,从而体验规律的探究过程;复习课教学也要渗透物理思想和数学方法的教育,引导学生循序渐进地进行建模训练,并结合数学知识发现、分析解决实际物理问题。建模时要注意模型的理想化条件。

王朝祥/文

**书海撷英**

拓展教学边界之五:超越对学术内容的掌握——学习思考与课程内容有关的现实世界。教师们开始鼓励学生关注与课程内容相关的现实生活,进行更深入的思考,并且支持学生的创造性表现,而不仅仅是让学生从学业要求的角度来掌握课程内容。

# 走向深度学习的课堂教学

教学活动在现代信息技术、心理科学应用、社会互动机制急剧变革的压力面前,再也不可能仅仅停留在知识、技能的授受与训练上了;引领学生发现知识、技能的形成过程,洞悉知识、技能的认知价值、社会功能及创新应用变得十分迫切和必要。恰如宋心琦教授所说:中学化学教学能够使学生终身受益的,不是具体的化学专业知识,而是影响他们世界观、人生观和价值观的化学思想观念,不是诸如分类、实验、计算等特殊的方法和技能,而是影响他们思维方式和问题解决能力的具有化学特点的认识论和方法论[1]。所以针对认识论和方法论的教学活动才是保证学生能够持续进行"深度学习"的核心教学要素,课堂教学的变革就是要在具体的思辨和操作活动中渗透认识论和方法论的转型。本文以质量守恒定律为课例阐述深度学习的主要思想。

## 一、"深度学习"及其组成要素

"深度学习"是学习科学中的重要概念,它的发生、发展深受心理学、信息科学、哲学、社会学等学科的影响。比较受到认可的观点是:深度学习是基于原有知识能力之上的、以学习者主动参与为前提、重视知识结构的建立和认知策略的元认知过程,以知识迁移和认知策略迁移解决实际问题为最终目标[2]。由此可见,深度学习意味着知识体系的自主构建、既有结论与方法的理解与批判、新情境与新问题的创造性迁移应用。

(一)深度学习的基础要素——学习者要主动建构知识体系

化学知识有其内在的规律和结构,引导学生从学科基本观念的角度,学会主动从众多的化学现象中获取有用的信息,根据基本观念对研究对象的认知功能将信息转化为知识,在相近观念和经验认知的比较中厘清其区别和联系,从而构建知识体系。比如"质量守恒观念"是可以通过学生对多种实验和文献信息的阅读理解与分析对比过程中获得的,这个观念对后续的定量实验、物质分析以及化学方程式的学习都有着巨大的指导意义。所谓化学基本观念就是:学生通过化学学习,在深入理解化学学科特征的基础上所获得的对化学的总观性认识,具体表现为个体主动运用化学思想方法认识身边事物和处理问题的自觉意识或思维习惯[3]。不言而喻,化学基本观念是在学生自主学习的过程中习得的,而不是教授和考练出来的;有了整合化学知识的基本观念,自主建构知识体系的能力即从应然转型为必然。

(二)深度学习的发展要素是师生共同对既有结论与方法的理解与批判

学生对物质性质及其变化的认识一般经过从宏观现象发展到微观本质和符号表征的过程。宏观信息易被接受和吸收,而微观和符号信息由于具有抽象性和复杂性,学生难以理解和消化。特别是物质性质及其变化与多种因素相关,产生的现象多样而复杂;这需要经过在真实的情境中针对物质性质及其变化,在分子、原子水平上进行批判性思维活动,用批判或怀疑的态度,批判性地反思物质性质与变化,并深入到微观层面分析思考其原因,从而加深对深层知识和复杂概念的理解,尽量减少机械记忆等浅层学习的现象。

(三)深度学习的标志要素是知识在新情境与新问题中的创造性迁移应用

深度学习要求学生在物质性质及其变化的真实情境中,对自身思维方式、学习方式、问题解决方式等进行批判性思考。同时,将已经理解的化学基本观念(诸如"元素观""能量观""微粒观""守恒观"等)迁移应用到物质性质及其变化的深入研究过程中,在创新应用中进一步发现新现象、新问题,领悟化学知识的"生长"功能。这既有利于学生体验知识与自我、自然、社会的关系,也有利于学生体悟内隐于化学知识最深层的意义与价值。

**二、课堂教学转型及其机制的创建**

建构主义教学理论的核心观点是:教学不是一个传授知识的过程,而是由教师帮助学习者依据自身经验建构意义的过程[4]。随着建构主义理论的深入人心,越来越多的一线教师渴望转型自己的课堂教学,再也不愿以教授为主,象征性地进行交流讨论的方式开展课堂教学了。在众多课例中,可以概括出新型课堂教学的特征与机制如下:

(一)翻转的样态:在美国新媒体联盟《2014年高等教育地平线报告》中,翻转课堂被列为令世人最为瞩目的高等教育教育技术的重要发展中三个阶段六项技术之首[5],说明世界教育领域越来越接受和重视翻转课堂这一教育模式。翻转课堂通过对"传授知识"和"知识内化"的颠倒安排,促使学生掌控自己的学习,增加了学习中的互动。虽然不是所有知识都能翻转、屏幕也不能完全代替现场指导，但是这种要求学生深度预习和有效互动的教学理念已经扎根于新型课堂教学之中，成为当代及今后课堂教学不可或缺的特征。罗伯特·J·玛扎诺（Robert J. Marzano）将学习难度分为四个层级，分别是知识提取、理解、分析和知识运用[5]。新型课堂应该把前两个层次基本纳入学生自主学习之中，而课堂教学的重点就落在了知识分析和迁移应用上。

（二）整合的架构：科学与日常生活、生产相联系的教学理念已被理科教师广泛接受，在课堂教学中将课程标准的要求、教学内容选择与学科知识考证、科学观念形成以及教学情境创设进行有机整合已成为教学设计的主要任务。整合的过程就是对"课程资源的活化"，即在项目任务的驱动下，充分利用物质、信息、人力等资源要素开展教学活动的课程理念，它是受多元智能理论和建构主义理论启发而提出来的。资源不仅局限于教材，更要挖掘生产生活中的合理要素并活化到课堂教学中去；人力资源不仅发挥教师的能动性，还要挖掘学生潜在的课程要素并活用到课堂中去。教学不是教教材，而是创意设计教学任务，把相关资源课程化、活动化。目的是开放课堂、发展学生思维、构建学科基本观念。课堂是否有效决定于教师怎样调动一切有利于学生全面发展和终身学习的资源，推动课程价值的最大化[6]。

（三）研究的意识：知识技能之所以成为人类学习的经典经验，有其形成的特殊过程和迁移应用价值，所以用研究性学习的方式引领学生去发现知识的形成过程和研究价值自然成为新型课堂的常态。课堂是触及理智和心灵的地方。真正具有教育素养的课堂，教师不是拿真理来进行说教，而是师生一起探究、议论甚至去实践或实验！没有理智和心灵的撞击，教学就是知识的灌输，学生成了被动接受的容器，成了没有判断能力的知识与真理的纯粹仰视者和膜拜者，其害不亚于心死！

（四）学习共同体构建：学习共同体肩负团队的研究任务，使每一个成员都有着共同的学习目标，具有特定的身份或角色，带着归属心理积极参与项目式学习。从教学方式看，新型课堂教学超越了"传递中心"的藩篱，走向真正意义上的"对话中心"。挖掘并有效利用每个学生的独特学习经验，构建课堂学习共同体，创设真实问题情境，在反思与迁移过程中，引导师生思维碰撞，通过人与人或人与符号信息的对话实现深度学习的目标并提升自主学习的品质。

（五）高效信息终端的应用：传统教学用具如PPT、实物投影和智能白板都有一个信息播报和即时反馈的制约瓶颈，不能同时将全班每个人的信息进行统计分析和反馈,最近发展起来的信息技术手段进课堂能有效解决这个问题,它们具有迅速收集信息(简笔书写或拍照等)、多元播报、即时数据分析和设计制作等功能,可以大大提升课堂互动容量;因此这样的带有人工智能装备的教学(又称智慧课堂)对促进深度学习有着不可估量的价值,应该加以研究和运用。

### 三、质量守恒定律课堂教学案例

(一)教学目标

| | 知识与技能 | 过程与方法 | 情感态度价值观 |
|---|---|---|---|
| ① | 理解质量守恒定律的涵义 | 通过学生的假设,并用自己设计的实验方案进行验证,使学生会进行初步的探究活动 | 通过实验探究,激发学生的好奇心,发展学生的学习兴趣 |
| ② | 能从微观角度分析在一切化学反应里质量守恒的本质原因 | 通过实验汇报等,使学生初步学会运用观察、实验方法获取信息,初步学会运用比较、分类、归纳、概括等方法加工信息 | 通过定量研究,感悟质量守恒定律的学术价值,培养学生严谨求实的科学态度 |
| ③ | 学会应用实验方法研究、解决化学问题 | 通过设计、实验、讨论交流,使学生能表达自己的观点,逐步养成良好的学习习惯和学习方法 | 培养学生"物质是永恒存在的"辩证唯物主义观点 |

(二)水平设计

第一水平:通过自主学习,学生能够说出化学反应前后质量是相等的关系。

第二水平:学生能够解释为什么化学变化前后物质的质量是相等的,而且是从微观的角度来解释的,能够与化学变化的本质建立联系。

第三水平:学生能够设计实验探究化学反应前后质量变化关系。

第四水平:学生能够依据思想方法系统论证质量守恒定律,能够根据已知数据计算未知数据或者根据产物计算投料比例。

(三)教学流程

通过学生课前对教材和相关阅读材料的自主学习,各学习小组设计质量守恒定律的求证方法以及相关实验方案,师生研讨成熟后准备实验用品,准备课堂展示。

1. 研究方案的设计或优化

(1)方案一:红磷燃烧

【假设】系统内红磷燃烧前后质量守恒。

【实验探究】如图1:用红热的玻璃管引燃锥形瓶内的红磷(白磷最好,但是目前限制购买),充分燃烧后天平指针不偏转。

【反思】仅由一个实验获得的结论不一定适用于所有化学反应,解决的途径是大量举证,运用归纳法证实化学反应前后质量守恒。

【深化措施】再用三氯化铁溶液与氢氧化钠溶液反应实验证实反应前后质量守恒。

(2)方案二:铁与硫酸铜溶液反应

【假设】铁钉与硫酸铜溶液反应后,质量没有变化。

【实验探究】如图2:铁钉与硫酸铜溶液反应前后质量没有发生变化。

【反思】仅由一个实验获得结论不一定适用于所有的化学反应,解决的途径是理论论证:探索微观本质。

【深化措施】微观解释铁与硫酸铜反应前后元素的种类、原子个数没有发生变化。

(3)方案三:氢氧化钠溶液与硫酸铜溶液反应

【假设】硫酸铜溶液与氢氧化钠溶液反应前后质量守恒。

【探究与实验】①拉瓦锡将217gHgO加热分解,恰好得到201gHg和16gO$_2$(Hg原子量是201,氧元素的相对原子质量是16),用你认为科学的符号或图示表示该过程。②回顾电解水微观过程,画出水电解示意图。③如图3,用宏观实验证明氢氧化钠溶液与硫酸铜溶液反应前后质量守恒。

【反思】运用微观演绎的思想方法,从化学史实出发,结合水电解实验进行微观解释,通过理论推导获得质量守恒的本质,再由宏观实验进行证实。

(4)方案四:盐酸与石灰石反应

【假设】盐酸与石灰石反应质量守恒。

【探究与实验】①回顾电解水微观过程,画出水电解示意图。

②如图4:发现实验前后质量不一样。

【反思】运用微观演绎的思想方法,结合水电解实验进行微观解释,通过理论推导获得质量守恒的本质;但是用石灰石与盐酸反应实验却不能证明化学反应前后质量守恒,原因在于生成的二氧化碳气体逸出了反应体系。

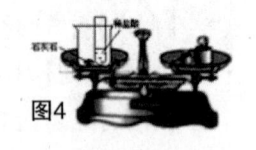

【深化措施】应该将生成的气体用气球收集起来,继续实验发现仍然不守恒,分析认为空气对气球有浮力。

(5)方案五:盐酸与石灰石反应

【假设】盐酸与石灰石反应质量守恒。

【探究与实验】①回顾电解水微观过程,画出水电解示意图。

②如图5:发现实验前后质量不变。

【反思】运用微观演绎的思想方法,结合水电解实验进行微观解释,通过理论推导获得质量守恒的本质;用石灰水吸收产生的二氧化碳气体,实验也证明石灰石与盐酸反应前后质量是守恒的。

【设计意图】根据研究任务需要,对全班学生进行分组,每组围绕一个化学反应设计质量守恒定律论证方案,根据学生的方案设计和可行性研讨,分配实验器材和用品。意在将基本概念、相关实验技能等一二水平的内容让学生研究完成,为深入研讨、论证三四水平教学内容做准备。

2. 相异构想处理

辨析以下论述正误:①100g酒精与100g水混合质量小于200g,因为100mL酒精与100mL水混合后体积小于200mL。②铁粉锈蚀后,由于密度变小、变稀疏,所以铁锈比原来铁粉质量小。③蜡烛燃烧后变成蜡泪,所以这种变化遵循质量守恒定律。④酒精燃烧后就没了,证明该变化不存在质量守恒问题。

【设计意图】课堂教学一开始,利用智慧课堂技术播报以上问题,就开门见山提问质量守恒定律是什么?通过以上问题的辨析,明确该定律研究对象是化学变化,涉及的物理量只有质量。通过概念运用和智慧课堂技术纠正学生对新概念存在的各种相异构想。

3. 实验论证质量守恒定律并分组汇报论证结果

各组根据课前优化设计的实验方案展开实验,记录实验数据并结合宏观实验和水的微观反应示意图进行逻辑论证。方案一小组围绕利用灼热的玻璃管引燃红磷困难的问题,提议更换厚壁玻璃管或者白磷,继而发现一个实验不足以证明质量守恒,又追加三氯化铁溶液与氢氧化钠溶液反应的实验。方案四小组发现敞口容器无法证明生成气体的化学反应遵循质量守恒定律,提议更换带气球的锥形瓶进行实验,结果仍然因空气浮力问题而不守恒,所以很欣赏方案五利用石灰水吸收 $CO_2$ 的策略;但是其他组同学质疑方案五里涉及两个化学反应,结论不可信,建议再做一个证明石灰水与 $CO_2$ 反应质量不变的补充实验。各组汇报时利用 Pad 拍照的方式将本组微观示意图、实验装置以及实验步骤传到大屏幕。

【设计意图】通过实验和汇报,让学生在质疑和思辨中学会归纳与演绎的科学论证方法,以及关注实验方案细节问题。方案一仅仅使用了宏观归纳论证的方法,故结论不可信。方案二从宏观归纳走向微观推理,结论较可信。方案三、四、五都从微观推理走向宏观论证,使用了演绎的论证方法,结论较可信,但实验设计细节问题需要严谨和科学。

4. 化学史中方法论的呼应

1673 年,英国化学家波义耳在一只敞口的容器中加热金属,结果发现反应后容器中物质的质量增加了。

18 世纪初,施塔尔提出的燃素说认为,金属在空气中煅烧,释放出燃素,变成金属灰,金属灰应比金属轻。

1756 年俄国化学家罗蒙诺索夫把锡放在密闭的容器里煅烧,锡发生变化,生成白色的氧化锡,但容器和容器里的物质的总质量,在煅烧前后并没有发生变化。

1774 年,拉瓦锡研究了加热氧化汞进行分解反应,发现反应前后物质的质量不变。

【设计意图】分析科学家获得质量守恒定律的历程与其方法论的关系,明白化学规律的获得需要宏观归纳与微观演绎相结合。

5. 应用探究

探究一投料问题:判断"根据质量守恒定律,64 克铜与 32 克氧气应该生成 96 克氧化铜"是否正确?

探究二组成研究:山茶油是一种绿色保健品,其主要成分是柠檬醛。现从山茶油中提取 76 克柠檬醛,将其在氧气完全燃烧,生成二氧化碳 220 克、水 72 克,则柠檬醛的组成中所含的元素种类有哪些?

【设计意图】利用两种应用讲解化学计算方法,另外"探究一"实际上是在运用质量守恒定律研究化学方程式配平问题,让学生意识到化学规律学科研究和社会应用价值。"探究二"通过反应前后元素的质量和种类不变,计算柠檬醛中各元素的质量,让学生体会质量守恒定律的学术价值。另外利用 Pad 播报问题和展示解题过程,及时指出各小组的纰漏和错误。

### （四）教后反思

质量守恒定律是化学发展史上的一项重大发现，是化学家对参加化学反应的各物质的质量进行定量研究后总结出的一个重要定律，为19世纪的化学理论与实践的大发展开辟了道路。如果抛出爱因斯坦的质能方程，因为静质量可以转化为能量，学生还会怀疑质量守恒定律是否正确，此时再明确：在化学反应研究的领域里，质量损耗远远小于千分之一，属于误差允许范围；就能引导学生更加明白科学定律都是有其适用范围的了。

在学生初步掌握物理变化、化学变化的微观本质基础上，多组实验设计论证质量守恒定律，既体验了实验设计、优化、证据收集和交流表达，学会质疑分析实验的科学性；又学会归纳与演绎的论证方法；在否定之否定中发现化学定律的形成过程，这节课的设计是成功的，若时间允许，再加上一个各组交换实验研究方案的探究体验环节就更好了。

李继良/文

**参考文献：**

[1] 宋心琦、胡美玲：《对中学化学的主要任务和教材改革的看法》，《化学教育》2001年第9期。

[2] 刘岩、张发新：《化学教学中促进学生深度学习的实践与探索》，《化学教学》2015年第9期。

[3] 毕华林、卢巍：《化学基本观念的内涵及其教学价值》，《中学化学教学参考》2012年第6期。

[4] 莫雷：《教育心理学》，科学教育出版社2010年版，第56页。

[5] [美]罗伯特·J·玛扎诺：《学习目标、形成性评估与高效课堂》，中国书籍出版社2012年版，第25页。

[6] 王奕标：《中华优课与翻转课堂联盟》，http://blog.sina.com.cn/u2428026410. 翻转课堂的三大优势。

[6] 李继良：《"课程即资源活化"理念下的课堂研究性教学》，《化学教育》2014年第1期。

**书海撷英**

人是一台学习机器。——弗朗索瓦·雅各布

# 通过高中生物教学中的"理性提问"，促进学生理性思维能力的发展

理性思维是建立在证据和逻辑推理基础上的思维方式，包括对事物或问题进行观察、比较、分析、概括、抽象、演绎、综合等各种高级思维活动。人们进行创造活动时，必定会有上述的理性思维活动过程，高中的生物教学承担着培养学生创新性理性思维能力的重任，在教学实践中，我们尝试通过课堂教学中的"理性提问"，促进学生理性思维能力的发展。

## 一、"理性提问"的理论概述

"理性提问"所提的问题是需要学生经过高级的理性思维活动方能获取答案的问题。"理性提问"的目标指向是学生的"理性思维"。我们期望学生在解答问题的过程中，不仅仅收获单一的针对"问题的答案"本身的学科知识，还期望学生在解答问题过程中通过积极的思维过程，提升他们的"理性思维"能力。因此，在设计课堂教学问题时，就应该避免简单的"记忆再现"或"模仿"层次的低水平问题，而应该根据学生的认知水平及教师能提供给学生的资料信息，精心设计充满理性思维的"理性问题"，让学生在解答问题过程中，积极地"使用"理性思维，使学生的"理性思维"能力在"使用中"得以形成与强化。

"理性思维"的"理性"并非空穴来风，一定要有相应的实证的"支撑"。比如：在生物学概念生成过程中，要归纳出科学规律，就需要有生物学事实、现象或实验数据的支撑；在应用科学原理解决问题过程中，就需要有对原理的正确理解及相关技术手段的支撑。因此在设计理性提问时，要在两个方面做好准备：一是要清楚学生已经知道了什么即学生的知识能力背景，这是学生进行"理性思维"的起点；二是要有可供学生分析的事实、数据等背景资料，这是学生"理性思维"的着力点。

## 二、"理性提问"在高中生物教学中的实施案例

### （一）教学内容分析

《DNA分子的结构》是人教版高中生物教材必修2第3章第2节的内容。课程标准对本节内容的要求是"概述DNA分子结构的主要特点"。本目标的行为动词是"概述"，属于理解层次。要求学生能够概括地描述DNA分子结构的主要特点，即(1)DNA分子是由两条链组成的，且两条链按反向平行方式盘旋成双螺旋结构。(2)DNA分子中的脱氧核苷酸和磷酸交替连接，排列在外侧，构成基本骨架；碱基对排列在内侧。(3)两条链上的碱基通过氢键连接成碱基对，并且碱基配对遵循碱基互补配对原则。

结合DNA分子的结构模式图，学生也可以对这部分知识进行理解和记忆，但是如果教学中仅仅让学生通过"死记硬背"，记忆DNA分子的结构特征，无疑是丧失了一次促进学生运用"理性思维"解决问题的大好机会。在真实的科学探究历程中，科学家沃森和克里克在众多科学家探究成果的基础上，经过各种高级的理性思维过程，构建出了DNA的双螺旋结构，整个过程中充分体现了科学家们卓越的创造性思维和科学素养。因此，对于这部分知识的教学设计思路是：提供相应的科学研究结果（实证），由学生进行比较、归纳、推理、判断，最终形成"DNA分子双螺旋结构主要特点"的概念。具体资料及使用目的如下：

资料1：科学家对DNA化学组成的初步认识，"DNA分子是以4种脱氧核苷酸为单位连接而成的长链，这4种脱氧核苷酸分别含有A、T、G、C四种碱基（如图1）"。学生通过资料可以对"DNA分子的基本组成单位"有基本的认知。

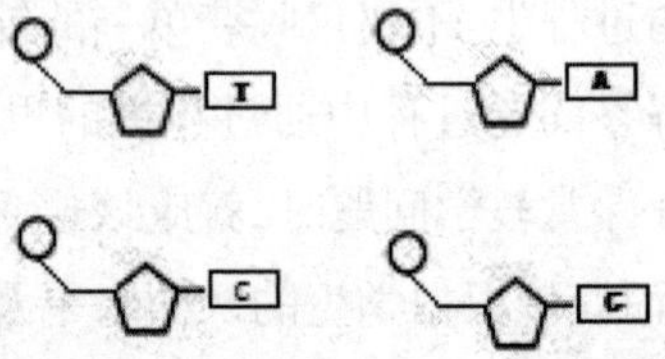

图1：四种脱氧核糖核苷酸分子结构示意图

资料2：富兰克林的DNA衍射图谱(如图2)及对图谱的解读("DNA分子是双链，而且呈螺旋结构")。学生通过资料2能获得对DNA分子结构的进一步认识。

资料3：沃森克里克的错误DNA结构模型(碱基

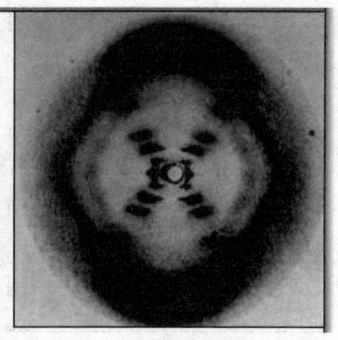

图2：富兰克林和她拍摄的DNA分子衍射图谱

位于螺旋外部的双螺旋结构模型及三螺旋结构模型)，通过对错误模型的否定，学生得到"磷酸-脱氧核苷酸骨架排列在螺旋外侧，碱基排列内部"的信息。

资料4：查加夫的DNA碱基组成分析结果。通过对该资料数据的分析，学生可以得出"DNA分子碱基含量A=T,G=C"的结论。

通过问题的精心设计，可以将这些资料串联起来，引导学生在回答问题过程中进行理性分析，运用推理、判断等高级思维，最终构建"DNA分子双螺旋结构的主要特点"的概念，并用模型的方式对概念进行象征。

(二)课堂教学实施过程

1. 研究课题的提出

20世纪初期是生命科学蓬勃发展的时期，科学家们通过系列实验证明了DNA分子是生物的遗传物质，那么，接下来的问题就是，DNA分子应该具有什么样的结构，才能承担起"遗传物质"的重任呢？今天，我们就循着科学家的足迹，共同来经历DNA分子结构的发现历程。

设计意图：在明确DNA分子具有遗传物质的功能之后，根据"结构与功能相适应"的观点，引出"DNA分子结构是什么"的问题，激发学生的探究兴趣。

2. 通过系列"理性问题"的提出与探究过程，逐步揭示DNA分子的双螺旋结构

(1)问题1的提出与探究

教师展示资料1"科学家对DNA分子化学组成的初步认识"和资料2"富兰克林对DNA衍射图的解读"，提出问题1："在沃森和克里克的研究之前，已经有很多科学家致力于DNA分子结构的探究，现在，在对这些资料信息的分析的基础上，你能用脱氧核苷酸的分子模型搭建出DNA分子的双链平面结构吗？"(此处需要教师提供4种脱氧核苷酸分子的纸片模型)

学生把握住"双链""核苷酸相连"的特点，初步搭建出各种DNA双链的结构模型。

(2)问题2的提出与探究

在学生搭建模型之后，教师并不直接给予评价，而是呈现资料3，提出问题2："结合资料3的信息，请同学们判断自己的模型是否符合科学实际？如果不符合，请同学们对自己的模型进行修正。"

资料3：沃森和克里克最早也搭建了一个DNA的结构模型，然而当他们把这个模型摆在富兰克林的面前时，富兰克林的一句话，让沃森和克里克认识到他们的模型是错误的。这句话就是"根据对DNA分子衍射图片的分析，DNA分子的磷酸-脱氧核苷酸骨架应该排列在螺旋外侧而碱基应该排列在内部"。

根据资料3的信息，同学们纷纷将碱基放在了结构的内部，但是碱基之间的关系依然五花八门。

(3)问题3的提出与探究

在学生调整了碱基的位置之后，教师投影展示资料4(查加夫的DNA碱基含量分析结果，如表1)，提出问题3："从查加夫的研究结果，请你判断自己的结构模型是否合理？"

**表1：查加夫的DNA碱基含量分析结果**

| 生物种类 | 四种碱基含量 A | G | C | T |
|---|---|---|---|---|
| 人 | 30.9 | 19.9 | 19.8 | 29.4 |
| 鸡 | 28.8 | 20.3 | 21.3 | 29.2 |
| 酵母菌 | 31.3 | 18.7 | 17.1 | 32.9 |
| E. coli | 24.7 | 26.0 | 25.7 | 23.6 |
| 噬菌体 | 21.3 | 28.6 | 27.2 | 22.9 |

由于表中数据较多，学生一下难以得出结论。因此，可以在此处设计以下支架问题：

问题3-1："以人为例，单看一种生物的碱基含量，四种碱基的含量是否相等？"(答案显然是不相等。)

问题3-2："四种碱基含量不同，但是不是完全不同？"(学生通过观察分析，得出"A的含量与T的含量大致相同，G的含量与C的大致相同"的结论。)

问题3-3:"是否其他生物的DNA碱基组成也有这个特点呢?"(通过对表格中其他生物数据的比较分析,学生初步归纳出"DNA分子碱基含量'A = T,G = C'"的结论。)

(4)问题4的提出与探究

在对碱基分析的基础之上,进一步提出问题4:"在DNA的分子结构中如何保证'A = T,G = C'",您能提出一种合理的解释吗?

学生有可能想到的是有一个A就一定要有一个T,有一个G就一定要有一个C。那么A与T应该成对存在,G与C应该成对存在。此时就及时给学生一个肯定的答复及鼓励,并进一步引出"碱基互补配对原则"的概念。并可结合碱基的分子大小进一步说明"AT碱基对与GC碱基对的大小是一样"的这一科学事实。为学生理解DNA分子的双链是"平行"的做铺垫。

设计意图:教师为学生提供丰富详实的科学探究真实资料,设计并提出环环相扣的"理性问题",引发学生思考与探究、产生新的疑问并进一步探究,引导学生循着科学发现的历史脉络,经过自主积极的理性思维过程,结合模型的构建与修正过程,逐渐形成正确概念,过程中学生的观察、比较、分析、概括、抽象、演绎、提出假说等的各种高级思维能力得到发展。

3. 归纳总结,形成概念

在获得了DNA分子的主要特征的信息之后,教师要求学生将上述有关DNA结构的信息综合起来,再尝试对自己的DNA的分子平面结构模型进行进一步的修正。然后教师展示沃森和克里克的DNA分子双螺旋结构模型。通过比较与判断,学生最终形成有关"DNA分子双螺旋结构主要特点"的正确认识。

设计意图:在学生尝试探究形成初步结论的基础上,向学生展示目前科学界普遍公认的"DNA分子双螺旋结构模型",学生通过评价与修正,摈弃错误概念,形成和强化正确概念。

### 三、案例评述

"DNA分子双螺旋结构"是生命科学史中的一个划时代的发现,其中蕴含着学生理性思维能力培养的宝贵资源。本案例中,学生并非是通过死记硬背达成对DNA双螺旋结构主要特点的认识,而是由教师提供科学发展史实的翔实资料,学生在对资料的分析中逐步获得DNA分子结构的关键信息,学生通过的分析、判断、比较、推理、提出假说、模型构建等高级思维过程,逐步揭示出DNA分子的双螺旋结构。

由于学生知识背景的限制,本案例设计意图能否顺利实施,很大程度上取决于教师在课堂教学中的问题设计和资源的运用。本案例中各个问题的答案,都必须要经过一定的思维过程方能达成。比如针对资料4"查加夫的DNA碱基含量分析结果"的问题3,就能够引导学生对表格数据进行分析、归纳,最终形成"DNA分子碱基含量A=T,G=C"的结论。再比如问题4,需要学生对现象提出可能的解释,这也需要用到分析、判断、推理等高级思维。

总的来说,在生物课堂教学中的"理性提问"的问题应该是有实证资料支撑的,需要学生通过高级的理性思维活动方能解答的问题。"理性提问"的问题具有引导性和启发性,能够引发学生积极的理性思维,学生通过积极的思维活动,在最终构建出相应的生物学概念的同时,相应的理性思维能力也得到提升和发展。

韩宏杰/文

**参考文献:**

1.《普通高中生物课程标准(实验)》,中华人民共和国教育部,2003年。

2. 周延波、郭兴全、阎毅、王正洪:《创新思维和能力》,科学出版社2005年版。

3. 吴举宏:《在生物学教学中创新性思维教学策略的应用》,《生物学教学》2002年第2期。

4. 金传宝:《美国关于教师提问技巧的研究综述》,《课程·教材·教法》1997年第2期。

**书海撷英**

拓展教学边界之六:超越既定内容——提供多元学习选择。在有些教育机构,教师会支持并指导学生在常见的选修课之外,自由选择其他学习内容。

# 在经济活动的课堂模拟中感受经济学知识的生成

**一、"价格变动的影响"教学内容简介**

"价格变动的影响"是人教版高中思想政治必修①《经济生活》(2008年3月第4版)第二课第二框题的教学内容。教学要达成的目标,是通过教学学生能够"理解价格变动的意义,评述商品和服务价格的变化对我们生活的影响。"[1]本内容的教学,大多在高一年级第一学期第一学段进行,一般安排1课时。此时的高一学生,虽然刚刚学习《经济生活》不久,经济知识储备有限,对经济学的理解还较肤浅,但大多数孩子对经济现象和经济学还是充满好奇心的,诸如购物、消费等基本的经济生活实践经验还是具备的。这对授课教师而言,是开展有效教学的有利前提条件。挑战则在于:如何设计和实施受学生欢迎的课堂主题活动,吸引并持续保有学生的这一兴趣和好奇心,使他们在"课堂实践"中,感受和体验经济学知识的生成过程并理解经济规律,形成未来更理性地参与经济生活的能力。

**二、"价格变动的影响"教学设计的常见做法及缺憾**

目前笔者见到的"价格变动的影响"的教学设计,通常的做法大多是:先从最新的财经新闻中搜集、筛选可用的素材,然后把它们设计成案例或情境,课上以师生问答、小组讨论分享、教师总结提升、实践应用等环节依次展开教学。这种做法,常常给人的感觉是贴近生活,"时代感"强,在学生的课堂参与度、主体作用的发挥等方面看起来都不错,事实上也的确有不少获奖的作品。但笔者认为,这种教学设计一般都难以避免如下3个缺憾:

1. 教学最终停留在对书本知识的检验、验证的层次,学生无法体验到知识的生成过程;

2. 学生仅仅以"观察者"而非"亲历者"视角参与课堂,理论逻辑和生活逻辑相互冲突;

3. 学生对于所学知识,只是做到了"知其然",却"不知其所以然",更不知其中的"必然"。

### 三、我的教学设计——在企业经营决策课堂模拟中感受"价格变动的影响"

1. 设计前的思考

(1)经济学的知识从何而来,经济学家们如何思考

每个科学研究领域都有自己的语言和自己的思考方式。借助于实验的方法,冷静地建立并检验自己的理论,是自然科学家的日常工作。而经济学家们同样努力以科学的态度和方法来探讨他们自己的主题。除了经济事件观察、经济统计之外,经济学家们也常常借助于经济分析和"受控制的实验"来研究经济现象,解释经济行为,揭示经济规律。[2]他们会以一系列假设条件为开端,逻辑地推导出对某一微观或总体经济行为的合理预期,或者在保持其他条件不变的情况下,通过对比研究某一个因素对多个群体经济行为的不同影响来检验某种假说。

(2)现实经济生活中,价格变动行为的主体、逻辑(前因后果)及本质

在现代市场经济条件下,绝大多数商品和服务的价格是由供求决定的,并由企业而非其他主体自主制定的。自由价格"是市场这只看不见的手和隐形的眼睛得以运行的基本制度安排"。[3]由此可见,在竞争的市场中,价格的变动是企业根据市场上需求、竞争和自身的生产能力、生产成本等状况自主做出的。为自己的产品或服务定价是企业的基本权利,企业通过行使这一权利,改变消费者的消费选择以实现其经营目标。同时,作为价格接受者(Price Taker)的企业,也必须对市场上的价格信号做出自主的回应。一句话,企业才是价格变动的行为主体和受价格变动影响的客体之一。

2. 教学设计思路

基于以上两点思考,笔者在课堂上采用企业经营决策课堂模拟的形式,带领学生"组建"公司,站在企业经营者立场上,在经营条件不断变化的市场上,做出属于自己的经营决策,"亲历"经营决策的过程,并对自己的经营决策做出评估。学生通过体验价格决策、产量决策对公司客户的选择以及企业经营绩效的影响,感悟价格变动对居民消费行为和企业生产行为产生影响的一般规律。

### 四、教学过程与说明

【问题导入 复旧导新】同学们好:我们知道,在市场上每一种商品都有一个"多变"的价格。那么,是什么因素在影响着价格、使之不断变动呢?它是如何影

响价格的呢？（学生回答）

影响价格的，其实就是"企业生产行为"和"居民购买行为"两个因素。同时，价格也不只是个完全被动的因变量，它反过来对企业生产和居民生活也会产生非常重要的影响。那么，价格变动对生产、生活到底有何影响呢？今天我们就一起来研究这一话题。

【设计说明】复习必要的相关知识，为新内容的学习做好准备。

【活动设计　激学导思】在市场经济条件下，绝大多数商品价格的调整和变化，是由企业做出的。因此，今天我们采用"企业经营决策课堂模拟"的形式，一起来研究价格变动的影

| 公司称呼 | 总裁 | 订单 | 价格 | 产量 |
|---|---|---|---|---|
| 第一制笔 | 李华 | 最少 | 60 | 700 |
| 如有神 | 张明 | 中 | 43 | 550 |
| 未来笔业 | 刘娜 | 最多 | 25 | 350 |
| MTT制笔 | 吴彤 | 多 | 37 | 400 |
| 奇异笔 | 徐丽 | 少 | 50 | 280 |

响。下面假定我班同学组建了6家公司进入了"智能笔"制造行业，请大家先来了解一下当前的市场状况。（下发课前准备好的情境资料："智能笔"产品、行业、竞争状况介绍；提醒小组合作的任务与注意事项；板书汇总式表格，填写各公司基本情况，决策项目留白备填；各项决策都完成后的完整表格，如右图所示。）

学生活动：小组合作阅读文本，了解一下所处的市场目前的状况——我们的产品；我们的行业；我们的公司；给自己的公司命名；选出总裁；到黑板汇总表中，填写本公司基本信息。

【设计说明】点明课堂形式，明确学习任务。立足企业视角，体现生活逻辑。了解问题情境，做好参与准备。

【模拟决策1】企业的日常经营决策，首先是价格决策（含义解释略）。下面请各公司总裁召集会议，根据你们对市场状况和公司状况的了解，讨论决定你们的定价策略，填写价格决策表。（下发课前准备好的价格决策表，指导填写要求。）

学生活动：以董事会召集会议的形式进行小组讨论，开始模拟企业决策；确定产品价位，填写本公司的价格决策表；到黑板统计表中，填写本公司基本信息，汇总价格决策信息。

现在，各公司都已经决策完毕，我们评估一下各公司的价格决策。不考虑其他因素的情况下，请你依据定价，预估6家公司获得订单数量的多少，并说明你的判断依据。

163

学生活动:短时间讨论,回答问题;在黑板统计表订单量一栏中,填写多、中或少。

规律总结:价格不同会影响产品订单的数量,表明价格变动会影响居民需求。这种影响,是遵循一般规律的,我们把它称为需求法则。这一法则也可以用函数图像来表示。(板演并介绍需求曲线)

学生活动:归纳价格决策影响居民需求的一般规律:①需求法则:若 P ↗,则 Q ↘;若 P ↘,则 Q ↗;②需求法则和需求曲线,以不同的方式,表明了价格变动对需求产生的影响。

【设计说明】寓内容于主题活动,带着问题开展活动;学生亲历决策过程,小组合作探究学习;教师促进活动开展,汇报展示交流分享,体验知识生成过程,促进学生思维发展。

【模拟决策2】有一种常见的说法:价格和需求量成反比。这一说法对吗?为什么?(学生抢答)

现在我们来分析一下,"第一制笔"公司现在执行的是高价格策略,假如业绩不佳,打算降价促销。那么,如果他们降价 5%,请你预估一下这能给该公司带来新增客户的百分比,并说明原因。

学生活动:小组谈论,判断,回答问题,说明理由。

规律总结:我们生产的"智能笔",目前是一种奢侈品,和其他生活必需的普通笔相比,它们的需求量对价格变动的反应程度又是有区别的。这种差别问题,在经济学上,称为需求的价格弹性(概念解读略)。那么,奢侈品和必需品需求的价格弹性哪个 >1,哪个 <1 呢?(学生抢答)

这里有两条同样向右下倾斜,但坡度不同的需求曲线(图片略),哪条可能是"智能笔"的需求曲线呢?

学生活动:小组讨论,识别判断;代表发言,分享交流;教师评价,归纳总结。

【设计说明】启发思考承上启下,把抽象理论直观化;体验新知生成过程,即时检测学习效果,促进学生思维发展。

【模拟决策3】假如近期我国与某智能笔生产强国签署了一项自贸协定。按照即将生效的协定,我国海关对今后来自对方的一切电子产品,必须执行 0 关税。你公司的订单会因此增加还是减少?为什么?贵公司打算如何应对这一贸易新政带来的冲击?

学生活动:小组研讨,推断订单增减;发言论证,分享交流。

规律总结:功能相同或相近,能满足消费者同一需要的两个商品,称之为替代品。替代品的价格变化,也会影响某商品的需求量:设 A,B 互为替代品,若 A 商品 P↘,则 B 商品 Q↘。

【设计说明】创设情境推进教学,设置可操作性问题,体验知识生成过程,促进学生思维发展。

【模拟决策4】假如近期我国与某国领土争端爆发,两国贸易关系持续恶化。而该国的三大跨国公司,是智能笔的专用配件——记忆卡的全球主要供应商。那么你公司的订单会因此增加还是减少?为什么?你们打算如何应对这一事件带来的冲击?

学生活动:小组研讨,推断订单增减;发言论证,分享交流。

规律总结:必须组合在一起才能满足某种需要的一组商品,称为互补品。互补品的价格变化,也会影响某商品的需求量:设 A,B 互为互补品,若 A 商品 P↗,则 B 商品 Q↘。

【设计说明】创设情境推进教学,设置可操作性问题;体验知识生成过程,检测能力形成状况,促进学生思维发展。

【模拟决策5】在企业的日常经营过程中,还会常常遇到产量决策(含义解释略)。下面请各公司继续召集会议,根据你们对目前市场状况和公司状况的了解,讨论确定本公司的"智能笔"制造数量,填写价格决策表。(下发课前准备好的产量决策表,指导填写要求。)

学生活动:继续以董事会召集会议的形式进行小组讨论,模拟企业决策;确定产品产量数字,填写本公司的产量决策表;把数据汇总到黑板统计表中。

规律总结:产量决策的首要目标,是使单位生产成本最低。(PPT 演示 U 型成本曲线)最佳产量应该是多少呢?(学生回答)一般来说,产量达到产能的 80% 时,因为成本最低,所以利润最高。本次决策中,"如有神"公司的产量最接近产能的 80%,是最佳产量决策,请你们和大家分享你们的经验。

学生活动:观察、思考、抢答、分享经验。

下面我们注意观察"未来笔业"公司的决策,他们制定了最低的价格,产量也几乎是最低的。请大家评估一下该公司的经营效果会怎样。给他们提出改善决策的建议和具体措施,并用今天所学的知识说明理由。

学生活动:小组交流谈论,整体评价"未来笔业"公司的两项决策;提出建议和举措,说明理由。

规律总结:产量决策的另一要点是平衡自己的供给与需求。一般说来,采取高价策略者,应降低产量;采取低价战略者,应增大产量。可见,商品价格的变动,能够起到调节产量或生产规模的作用。从大家为第 6 家公司提供的调整产量的措施看,价格变动还具有调节生产要素或资源的分配的作用。

【设计说明】设置情境促进学习,适当拓展探索新知;合作学习智慧分享,体验知识生成过程;即时检测巩固新知,促进学生思维发展。

【总结提升】1. 本课小结,内容概述(板书知识结构图);

2. 公布小组比赛结果——各"公司"经营决策业绩,予以表扬鼓励。

【设计说明】建构知识体系结构;注重发展性评价的导向作用。

【布置作业】在 1 期决策中,你的企业采取的是何种战略?你的竞争对手呢?你们打算调整战略吗?为什么?根据 1 期市场状况,进行 2 期决策,论证并评估你们的决策。

【设计说明】体现大课程观的理念,课堂教学延伸课外。

【板书设计】

## 二、价格变动的影响

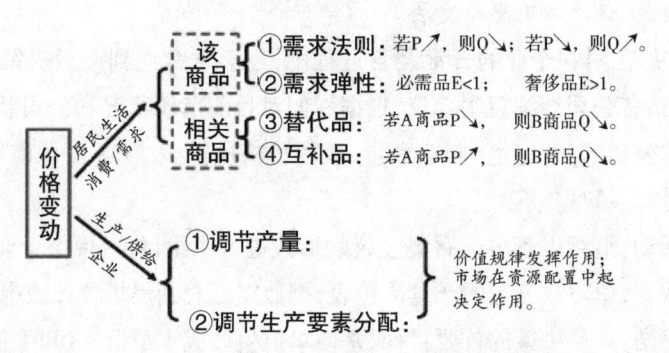

价格变动
- 居民生活/消费/需求
  - 该商品
    - ①需求法则:若P↗,则Q↘;若P↘,则Q↗。
    - ②需求弹性:必需品E<1; 奢侈品E>1。
  - 相关商品
    - ③替代品:若A商品P↘,则B商品Q↘。
    - ④互补品:若A商品P↘,则B商品Q↘。
- 生产/供给/企业
  - ①调节产量:
  - ②调节生产要素分配:

价值规律发挥作用;市场在资源配置中起决定作用。

【课后反思】本节课在设计和实施过程后,主要有如下思考:

1. 经济学家们除了经济事件观察、经济统计之外,他们还常常借助于经济分析和"受控制的实验"来研究经济现象,解释经济行为,揭示经济规律。我们的经济学教学,可以也应该从这些经济学研究方法中获得启迪。

2. 在现代市场经济条件下,绝大多数商品和服务的价格,是由企业而非其他主体根据市场供求自主制定的,价格变动首先是一种企业行为。在市场经济条件下,企业才是价格变动的行为主体和受价格变动影响的主要客体之一。因此,从企业而非消费者视角设计本课题的教学,审视和研究价格变动的影响,就会更接近于现实经济生活的原貌,效果就会更好。

3. 教学设计和实施上遵循了"来自生活现象,研究生活,回归生活"的新课程理念,这能接近学生的实际情况,让学生感受学习乐趣,同时又能增强学生对生活的思考,关心生活,激发学生的学习兴趣。效果较好。

4. 师生教学互动比较充分,学生更多地成了学习的主体。根据教学目标、学生兴趣点及发展需要,创设了既能引发学生参与、便于小组合作探究,又能整合相关知识的"跨学科课堂主题讨论(MTT)活动"——企业经营决策课堂模拟。在引发学生兴趣,激发学生关注,调动学生参与等方面,有较大改进。教学中特别关注了学生的生活经验与发展需要,力图将学科知识与生活现象、理论逻辑和生活逻辑相统一,在合作探究活动中,推动学生分析和解决问题能力的形成与提高,课堂即时检测结果表明这一目标达成得还是不错的。

5. 采取"问题抢答"等多种活泼的形式,营造轻松、愉悦的学习氛围,吸引学生广泛参与。这一师生互动形式在调动学生积极思考,参与课堂方面,有所改进。这节课遵循了"贴近生活、贴近社会、贴近学生"的原则,以学生为主体,在讲对人们生活的影响时,多用生活中的素材设置情景和问题,以对问题的思考和解决为主线展开探究活动,突出学生的参与和体验。但是由于其他条件的约束,学生讨论显得不是特别充分深入;在使课堂回归生活,让学生在生活中学习知识等方面,仍有很多需要完善的地方。

6. 通过情境、活动和问题的设计,体现教师的"引路人"角色。本人通过事前的学情调查,确定了学生在本节内容上的"最近发展区",然后力求科学地设置问题的先后、层次和难度。课堂上通过师生互动,生生互动,层层启发引导,结合问题的推进来组织教学,注意引导学生思考和鼓励学生去运用已有知识去分析新情境,尝试解决新问题。当然,在学生的充分表达,教师适时、得当、到位的课堂点评,以及增强学生信心和成就感等不少细节方面,尚需仔细打磨推敲。

史达为/文

**注释:**

[1] 教育部:《普通高中思想政治课程标准(实验)》,2004年。

[2] 保罗·A·萨缪尔森 威廉·D·诺德豪斯:《经济学》(第十四版)上,胡代光等译,北京经济学院出版社1996年版,第8、9页。

[3] 张维迎:《市场的逻辑》,世纪出版集团、上海人民出版社2010年版,第2页。

**书海撷英**

一个人是如何学习的不重要,重要的是学习本身。

# 创设富有生命力的高中地理课堂

这些年的地理教育实践及反思使我对高效的地理课堂教学有了更进一步的认识,即高效的地理课堂教学必须有利于学生:在自主的学习过程中发展个性和学会学习,在独立思考—合作探究的过程中改善思维品质,在突出地理核心思想和方法的互动中建构地理学科的知识与技能体系,创设"一人一天地、一木一自然"的富有生命力的高中地理课堂。

## 一、以学生发展为核心设计高中地理课程内容

建构主义认为:以学生为中心,在整个教学过程中,教师起到组织者、指导者、帮助者和促进者的作用,利用情境、协作、会话等学习环境要素充分发挥学生的主动性、积极性和首创精神最终达到学生有效地实现对当前所学知识的意义建构的目的。在这种模式中,学生是知识意义的主动建构者;教师是教学过程的组织者、指挥者、意义建构的帮助者、促进者;教材所提供的知识不再是教师传播的内容,而是学生主动建构意义的对象;媒体也不再是帮助教师传授知识的手段和方法,而是用来创设情境,进行协作学习和会话交流的工具。

地理新课标明确提出要教给学生"生活中的地理",教给"对学生终身发展有用的地理"。这就是要培养现代公民必备的地理素养,除了向学生传授基本的地理事实、概念、原理等知识外,更重要的在于使学生具备地理思维和地理思想,用地理学科独特的视角看问题、解决问题,培养学生的地理科学观念。所以设计以学生发展为核心的地理课程是培养学生地理思维、地理核心素养的关键。

设计以学生发展为核心的课程首先要先了解生源状况,结合地理学科本质知识和基本能力设计符合学生生源实际状况的课程内容。

课标是指导地理教学的要求。分析理解课标,选择能够达到课标要求的课程内容,设计符合学生实际认知状况的教学活动,增加日常生活中的热点和焦点事件为研究、分析案例,在真实的案例中体会地理学科的实用性和现实价值。

我校高一学生的学习能力较强,在教学中,我充分给予学生平台,创设情境,以小组讨论、学案导学、自主学习汇报等方式引领学生在自主学习、合作学习、探究学习中理解地理知识、逐渐提高地理学科的分析比较和归纳概括能力;尊重学生的认知规律,以逐步深化的问题链形式,引导学生思考,体会知识的形成过程;联系生活实际,案例取自生活、用知识解释生活现象,体现生活中的地理。

**二、以学生需求为主线设计高中地理教学环节**

如何创设富有朝气的课堂,真正发挥学生的主体作用,把课堂还给学生呢?我以高一的《常见天气系统》一课为例说明。

1. 以学生实际为设计的出发点,把教学建立在发展学生个性的基础上

在进行本节课《常见天气系统》的教学之前,我让学生注意收听十一期间的天气预报并记录下来,上课前我收集整理做成数据统计表格,展示在课件中。以此为情境引出对这几天的天气变化原因的学习,调动学生对身边地理现象探求究竟的兴趣;以已有知识作为铺垫,插入连连看环节,在学生对天气和所学的高低压系统的知识有初步的认识后,叠加锋面符号,目的是要让学生明白一个现象的产生是多种因素共同作用的结果,形成综合全面的思考问题的习惯。

设计这个环节主要是针对我校学生的实际状况。学生们有较好的生活条件可以支持他们获取信息;并且我们的学生思维是相对灵活的,有一定的分析问题能力,但是在对于知识的运用层面有着一定的偏差;同时,还不能够得心应手的运用学术语言恰当地表述自己的观点;学生以小组为单位活动,组长将任务分配到个人,这样做的另一个目的是调动了绝大多数学生参与和加入的积极性,每个人都有机会表达自己的观点和看法,促进大多数学生的发展。

针对我们学生的水平和认知习惯,我设计了两个探究活动:

探究活动一——以学生自学为主,学习锋面的形成和结构

给4分钟时间读教材8行文字内容,提取有效信息;同时大屏幕出现三个逐步递进的问题,学生思考回答。这个环节主要是想培养学生提取有效地理信息,结合问题,整合信息的能力。这个能力也是现代公民终身学习的必备能力之一。

探究活动二——以学生合作学习为主,学习锋面的形成和天气

给学生6分钟的时间阅读相关材料,小组讨论教师提出的五个问题:

(1)标注冷暖气团位置,并用箭头表示气团移动方向(见图1、图2)

图1　（冷锋示意图）　　　　图2　（暖锋示意图）

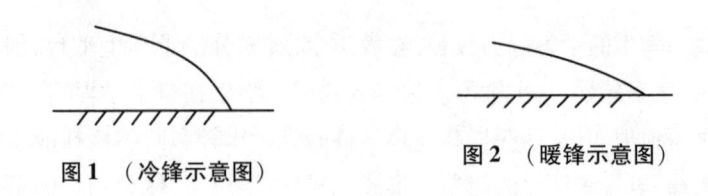

(2)在图1、图2中标注锋面过境时、过境前、过境后(提示:根据锋面移动的方向确定。)

(3)冷、暖锋过境时的天气是怎样的?

(4)冷、暖锋面过境前,过境后分别在什么空气控制下,天气如何?

(5)冷锋、暖锋降水都发生在锋面的哪一侧? 讨论冷、暖锋的降水区域。

这5个问题的设计是将锋面系统的核心知识按照由浅入深的梯度逐级展开的,也是往届学生学习的难点和易混点。由于学生的个性差异,在小组讨论中的思维碰撞、同伴互助,利于强化知识学习的过程,加深理解和认识。同时,在画图的过程中,理解锋面的形成和相应的天气现象。

2. 以学生发展为设计的着眼点,把课堂变为促能力和思想提升的学堂

二十一世纪的工作是多变化的、需要创造力的和有多条实现路径的,为此我们的教学必须着眼于培养学生的终生学习能力和现代公民的基本思想。

为此,在本节课的教学设计中我力求做到:

(1)通过感知生活—学习原理—解释现象—归纳概括—深化提升—回归生活等环节提升学生获取信息、处理分析、归纳应用和规范表达的基本学习能力。

(2)教学中我将学生统计数据制作出图表展示出来,通过对几个小组的图表数据的比对、分析,得出天气现象变化的基本信息;进而,学生自学教材中的相关原理内容,初步用自己理解的知识分析现实问题。由于学生理解能力的差异,对于锋面相关知识的领会有梯度,故此讨论中会有争论、意见观点相悖的现象,这恰恰提供了学生间互助学习的机会;通过辩论,逐渐清晰对于冷锋和暖锋的认识,清楚了解两者间的相同和不同,再运用简洁的语言文字解释和表述。最后用生活中的另一案例检查反馈学生的学习效果。

这样注重过程性的学习方式,尽管进度会慢些,但是学生的理解分析运用等能力却获得了培养,而培养学生的学习能力、合作意识等则是教育最应该给学生们的,也是面向全体学生、尊重每个鲜活个体生命的真实体现。

这种学习方式将课堂还给了学生,给予了学生充足的表述、交流和相互启发的机会,从而提升学生思维品质;更重要的是将地理学科的本质知识和现实价值

润物细无声地传递给了学生,将尊重自然规律、以人为本的理念渗透到每一位学生的头脑中。

(3)以科学认识人地关系为主线,通过对锋面天气系统的形成过程和产生的天气现象的学习,课后收集影响我国的主要灾害性天气的相关资料等环节设计强化学生进一步关注生活,关注生活中的地理现象、地理灾害,从而增强防灾、减灾意识和技能。

我国是一个自然灾害种类多、频次高、分布广的国家,其中影响面最广的可能要算是气象灾害了。冷、暖锋所带来的寒潮、降温冻害、暴雨洪涝等影响了我们日常的生产和生活,能够让学生有自我保护意识、对灾害有一定的了解认识和相应的自我保护措施,是学生时代应该具备的常识。而地理学科的特点和研究核心将责无旁贷的承担这一职责。课后作业的延伸将是对这一认知的具体实施。

3. 以夯实双基为设计的着手点,以情境教学促成学生智能体系的建构

本节课在设计上要突出两个特点:

(1)在教学内容上要突出地理学科的时间性与空间性

锋面的形成不是一成不变的。从时间上看,某区域可能处在不同的气压场位置(也就是从锋面过境前到过境时再到锋面过境后),由此产生的天气现象不同;从空间上看,不同的时间段,控制某区域的天气系统是不一样的,由此产生的阴晴、冷暖、风雨等不同的天气。一个事物的两个时空属性使学生从不同的视角看问题,培养多维度、多层面的综合思维。

(2)在教学的思维逻辑上体现情境设计与原理应用、回归情境的过程。为此,我在"锋面系统"的知识学习之后,回到情境中,用学到的原理解释情境中的现象;再发散思维联系生活中的相关现象,强化规律性认识;并使学生对地理学科的相关性分析、比较分析和综合归纳等基本方法能有更好的体验和把握。

### 三、以学生生长为目的设计高中地理实践活动

本节课通过课前观察记录、课上自学探究、小组合作,课后资料收集等连续性的环节强化了学生的实践认知;同时,以观察、画图、归纳概括、图文转换等形式展现了学生的思维过程;以紧密的问题链引导学生独立思考、发现问题、聚焦探究、合作交流和归纳迁移,培养了学生的思维品质。在这个过程中,我给予学生更多的思考、交流和表述机会,充分尊重和利用学生课堂生成的观点、论据和思路,引导生生互动和启发,从而使得学生在较为活跃的思考氛围中提升思维品质和学习能力。

英国的哲学家怀特海曾说:"在你丢失你的课本,焚毁你的听课笔记,忘记你为考试而死记的细节以前,你的学习是无用的。真正有效的学习,是学生能抛弃自己的课本、笔记和琐碎的记忆,将学到的知识转化为智慧的学习。教给学生以智慧的教育,才是最高境界的教育。"

为深刻而教,为有效而教,尊重学生的个性和认知规律,创设富有生命力的高中地理课堂,我们在奋斗着!

杜文红/文

**书海撷英**

广义教育下的知识应在学习者未来的生活中更具有生活价值,否则,它只会裹挟着学习者一同走向灭亡。……无论是学生、教师、家长、规划者、政策制定者还是课程资源开发者,只要参与了教育活动,就是参与了使人成为人的一个基本过程。

# 《苏东坡传》阅读教学设计

阅读,是语文教学中非常重要的一部分,也是每个人生活当中不应缺失的重要组成。《普通高中语文课程标准》指出,高中阶段的学生,应当"读好书、读整本书,借此来丰富自己的精神世界,提高文化品位"。《北京市中小学语文学科教学改进意见》也提出,"高中积极引导学生感悟中华优秀传统文化的精神内涵。可以采用专题学习的形式,加深学生对中华璀璨国学文化、悠久历史文化的了解,教育学生弘扬民族精神,传承民族文化,发扬传统美德。""高中每学年阅读5部以上文学名著及其他读物。教师要注重阅读方式和方法的指导,引导学生提升阅读品位,增加文化积淀,丰富精神世界。"

我在教学过程中,始终坚持培养学生阅读的兴趣,特别是自2015级学生入学以来,更是将"整本书的阅读"纳入到日常的教学计划之中,有计划有步骤地予以落实。在此,以高一第二学期指导学生阅读《苏东坡传》为例来简单地谈谈如何指导学生进行整本书的阅读。

学生在小学和初中阶段就学习过苏轼的不少作品,如《题西林壁》《水调歌头·明月几时有》《记承天寺夜游》等等;高一第一学期在必修二诗歌单元学习过《念奴娇·赤壁怀古》,第二学期在必修四要学习苏轼的经典之作《前赤壁赋》。苏轼在中国古代文学中具有重要的地位,无论是其诗词文章,还是其人品风骨,都对后世有着深远的影响。为了加深同学们对苏轼其人其文的了解,我选择了林语堂先生的《苏东坡传》作为本学期阅读书目中的一部,并对此进行了如下的阅读教学设计:

一、2016-3-26—2016-4-13,约三周时间,学生课外自读林语堂《苏东坡传》,在读书笔记本上完成3000字左右的摘抄,包括:作者的观点、自己喜欢的或受到启发的句子。

设计意图:培养学生自主阅读的能力,保留最初阅读的印象。

二、2016-4-14,利用两课时,引导学生在课堂上对全书进行梳理,列出自己在阅读本书时的疑问:包括无法查证的典故、不理解的文言诗文,以及阅读时思考产生的问题。然后小组进行交流讨论,将问题整理汇总。现摘录部分问题如下:

为什么宋代的皇后如此欣赏苏轼?

神宗既然那么欣赏苏轼,为何又不听其言,执意变法?

为何作者对王安石持批评态度?

王安石究竟是个怎样的人?

王安石变法的主要内容与作用是什么?为什么失败?

章惇之前和苏轼是朋友,为什么又迫害苏轼?

苏轼一共被贬几次?

苏轼究竟想不想做官?

苏轼为什么对功名利禄产生了怀疑?

苏轼在面临"明哲保身"与"直谏"的矛盾时究竟怎么想?

苏轼的感情生活对从政有何影响?

苏轼为什么那么受欢迎?他何以交得各种朋友?

苏轼既知自己有不少的弱点,为何不改?

苏轼一生去过很多地方,为何唯将"东坡"这个地方作为自己的号?

为什么苏轼说"问汝平生功业,黄州惠州儋州"?

苏轼的人生精彩吗?

为什么说苏轼的诗有活力?

苏轼的词风和他的经历有什么联系?

……

其中部分问题可在讨论交流中很快得以解决,部分问题可由教师讲解来解决。

比如,很多学生都对林语堂先生在书中对王安石的评价感到困惑,我肯定了他们的疑问,引导他们结合全书,特别是结合苏轼与王安石交往的几件事来看,又补充了一些相关的书籍资料,让学生们能更客观地去认识王安石的形象,更客观地对待作者的观点,也由此更准确地去理解作者要借王安石等人物来表现苏轼的哪些性格特点。

设计意图:鼓励学生养成独立思考、反思批判的习惯,课堂上提倡以相互交流和思想碰撞为特征的多重对话,在实践中提高学生运用语言文字的水平。

三、2016-4-15—2016-4-17,学生完成周末作业:在苏轼的一生中,有哪些人物对他的性格命运产生了比较重要的影响?请以列表的形式将这些人物分门别类,并简要写出他们与苏轼的交往以及对苏轼的人生所产生的影响。

另外,小组合作完成:

1. 苏轼生平行迹图(将苏轼一生所居留的重要地点在地图上标出)
2. 苏轼创作年表,附各个时期主要诗文作品篇目。

设计意图:让学生进一步熟悉书中内容,加强对人物生平及创作的了解。

四、2016-4-18,利用两课时,在课堂上交流小组及个人作业,查漏补缺。根据学生作业,简要回顾苏轼各时期代表诗词作品。

五、2016-4-19,利用一课时,讲读《前赤壁赋》,疏通字词,熟读全文。

六、2016-4-19,利用一课时,进行课堂研讨。

导入:为什么从古至今苏东坡一直特别受人喜爱?

学生们自由发言,分别从诗词创作、性格、志向等角度来谈了自己的理解。学生的发言,大多与苏轼在黄州、惠州、儋州时的贬谪生活有关。

设计意图:分享自己通过阅读感受到的苏东坡受人喜爱的原因,引出下面的讨论话题。

问题设计:为什么以"赤壁三篇"为代表的苏轼在黄州时期创作的诗文辞赋特别出色?为什么黄州时期的生活对苏轼的影响这么大?

指导学生精读传记的第十五章、十六章,联系前后事件,来解释这个问题。同学们分别从性格、黄州期间的生活、"乌台诗案"对苏轼的影响、苏轼在"乌台诗案"前的从政经历以及政治理想等不同的角度来分析黄州时期的苏轼其人及其作品的特点。有的同学还比较了之前读过的《黄州突围》来谈苏轼在黄州期间的生活状态和思想状态。教师点评并总结了同学们的研讨结果,补充了苏轼此后被贬至惠州、儋州时所写的作品来谈黄州对于苏轼人生的重要影响,最终回应了"苏轼有哪些可爱之处"这个问题。

设计意图:引导学生学会精读,能结合文本中的重点相关内容来知人论世。

总结:苏东坡,既以其浑然天成潇洒豪放的佳作受到喜爱,也因其人格的伟大、"灵魂的欢欣与心智的快乐"而受到景仰。在人生的风雨坎坷起落中,他始终能坚守理想和道德准则。为官时勉力造福一方,贬谪后亦能在困厄中恬然自适,"一蓑烟雨任平生"。不同于陶渊明的决然隐退,也因此成为无数仍在现实中挣扎奋斗的知识分子理想中的榜样。

作业设计:读完此书,你印象最深的是什么?结合所学所想,写一篇读后感。

本次的教学设计建立在近一个月的连续学习的基础之上,利用系统的教学设计将重要章节的精读与整本书的阅读结合起来,既增进了学生对于书中内容的了解,也促进了他们在阅读中的思考,体现了我校"为学生思维发展而教"的理念。

石丰/文

**书海撷英**

　　长期不用的知识渐渐会被大脑遗忘,它们逐渐会消失,无论知识本身具有多么重要的内在价值,只要它被大脑遗忘,就不可能再具有生活价值。也许,我们应当超越对"应当知道的好知识"的预设。只有当实际场合需要某种知识并且使之生动有效、容易获得时,我们才能说这类知识是好的、应当学习的。简言之,知识必须能够在某些场合实际运用,才值得学习。

# 关注课堂自主探究,生发数学课堂活力

新课程标准指出:有效的数学学习活动不能单纯地模仿与记忆,动手实践、自主探究与合作交流是学生学习数学的主要方式,转变数学学习方式、倡导有意义的数学学习方式是课程改革的核心任务。因此自主探究式教学成为数学教育的热点话题,如何利用探究式教学让学生进行有意义的学习,如何提高课堂的学习效率,都是教育工作者不断探讨的课题。布鲁纳在建构主义学习理论中提出,学生不是被动的知识接受者,而是积极的信息加工者。因此,在数学课堂上采用自主探究式教学,有助于学生积极主动地加工信息,有助于数学课堂活力的发生。

建构主义学习理论认为"情境""协作""会话"和"意义构建"是学习环境的四大要素或属性。"情境"有利于学习者对所学内容意义建构的学习环境,"协作"则发生在学习过程的始终,对学习资料的搜集与分析,假设的提出与验证,学习成果的评价,甚至意义的最终建构均有重要的作用。"会话"商讨完成规定的学习任务的计划,会话是协作过程中不可缺的环节,是意义建构的重要手段之一,"意义建构"整个学习过程中的最终目标。基于建构主义的学习理论,笔者尝试通过《几何概型》一节的教学,探讨自主探究型的数学课堂教学模式。

创设情境,设计问题

好的情境,引人入胜的问题决定了自主探究的基调。在数学课中,情境可以是从现实生活中抽取的问题,也可以根据数学的抽象特点,提出一个数学问题,这个问题必需能够连接先前知识和隐喻本节课的知识。

《几何概型》一节的重点在于让学生理解并掌握几何概型的使用条件和方法,难点在于选择适当的几何模型解决实际问题。因此本节课从复习古典概型及其特征进行引入,进而提出与古典概型具有相似特征的题目供学生探究,在小组探究中总结几何概型的特征及使用方法。

提出的问题如下:

问题1:判断下列问题是否是古典概型? 为什么?

从中任取一个整数,小于等于3的概率是多少?

问题2:如果问题改编如下,是否还是古典概型呢?

从[1,6]中任取一个实数,小于等于3的概率是多少?

第一道问题会伴随着两个问题,基本事件空间是什么?满足条件的基本事件是什么?这道问题的设计旨在让学生复习古典概型的特征和使用条件,并且可以在将思考方法进行类比。第二个问题与第一个问题既有相似之处,又有着极大的不同,因此学生便会在此类问题上产生困惑,产生探究欲望。是否可以使用古典概型的方法?这个问题与古典概型之间的区别是什么?

搭建脚手架,小组合作探究

苏联的教育学家维果茨基提出了"最近发展区"理论,建构主义者从维果茨基的思想出发,借用建筑行业中的"脚手架(scaffolding)"概念提出了"支架式教学"。支架式教学法是基于建构主义学习理论提出的一种以学习者为中心,以培养学生的问题解决能力和自主学习能力为目标的教学法,指的是一步一步地为学生的学习提供适当的、小步调的线索或提示(支架),让学生通过这些支架一步一步地攀升,逐渐发现和解决学习中的问题,掌握所要学习的知识,提高问题解决能力,成长为一个独立的学习者。

《几何概型》的教学设计中,学生会对探究问题感到无从下手,因此会为学生提供4个脚手架问题:1. 本题与古典概型的不同点和相同点是什么? 2. 基本事件空间是什么? 3. 该问题的基本事件是什么? 4. 能否用恰当的方式表示该问题的基本事件空间呢?四个问题中的两个问题在古典概型的复习中也提出过,在这里是要为最后的总结埋下伏笔。

学生以小组的形式进行合作探究,教师在巡视的过程中会询问学生是否需要帮助,提示他们可以遵循脚手架问题,并适当地参与到学生的讨论中。这样的课堂既不是死水一潭的静态课堂,也不是一盘散沙般的混乱课堂。

学生展示,相互质疑

知识不是通过老师的"填鸭式"传授习得的,而是学习者在一定的情境中,借助他人(包括教师和学习伙伴)的帮助,利用必要的学习资料,通过主动构建的方式获得的。建构知识的过程实质上是思考—质疑—再思考的一个循环,因此探究式数学课堂的核心在于,学生代表讲解小组探究成果,临时扮演教师的角色,但同时也要接受不同声音的质疑。学生们通过质疑与被质疑不断加深对问题的思考,厘清问题的本质,拓展并升华问题的解决方法。

在《几何概型》的教学中,学生通过小组合作,探究出自己小组公认的解决方法,依照脚手架问题进行班级展示,其他小组的同学对其方法及答案提出质疑,在交锋中,学生对几何概型的认识愈加深刻,之所以要利用几何图形解决概率问题的本质是因为基本事件空间的无限性。教师在学生的交锋中需要仔细聆听,寻求最佳点拨时机,并且在学生讲解质疑完成后补充学生对几何概型的概念、特征以及计算公式的总结。

质疑的价值在于思想方法的提升,探究问题使用数轴表示了基本事件空间,那么是否可以有其他的方式表示基本事件空间呢?因此教师选择了又一道值得学生探究讨论的问题。

问题3:某游戏规则如下,随机地往半径为1的圆内投掷飞镖,若飞镖到圆心的距离大于$\frac{1}{2}$,则成绩合格;若飞镖到圆心的距离小于$\frac{1}{4}$,则成绩为优秀;若飞镖到圆心的距离大于$\frac{1}{4}$小于$\frac{1}{2}$,则成绩为良好,那么在所有投掷到圆内的飞镖中得到成绩为良好的概率是多少?

本题旨在让学生寻求出还可以使用面积计算几何概型,学生的难点在于如何能够思考到使用面积类的二维图形进行表征。因此教师仍需要提供3个脚手架问题:1. 基本事件空间是什么? 2. 该问题的基本事件是什么? 3. 能否用恰当的方式表示该问题的基本事件空间呢? 这三个问题是解决几何概型问题的关键。

教师在巡视小组的合作的过程中发现,有的组使用周长比,有的组使用面积比,但都不会轻易评价他们的对错,仍旧鼓励各个小组踊跃展示,进行又一轮的质疑交锋。在本环节的质疑交锋中,学生总结出了选择适当图形表示几何概型的问题的方法,达到了整堂课的高潮。

巩固运用,拓展延伸

每一堂课针对不同水平的学生都应涉及不同的目标,不同的学生在每一堂课也应该得到不同的收获。探究式数学课的目标不仅仅在课堂上学会思考,学会探究,更重要的是将这种方法延伸至课堂以外,因此在本节课的最后,教师设计了一道实际问题供学生们探究,问题如下:

Gavin 和 Joey 约定周日去欢乐谷。两人约定上午9:00到10:00之间在门口见面,并且约定若其中一人等另一人超过20分钟,则可先离开。那么请问两人见面的概率有多大?

本题的难点在于使用坐标系抽象数学模型,学生在课堂上提供了此题的多种解决思路,教师可以不予以肯定或否定的评价,但是提示学生们可以再次思考"脚手架"问题,作为作业课下讨论。

总结知识,提升方法

课堂教学是教师教与学生学组成的双边活动,教师是"探究式"数学教学的"推进者"和"升华者",因此课堂小结在探究式教学中有着重要的地位。教师在《几何概型》的最后从知识和方法两个层次让学生进行总结,并且一般化到解决概率问题的关键在于确定事件基本空间。

自主探究式课堂也是一种动态生成的课堂,其主导思想是以学生的发展为基石,构建有利于学生思维发展的新型课堂教学结构。这样的课堂真正做到以学生为中心,将课堂还给学生,发挥师生以及生生之间的交互作用。这样的课堂才是充满生机,充满思维火花的课堂。也只有这样的课堂才能让学生实现意义学习。

黄丹婷/文

**书海撷英**

做业余的专家而不是严谨的学院派。在教育中始终应该保留足够的空间,让渴望学习的学习者能够追寻自己内心的缪斯女神,并且鼓励迫切的学习者去发现自己的缪斯女神。通过广泛的课程内容安排来培养业余的专家,不要只盯着学术知识的奥秘,而要把眼光放远,要相信这一切都可以实现。……业余的专家不强求专业知识,却能够自信地、正确地、灵活地理解和运用基础知识。

# 03

| 研 创 篇 |

# 落实教学目标,培养学生思维能力,实现高效课堂

在课堂教学中,教育者必须设计特定的目标,并设计确定能够展示完成那些目标的行为。这些目标包括三个层次:总体目标、教育目标和教学目标。教学目标是这三种目标中最具体的。一个好的教学目标应该包括三个元素——表现,即目标告诉学习者被期望做到什么;条件,即描述了表现出现的重要条件;标准,即描述学习者应该表现得多好就能够被认为是可接受的。

目标是课堂活动涉及的缘由,没有清楚的目标,课堂活动就没有了方向。所以说学习目标是课堂教学的灵魂。课堂教学应达到对知识与技能、过程与方法、情感态度价值观目标的实现。对于如何实现三维目标,在教学实践中有着诸多的形式探索,有效的学生活动、设计到位的课堂提问等,无论哪种形式的教学活动都要以达成教学目标为出发点和归宿。针对初中学生的心理特征,在政治课教学中,内容应更加生活化和富有时代性,才能让学生更易于接受和理解。

思想政治课具有鲜明的时代性和现实性。在课堂教学中开展新闻播报活动,每节课在课堂上用3-5分钟的时间让学生播报最近发生的国内外重大时事和社会关注的热点问题,让学生以自己的视角去探知社会。这样的一个环节,不仅可以实现在课堂中开展时事教育的目的,使学生了解时事要闻,开阔视野,而且可以运用播报的时事新闻内容为学生的学习创设情境,来促进教学三维目标的有效达成。例如,在学习《防患于未然》课时,要通过对课程内容的学习,使学生感悟到在学习和生活中从点滴小事着眼,做到防微杜渐,避免走上违法和犯罪道路。因此,在教学设计过程中,利用学生播报"最美司机"吴斌的新闻,结合播报的素材内容,为学生创设理解"小事着眼,防微杜渐"的条件,学生在听取新闻内容的同时,感受到司机吴彬的壮举是千百万次职业严格操作所积累的结果。这样的素材是从正面着眼,同时从反面来说,防患于未然,"勿以恶小而为之"则正是这节课的主题。

下面,通过新闻播报在教学实践中的应用实例来谈谈其对思想政治课三维目标达成的实效价值。

## 一、以播报的新闻内容创设教学情境

体现"在生活中体验,在体验中感悟,在感悟中成长"是新课程改革的重要理念之一。在教学过程中,创设好的情景能促使学生产生学习的动力,引发学生积极思考,丰富想象,内化知识,强化学生的认知行为。因为"情景教学"是指在教学过程中,老师有目的地引入和创设具有一定情绪色彩的、以形象为主体的生动具体的场景,以引起学生一定的态度体验,从而帮助学生理解知识获取技能,并使学生心理机能得到发展的方法。教学情境是具有一定情感氛围的教学活动,可以使学生在真实具体的感受中进行主体体验,在体验中获得道德认知,形成道德素质。在讲《防患于未然》课时,学生播报了这样一则新闻:"最美司机"吴斌,平凡48年,伟大1分钟——吴斌,是杭州一名普通大巴司机,生前开了10年长途大巴,已安全行驶100多万公里,相当于绕地球开了近30圈。5月29日中午11点39分,吴斌在驾驶客车从无锡返回杭州的途中,被高速公路上来历不明的金属块突然击中,刺入腹部。他在忍着肝脾破裂的生理极限的剧痛下,将大巴车平稳停下,拉上手刹,并嘱咐乘客不要乱跑。从受伤到倒下的1分38秒钟内,他用尽最后一丝力气保全车上24名乘客的安全,用生命履行了自己的职责。6月1日凌晨,48岁的吴斌因伤势过重,不幸去世。事故原因还在调查中。学生在听完新闻播报后,会被带到这样的一种情感氛围中:吴斌在遭受巨大冲击的痛苦中,能够平稳停车,简直是一个奇迹。只有平时驾驶技术过硬,并时刻绷紧保护乘客安全这根弦,才能在危急关头,做出这种几乎是本能的选择。吴师傅的最后义举不仅是无私奉献、舍己救人、不怕牺牲、奋不顾身等等壮美体现,更是他十多年兢兢业业的工作态度和千百万次职业操作所积累。学生会在这样的一种体验中感悟到:"勿以善小而不为,勿以恶小而为之。"一个非常平凡的驾驶员,只有每天把平凡的工作做好,才能在关键时刻经得起考验。作为一个普通的人而言,把生活中的点滴小事做好,才能成就一个人的坚实品格。利用这样的一个新闻素材设置情境,不仅可以使学生感受到平凡职业人的敬业与牺牲精神的震撼,同时也可以领悟到平凡人做好点滴的平凡事同样也造就了不平凡的人生,使学生在情感认知上得到升华。

## 二、借助新闻素材设置情境,辅助实现导入新课内容

如此震撼人心的新闻素材,会让学生对生活中的平民英雄肃然起敬的同时,又会唤起学生对引发事故的原因进一步的追问和思考。此时,可以继续引用相关材料来导入新课。教师展示事故调查进展:造成"最美司机"吴斌不幸身亡的"致

命铁片"来源已初步锁定,是江西宜春一辆东风大货车刹车轮毂。那么高速公路行车如何避免"飞来横祸"?针对这样的设问,学生会有多角度的思考。在学生认知的基础上,教师引导并总结:航空界关于飞行安全的法则"海恩法则",(每一起严重事故的背后,必然有29次轻微事故和300起未遂先兆以及1000起事故隐患。按照"海恩法则"分析,事故的发生是量的积累的结果。再好的技术,再完美的规章,在实际操作层面,也无法取代人自身的素质和责任心。)适用于对这种意外事故的分析。无论异物是来自车辆本身,还是散落在路面上被车辆碾压飞起,其背后都存在人的责任心问题。因为车辆本身零件掉落,这个零件必定存在掉落的隐患,不可能毫无原因地掉落。这些隐患,或许是零件质量问题,或许是车辆检修问题,之所以没被及早发现,关键是由于隐患细微,被我们忽视了。当细微的隐患得不到及时修复,就会在一定时候引发事故。面对"飞来横祸",按照海恩法则分析,静心细想,难道不是如此吗?是的,我们无法避免事故,却完全可以最大程度降低事故发生概率,而这关键取决于人的责任心。车辆有很多部位都应该定期检查,发现问题尽快解决,这样才能保证车辆处于良好安全的状况,这不仅是对驾驶人员,同样也是对他人安全的一种责任意识。如果我们假设那天早晨大货车的司机检查了车况,发现了刹车轮毂的问题,那么司机吴斌的悲剧就不会上演,安全事故将防患于未然。分析到此学生会对"防患于未然"这个词有了深入的理解,在此基础上引入所要讲授的新内容——对青少年犯罪"防患于未然",这样,学生在理解教材内容时就可以突破其难点而易于接受。

实践证明,在这样的教学设计之下,新闻时事内容恰当地与教材内容结合,有助于更好地导入并实现教学目标。在这个过程中,学生在教师创设的情境中实现情感体验,使感性思维得以锻炼,也是实现教学中情感态度价值观目标的过程。在情感体验的基础上,引导学生进行理性的思维,以实现逐步拓宽思维深度,提升学生理性逻辑思维的水平,提高课堂效率。

马清平/文

**书海撷英**

对学习者的先有概念的考虑必须成为一切教育计划的出发点。

# 以挑战性学习任务提升学生的语文核心素养

正像《为未知而教,为未来而学》一书所言:"我们需要一种更具有'未来智慧'的教育视角,在复杂而多变的世界努力培养人的好奇心、启发人的智慧、增进人的自主性和责任感,引导学生积极地、广泛地、有远见地追寻有意义的学习。"[①]

作为一名教师,我常问自己:在课堂上学生的学习是否真正发生了。观察一下平时的课堂,就会发现有很多时候,学生虽人在课堂却心在别处。探其原因,有时是因为我们的课堂没有给学生提供足够的学习动力和有实质意义的学习内容,没有让学生的思维真正动起来。

语文课程是一门学习语言文字运用的综合性实践性课程,学生的语文素养是在丰富的语言实践活动中主动建构起来的。语文活动包括阅读与鉴赏、表达与交流、梳理与探究三个方面,它们相互配合,共同构成语文实践活动系统。

高中学生的阅读与鉴赏活动应能体现出"自主独立、大量、选择、批判性、创造性"的基本特征,他们的表达与交流活动应能体现出"文明得体、自由顺畅、个性化、有创意、跨媒介"的基本特征,他们的梳理与探究活动应能体现出"结构化、问题导向、跨文化、自主合作、个性化、创造性"的基本特征。

我在教学实践中注重整合和开发课程资源,在设计语文活动时,尽可能体现语文核心素养的基本要求,为未知而教,努力引导学生为未来而学。"战国四公子"这个案例,以阅读活动为基础,力争将阅读与鉴赏、表达与交流、梳理与探究整合在一个专题学习活动过程中,将教学目标指向学生思维品质的磨砺和语文核心素养的提升。

## 一、活动设计充分体现学生学习的自主性与合作学习的特征

### (一)教学流程

"战国四公子"整个专题学习共 8 课时,学生自学占 6 课时,即总课时量的四分之三。每篇阅读材料都是学生先自读,给学生充分自学的空间和时间。学生自

读中遇到问题,先运用注释和工具书自行解决;遇到自己解决不了的问题,教师鼓励学生通过小组讨论解决。在这6课时里,教师是学生学习的指导者和帮助者。在学生自读和小组讨论交流的过程中,教师只是巡回指导,对学生学习中的共性问题进行适当的点拨,不打乱学生自己的学习节奏,这符合学习行为发生的规律。

在专题学习的最后2课时,通过小组交流、全班交流、教师引导点评的方式,回顾总结自学成果,分享学习经验。强调小组合作学习,在合作分享中,师生之间、生生之间相互启发,共同提高。

(二)设计指导思想

语文课程关注的重点是培养学生的核心素养,教学过程是教师教学生学的过程,而不是教师单纯地传授学生知识、训练学生技能的过程。正像叶圣陶先生所讲"尝谓教师教各种学科,其最终目的在达到不复需教,而学生能自为研索,自求解决。故教师之为教,不在全盘授与,而在相机诱导。必令学生运其才智,勤其练习,领悟之源广开,纯熟之功弥深,乃为善教者也。"②

## 二、问题引领,任务驱动,让学生在完成具有挑战性的任务中,提升语文素养

(一)专题内容

与学生以往习惯的文言文教学中字字落实,句句对译,将一篇小文章揉碎搓烂塞给学生的教学方式不同,这个文言文阅读专题,首先是阅读量大,四篇阅读材料的阅读总量(含原文和注释)共28900字;其次是阅读要求高,学生要在没有老师讲解的情况下,凭借注释和工具书自读课文,并通过小组合作的方式解决个人不能理解的内容。这样的学习任务的确是具有挑战性的。

设计具有挑战性的学习任务,不是为了难倒学生,而是为了促使学生在面对挑战的过程中,转变学习方式,培养自主学习的能力和合作、探究的意识,砥砺思维品质,并在解决难题的过程中,树立信心,培养自信。

(二)任务设置的思考和准备

为了使任务难度适当并具有挑战性,我在选择学习材料和设计任务内容时,做了精心的准备和设计。

1. 学习方式的准备

在接手这个新班两个月后,我对学生的学习情况有了初步了解,已在一个单元课内文言文的学习的过程中帮助学生基本上确立了以自主阅读、小组合作探究为主,教师点拨为辅的学习方式。对这种学习方式学生虽说还不太习惯,但已没有抵触,可以接受了。

2. 学习内容的设计

我针对初三学生的具体情况，设计了以故事性强、文化含量高的《史记》专题作为突破口的文言文长文阅读专题。之所以选择《史记》的四公子列传，有这样几方面的考虑：一是在这之前为学生补充了短文《读孟尝君传》，引起了学生进一步了解战国四公子的兴趣；二是《史记》是传记文学，故事性强，能激发学生的阅读兴趣，适合初三学生阅读；三是"四公子列传"是《史记》中的精品，对学生来说，通过研读这个专题可以大致了解《史记》的写人特点；四是"四公子列传"内容丰富，呈现了战国时代的社会风貌，隐含了大量的社会历史文化信息，为学生提供了许多可研究的角度；五是这为我接下来的《战国策》专题阅读和"初识百家"专题阅读奠定了基础；六是这四篇文章很长，学生从未接触过这样长的文言文，若学生能较顺利地读完，势必能增强学生学习文言文的信心，对他们破除怕学文言文的迷障有至关重要的意义。

3. 课时的设计

学生刚学完王安石的《读孟尝君传》，因此就把《孟尝君列传》放在最前面，这篇文章较长，安排了两课时完成；接着是《平原君列传》，文章较前篇短，难度也较前篇小，故安排一课时完成。这两篇文章都配有较为翔实的注释。第三篇文章是《春申君列传》，安排两课时。这篇文章难度是四篇文章中最大的，篇幅最长，人物众多，内容复杂，难点最多，对初三的学生来说确属不易。因此我提供的阅读材料不仅有翔实的注释而且配有译文。在阅读之前，我强调了阅读方法：先读原文，读不懂再看注释；若还有困难，再看译文。有了译文可供参考，不至于把学生彻底难倒。最后读《信陵君列传》(3300字)，这篇文章难度是四篇文章中最小的，篇幅也较短。我为学生提供的是白文，没有注释。这是学生挑战自己，也是检验自己这几天阅读成效的时候。若能大致读下来，无疑会增强学生阅读文言文的自信心和对自己文言文学习能力的自豪感。读过前三篇，学生再读这篇，都感到比较简单。从整个学习过程来看，目的基本达到。

4. 学习任务的设计

我为学生设计了一系列具体的、由浅入深、由简单到复杂的学习任务，通过这些具体任务，分解了整个专题的难度，形成了任务梯度，为学生完成整个专题的学习提供了支撑。

第一梯度的任务：筛选整合信息，理解文本的基本内容。

在学生自读的阶段，我并不要求学生像以往学习文言文一样，逐字逐句地翻译，字字落实；而是要求学生以理解文本内容为中心，筛选整合文本的主要信息，理解传记中的主要人物。

为学生设计的具体活动任务有两项：

(1)初读文本,理解基本内容(对照注释阅读,请画出读不懂的地方,小组讨论解决)。

(2)筛选整合信息,把握传记的主要人物和主要事件。

如:"请为孟尝君编制大事年表""冯骥是一个怎样的人?""请列出平原君所做之事及宾客为平原君所做之事""请分别用一句话概括毛遂、李同"等。

第二梯度的任务:评价人物,并锻炼书面语言表达能力。

如"请为孟尝君、平原君、春申君写一段50字左右的评语""请为信陵君写一副对联"。这是在第一梯度任务完成的基础上的一次提升。若第一梯度的任务不能很好地完成,完成这级的任务就会出现偏差。

一、二梯度的任务侧重语文核心素养中的"语言建构与运用""审美鉴赏与创造"。

第三梯度的任务:梳理、探究、发现、创新,都指向语文核心素养的培养。

任务1. 请比较四公子,若你是当时的一名士,你更愿意到谁的门下生活？请申明理由。设计意图在于引导学生能通过品味语言,感受形象,领悟作品的丰富内涵;考查学生能用文章中的信息支撑自己的观点进行合理推断的能力。引导学生充分调动自己的生活经验在主动积极的思维和情感活动中,获得独特的感受和体验,发展学生的想象能力、思辨能力和批判能力。侧重语文核心素养中的"思维发展与提升"。

任务2. 从"战国四公子列传"中你还能读出哪些(政治、文化、社会等)信息？你得到了哪些人生启示？设计意图在于引导学生从文章所展示的社会背景中提取有价值的信息,明了人是社会中的人,人是在一定的社会政治文化经济背景中活动和成长的,学会知人论世的方法。侧重于语文核心素养中的"文化理解与传承"。

任务3. 请说一说《史记》塑造人物的方法。设计意图在于让学生能通过阅读,感悟《史记》的人物形象,了解《史记》人物塑造的主要方法。这四篇列传可说是《史记》中的经典篇目,虽在人物塑造上各具特点,但基本上都体现了《史记》人物塑造的特点。这项任务侧重于语文核心素养中的"审美鉴赏与创造"。

任务4. 从"战国四公子列传"的自主阅读中你积累了哪些语言现象和文言文的阅读方法？有什么体会？设计意图在于引导学生学会自主梳理常见的文言实词、文言虚词、文言句式,在形成语感的基础上,梳理、分析语言素材,能主动反思和梳理文言文的阅读方法和学习经验,在文言文阅读实践中学会阅读,逐步形成自己富有个性的文言文学习方式。侧重于语文核心素养中的"语言建构与运用"。

任务 5. 请就这四篇列传中你感兴趣的某一问题进行探究。设计意图在于培养学生的问题意识和探究意识。引导学生努力扩大阅读视野,进行一点问题研究的尝试;引导学生从历史发展的角度理解古代作品的内容价值,用现代观念审视作品,评价其积极意义与历史局限。通过开放的自主探究题目,侧重于语文核心素养中的"文化理解与传承"。

最后两节课的讨论与交流,不仅总结分享了学习的成果和经验,也锻炼了学生的口语和书面语的表达与交流能力。

从整个学习过程来看,目标基本达成。

过去学生学习文言文基本是老师字字落实,句句对译,将一篇小文章揉碎搓烂塞给学生,它的好处是学生学习课内文言文知识比较扎实,不足是容易使学生只见树木不见森林,不易形成语感,且不能激发学习兴趣。日久天长学生就会形成一种由字而句再到文的文言文阅读的方法,把重点放到了对文言字词的记忆上,而忽视了真正的文章阅读。

"战国四公子"专题阅读,意在让学生在阅读实践中抛弃学文言文就是学一堆文言实词、虚词、活用的偏见,并在自主阅读中摸索出文言文阅读的方法,学生在梳理整合语言知识和言语活动经验的过程中会逐渐提升他的语言积累和语言建构的语文素养,体会阅读优秀文言文的快乐。在挑战性的专题学习中提升学生的语文核心素养。

**注释:**

①戴维·珀金斯(David Perkins)杨彦捷译:《为未知而教,为未来而学》,浙江人民出版社 2015 年 8 月版。

②叶圣陶《叶圣陶语文教育论集》教育科学出版社

附:
教学设计

**教学目标:**

1. 读懂文章,筛选整合信息,对四公子能有较清晰的了解,能概括出《史记》刻画人物的方法。

2. 摸索出阅读长篇文言文的基本方法,破除"中学生三怕之一———怕文言文"的迷障。

3. 能对文章做进一步的探究与整合,对战国的社会、文化、政治、经济有一个初步认识。

教学方式:

自主阅读、小组合作探究、教师点拨

课时:8课时

教学过程:

第一、二课时　学生阅读《孟尝君列传》(原文和注释共约8400字)

思考:

1. 对照注释阅读,请画出读不懂的地方,小组讨论解决。

2. 请为孟尝君编制大事年表。

3. 冯驩是一个怎样的人?

4. 请为孟尝君写一段评语(50字左右)

学生自主阅读,小组交流,教师巡视答疑,教师就共同问题点拨。

第三课时　学生阅读《平原君列传》(原文和注释共约4900字)

思考:

1. 对照注释阅读,请画出读不懂的地方,小组讨论解决。

2. 请列出平原君所做之事及宾客为平原君所做之事。

3. 请分别用一句话概括毛遂、李同。

4. 请为平原君写一段评语(50字左右)

学生自主阅读,小组交流,教师巡视答疑,教师就共同问题点拨。

第四、五课时　学生阅读《春申君列传》(原文、注释、译文共约12300字)

思考:

1. 请画出读不懂的地方,小组讨论解决。

2. 请列出春申君所做之事及宾客为春申君所做之事。

3. 请为春申君写一段评语(50字左右)

小组交流,教师巡视答疑,教师就共同问题点拨。

第六课时　学生阅读《信陵君列传》(原文约3300字)

思考:

1. 请画出读不懂的地方,小组讨论解决。

2. 请列出信陵君所做之事及宾客为信陵君所做之事。

3. 请为信陵君写一副对联。

小组交流,教师巡视答疑,教师就共同问题点拨。

周末完成以下任务:

1. 请比较四公子,若你是当时的一名士,你更愿意到谁的门下生活？请申明理由。

2. 从"战国四公子列传"中你还能读出什么(政治、文化、社会等)信息？你得到了哪些人生启示？

3. 请说一说《史记》塑造人物的方法。

4. 从"战国四公子列传"的自主阅读中你积累了哪些语言现象和文言文的阅读方法？有什么体会？

5. 请就这四篇列传中你感兴趣的某一问题进行探究。

第七、八课时:讨论交流

1. 小组交流

2. 班级交流

3. 教师点拨

附　　　　　　　　　　学生作业

学生的学习收获:

读完战国四公子后,我惊喜地发现,自己居然读了这么长的文言文。我在惊喜的同时,也仔细地反思了一下自己为什么能完成了这么长的文章阅读。

以前,老师们总是教短小的文言文,并逐字逐句地去翻译,直到讲明白为止。我们在那种方法下学习,虽然理解消化快,但是却没有自己独立的思考。我们读了"战国四公子"之后,在摸爬滚打中学会行走,下面就说说读长篇文言文的收获。

1. 先通读一遍。在通读的过程中,画出不理解的地方。也许有很多字不认识,但是通读能使我们了解故事主线,这能使我们更清楚地理解。

2. 加上注释理解。一些不理解的词通过注释可以解决,这样对文章的理解会变得更加清晰。注释没有的字可以翻古汉语字典。

3. 深层理解。理解文章的主旨,分析人物、情节和文章透露的各种社会历史文化信息,以期对文章有整体且深入的理解。

——肖宇捷

这是我第一次读这么长的文言文,一看见古文就头痛的我更郁闷了:这么长的古文,需要一口气读完,怎么可能？但没办法,只好硬着头皮读下去。刚开始,我读得慢极了,因为速度稍稍一快,大脑就跟不上了。但是时间一长,我发现自己基本能读懂且有点意思了,速度慢慢也快了些。"战国四公子"的学习让我最快乐的是:这是我自己读下来的,让我发现了自己阅读文言文的能力有很大的提升空间,对古文的抵触心理也随之消减了,很享受这种自己克服很多困难读下一篇很长文言文的过程。

——丘雨涵

以前从未读过这样长的文言文,刚拿到那么长的文章的时候,脑袋一下就懵了,心想肯定是看不明白的。但是,当我硬着头皮一句话一句话往下看时,我的心情越来越放松了。这是因为:第一,它没有预料的那么难,参照注释,连蒙带猜,还是能明白意思的;第二,它的故事很吸引人,人物形象十分丰满,这既打消了我的恐惧,又激起了我的阅读兴趣,于是我就甘愿往下读了。

不过,能够顺利读完四篇列传并从中收获很多,光凭上面所说的还不行。在学习过程中,必须积累一些阅读方法。对我来讲最重要的一个方法是"望文生义",读一句话,即使中间有少数不知道意思的字词,也要猜出来,等读完文章以后再去查,这样既提高阅读能力,也积累了文言知识。还有一点收获就是积累了许多成语典故。我们从这些文言文中能读到大量的原汁原味的东西,很多都生动有趣,若我们能有意识地积累,这比老师填鸭管用得多。

——邓泽琨

### 读战国四公子列传
北京市第八十中学 初三二班 鲁聪

本周我们花费了整一周的时间,不甚精细地读完了战国四公子列传。以文章的长度和内容来说,它们对我已经是一个不小的挑战了;加上它所勾勒出的一幅战国的社会情态,又给我留下许多疑问和感悟。

首先我深刻地体验了司马迁笔下功夫之炉火纯青。举《孟尝君传》为例,虽然它涉及的时间跨度很长,从出生到去世,但是它有详有略,不给人冗长的感觉;只挑其中几件事来写,就刻画出孟尝君和几位有名的宾客栩栩如生的形象来,没有扁平之感。更令我佩服的是司马迁对史实记叙的客观,他似乎不置褒贬,至少不让自己的情感左右行文,真正怀着一种对古战场的凭吊一般的心情。《史记》不愧为一本文学、史学巨著。

这四篇传记使我对古人的价值取向有了一点认识。战国时期的士显然很看重别人对自己的赏识和重用,即"士为知己者死",而且生命都称不上是最可贵的了。战国时各国纷争不断,要臣似乎没有忠于自己的国家的自觉,如果觉得不受重用,也会毫不留恋地投奔他国。但是士对君主是有忠义感的,甘愿为这一人捐躯。然而我很不能理解士对生命的过分轻视,《孟尝君传》中的一位宾客仅因在一件小事上错怪孟尝君就自杀了。或许他为玷污了孟尝君的人格感到愧疚,可总不至于此吧。

学习完四篇古文后,老师给我们出了一道难题:"若你是一名士,你更愿意到谁的门下生活?"面对这个问题,我的第一反应是:我宁愿周游在外,不去投奔任何一个人。诚然这四人各具特点,但都争相给士以厚待,却也各自有一些以现代人的道德观念难以接受的地方。

我首先排除的是平原君,尽管他肯为躄者杀美人,是对士的敬重,可这种做法未免太残忍、粗暴;其次他未必善于相士,先是没有辨出毛遂的才干,又是对公孙龙的言论没有主见;他对出兵救邯郸的迟而不决,比起信陵君来魄力和决断力也逊色很多了。

孟尝君给人最突出的印象就是他好客自喜,由于这个原因,薛大多暴桀子弟,与这些人打交道想必也是困难有加的;更重要的是孟尝君对齐不甚忠诚,为被重用不惜背叛齐国,在这种人门下会很缺乏安全感。

信陵君是位很有影响力也很有胆识的雄才,他带兵救赵救魏,立了大功;他对宾客的态度极其恭敬,而且不看重士的身份地位。但是他对魏也不尽忠诚,无怪不受魏王重用。但他最致命的弱点要数不能摆正自己的位置。信陵君受到赵的感谢,顿时飘飘然起来,居功自傲,幸亏听了宾客的劝诫才清醒过来;但他晚年因不得魏王信任而自暴自弃,竟一蹶不振了。

相比之下春申君的个人能力很强,始终不背叛自己的国家,也算得上是忠臣了。他进献李园的妹妹是他道德上唯一的污点,败在李园手里也只能说是糊涂一时,至少没有直接做出对自己的国家不利的事来。因此非要选择的话,我会到春申君门下。

王岱/文

**书海撷英**

通过限制总量,更加严格地筛选出自己喜欢的物品,自然而然地提升了品位。

# 通过英语项目式教学,培养初中学生的创新思维

　　**内容提要**:项目式教学不同于传统的教学,它以"项目"为形式,以学生具体的学习主题为目标,在教师的导引下,采取团队合作的方式,使学生在项目学习的过程中去思考和探究,锻炼其解决实际问题的能力。本文基于作者多年的英语教学经验,介绍自己对项目式教学的理解以及在初中英语教学中进行项目式教学的尝试,探讨在英语教学中如何更有效地开展项目式教学来激发学生的创新思维和培养学生的英语创新能力。

　　**关键词**:项目式教学,创新思维

　　前言:

　　转眼间,在初中英语教学一线奋斗了15年了,我发现许多老师兢兢业业的教课本,勤勤恳恳的判作业,可是学生并不买账,不愿交作业,甚至逃课。最常听到的抱怨就是:讲了很多遍,还是不会,练了很多遍,怎么还出错……我就在想,咱们所讲的是学生有兴趣听的吗?咱们的作业是学生愿意做的吗?作为教师,我们要是不能突破原有的"教参—教材—学生"这一固定的模式,从发展学生创新思维这一战略高度出发,别具匠心地"肢解"教材、"重组"教学内容,将创新意识和创新能力有机地渗透到整个教育教学过程中去,我们不可能获得教育实践的新颖性,也就不可能使我们的教学获得理想的效果。严重的情况下,教师和学生就会陷入教师因失望而倦怠,学生因失望而厌学的可怕局面! 在这15年的英语教学实践中,我也遇到过很多尴尬的场面,有过很多相似的苦恼和问题。比如,如何提高课堂的效率,如何调动学生的参与热情,如何在英语教学关注个体能力的发展,如何针对具体的能力性发展每一个学生的能力设计任务等等。近年在接触和运用项目式教学的过程中,我的思路渐渐清晰。英语教学中加入项目式教学能极大地调动学生的参与热情,能锻炼学生的合作探究能力,能关注到学生个体的学习过程和个性化学习方式,能够拓宽他们的学习渠道,培养学生的创新思维……当然,前提是老师要具备一定的理论水平,改变我们的教学观念和评价方法,能够在新的

课程理念指导下,根据教学资料(包括教材)设计学生感兴趣又能激活学生已有知识和运用新知识的项目系列。这无疑对老师们来说是一个挑战。

### 一、项目式教学的内涵与理论基础

"项目式教学,就是学习者围绕某一个具体的学习项目,充分选择和利用最优化的学习资源,在实践体验、内化吸收、探索创新中获得较为完整而具体的知识,形成专门的技能和得到一般发展的一种学习方式。"用通俗的话说,就是指将传统的学科体系中的知识重新设计转化为若干个教学项目,学生围绕着项目组织和开展学习。

项目式教学既是一种教学模式,也是一种多用途的教学方法,其理论基础融合了多种教育理念。

首先是建构主义学习理论。建构主义是学习者根据自身的经验,在与周围环境相互作用的基础上,构建自己的知识体系的理论。它强调的是学生积极主动地建构知识,而不是被动地"接受"知识。项目式教学是通过创设学习情景,让学生在真实的环境中开展具有创新性质的学习活动,以构建个人的知识体系。

其次是多元智能理论。多元智能理论强调了每个人都有不同的智能强项和优势。学生在完成一个学习项目时,会运用自身的智能优势创造性地解决学习中的问题,同时教师在项目式教学活动中,将综合各种教与学的策略,帮助学生开发各自的智能。由于项目式教学注重的是学习与社会实践的结合,所以能使学生将学习变成一种社会体验,为未来的工作和生活做准备。学生通过项目学习,不断地积累学习经验,不但能够发挥各自的智能优势,而且能提高他们的弱势智能。

最后是终生学习理论。终生学习理论强调学习的社会化和学习能力的培养。终生学习要求学习者通过自主学习,形成一种能力,以适应社会发展的需要。项目式教学就是通过完成真实的项目来培养学习者的这种能力的一种教学方式。在项目教学中,学校和教师要尽可能地为学生提供有关的条件和机会,使学生在自主完成学习项目的过程中,成为一名终身学习者,这种能力的形成也是社会和时代发展的必然要求。

### 二、实施项目式教学的现实意义

(一)新课程改革的必然趋势

新一轮课程改革倡导"自主、合作、探究"的课程理念,新课标提出,英语教学的根本目标是培养学生的英语综合语言运用能力,包括英语知识,技能,学习策略,文化意识等。这必然要求老师们改变传统的讲授为主的方式,注重学生的参与、体验和感悟,鼓励学生充分选择和利用最优化的学习资源,在实践体验、内化吸收、探索创新中获得较为完整而具体的知识。项目式教学所创设的学习情景是真实而具体,学习内容是综合而开放的,学习途径多样且具有合作性,学习手段是数字化和网络化,因而,学生学习的收获一定是多方面的且有个性的。学习者在项目的学习中得到了不同程度的发展,那么项目式教学的最终成果一定能够让每一个参与者获得成就感和荣誉感,这是学生提高学习兴趣和持久学习的动力源泉。

(二)培养创新思维的需要

在传统的教学中,学生获取知识的渠道单一,并且在简单的评价机制下,学生的创造性受到极大的打击。在项目教学法的具体实践中,教师的作用不再是一部百科全书或一个供学生利用的资料库,而成为一名向导和顾问,学生可以向教师学习,可以向同伴学习,也可以向网络学习。在项目教学中,学习过程成为一个人人参与的创造实践活动,注重的不是最终的结果,而是完成项目的过程。学生在项目实践过程中,理解和扩展相关的知识,体验创新的艰辛与合作的乐趣,培养分析问题和解决问题的思想和方法,个性化的成果也得到尊重。这也正是培养学生创新思维和提高创新能力的迫切需要。

### 三、英语项目式教学在我校的实施

项目式教学的计划由教师设计,但是学生应该是实施项目的主体,教师在项目实施的过程中是一个指导者和帮助者。常见的教学形式有:探究式、任务式、体验式、归纳式等。

在我校,英语项目式教学主要在英语选修课进行,项目活动的开展采取课堂与课外相结合的方式。我们成立项目课题组,由经验丰富的教研组长和备课组长牵头,年轻有活力、有创造性的年轻教师具体组织,并吸收部分的外籍教师参与,共同带领学生开展项目活动,指导学生完成各项项目作业。从英语知识和英语语言能力的角度,我们设计了供老师们参考和学生们选择的项目,并对英语项目式教学的主要实施过程进行了规范。

(一)我校设计的供老师们参考和学生们选择的项目

1. 语法项目教学:制作语法讲解PPT,编写英语语法总结小报,选编语法巩固练习;

2. 翻译项目教学:根据话题需要,编写典型的翻译资料,如关于著名景点的英文汇总,名菜名称的创意词汇,英文常见名言或谚语集锦;

3. 阅读项目教学:自编学校新闻英语报纸,制作英语书籍推荐海报绘本,制作英语书籍(文章)阅读反馈卡片;

4. 听说项目教学:实用会话展演,英语戏剧小品的创作演出;

5. 写作项目教学:话题英语作文汇编;

6. 词汇项目教学:编写英语话题词汇思维导图,编写 word puzzle 词汇竞赛题,制作话题词汇集锦 PPT。

(二)我校英语项目式教学的主要实施过程

1. 根据话题和教学目标设计项目。为了提高教学的效率,项目设计之前,老师要做到心中有数的是本项目在《义务教育英语课程标准》(以下简称《课标》)中的话题及其要求,以及学生的知识储备和能力水平。依据《课标》要求和学生水平来设定自己的教学目标。在《课标》要求的话题知识和教学目标的基础上设计的项目才能指向明确,贴近学生的实际,具有可行性。

我校现行使用的初中英语教材外研版《Nwe Standard English》本身就是依照模块和话题来编排,有些模块的话题学生很感兴趣,很适合作为探究型的项目,组织学生去学习和探究,通过多种途径获取信息和资料,达到运用英语和交流信息的目的。比如,外研版八年级上学期的模块 3 的话题是体育运动,语言现象是比较级。学生对话题很感兴趣,对比较级也不陌生,只是不很熟练。我设计的项目是"体育运动知多少"的 PPT 展示项目。学生自选自己喜欢的某一个体育项目,上网查资料,这个项目的历史、发展过程、比赛规则、体育项目相对于别的项目的优势、体育明星及其体育生涯等等,都被孩子们捕捉到,老师不需要很多的铺垫他们就能进行各式各样的比较和展示。但是,有些模块不太适合探究。比如,模块 8 的话题是事故,学生不是很熟悉,我选了 6 篇难度适合的阅读文章,学生分组进行了有意思又有教育意义的短剧表演,效果不错。

当然,教师根据教学的需要,应该定期公布不同的项目内容及要求,学生自主选择。一成不变的项目容易让学生厌倦。

2. 分工协作,探究创作。由于每个学生的兴趣爱好各不相同,他们选择的主题或项目也不尽相同。学生可以根据自己的特长和爱好来选择,在完成任务的过程中他们相互探讨和帮助,取长补短。

为了充分调动学生学习的积极性,我们让学生自己自由组合成不同的学习小组。学习小组每组 5~7 人,确定组长人选及小组成员的角色分配,明确分工,各负其责。

每个小组在选定项目主题后,讨论制订实施该项目的计划,确定需要研究或解决的问题。同时,设想完成该项目所需要使用的工具、软件、方法及手段,把握完成项目所需的时间,考虑项目进行过程中可能出现的问题。小组成员收集有助于回答或解决主要问题的信息资料。资料的来源可以是互联网、报刊书籍、广播电视、访问相关专家等。然后按照一定规则将资料分类,形成小组资料文件夹,并对资料进行有效管理,供小组共享。小组讨论确定解决问题的策略与方法,每组选择一种或多种方式(文档、多媒体、动画、表格、网页、程序设计等)呈现结果。

3. 展示与评价项目学习成果。项目学习的最终成果可以各种各样、丰富多彩;可以发布到网站上,也可以在班级或学校展示。同时,尽可能安排学习者将学习成果进行交流,从而促进学习者对学习过程的反思。项目教学要求运用多主体评价方式,包括教师评价、同伴评价、自我评价和社会反映。评价的过程应该是开放性的,应给学习者参与评价的机会,评价的结果要能对学习起到促进作用。

### 四、实施英语项目式教学的原则

以实践为导向的项目式教学是以学生为中心的。教师在其中既是引导者也是组织者,既是咨询者又是促进者,既是评价者还是辅导者。在设计项目时有以下原则和注意事项:

(一)可行性原则。英语项目设计要根据学生的实际情况,把握难易度,确保学生在限定的时间内经过自主和协作学习能够完成任务,并要充分考虑学生现有的知识水平、认知能力和兴趣爱好。

(二)启发性原则。设计的项目如能引起学生的兴趣,将会激发学生的求知欲。同时,设计的项目应有一定的启发性,蕴涵需要探索的问题,能启发人们去思考。

(三)整合性原则。项目学习以项目为主线,把多种知识点融在一起,可以达到整合学习内容的目的;学生在进行项目学习时,既要思考,又要动手,还要创造和体验,所以就实现了学习方式的整合。

### 五、英语项目式教学实施过程中要注意的问题

(一)项目的设计要精心。有些模块的教学在设计项目时要细化,有些要挖掘,有些项目适合课内进行,有些适合课外,有些适合表达,有些适合体验,我们要以教学目标为准则,更多地从实际应用、实际生活和社会实践中选择项目,不可主观臆造、脱离实际确定项目。项目设计要根据学生的实际情况,把握难易度,确保学生在限定的时间内经过自主和协作学习能够完成任务,并要充分考虑学生现有

的知识水平、认知能力和兴趣爱好等。针对初中学生的年龄特点和心理特点，我们不可以用单一的重复性的项目。

(二)分工要精细

教师要保证小组组员有明确、精细的分工，以发挥小组内每个成员的个性特长和智力优势为原则来设计和实施项目。它有利于个人组织协调能力的发展、团队合作精神的培育和其他综合能力的形成。

(三)评价要精致

在评价中，教师要重视过程性评价，充分考虑到学生的认知水平和兴趣，尊重学生的真实体验和创造性的尝试。总之，评价要全面，精致，有激励性，尽可能关注个体，做到个性化评价。

曹美红/文

**参考文献：**

1. 陈丽萍：《初中英语项目学习法初探》，《成功(教育)》，第64—65页。

2. 胡舟涛：《英语项目式教学的探索与实践》，《教育探索》2008年。

3. 吴文：《项目教学法在加拿大英语教学中的运用》，《辽宁医学院学报(社会科学版)》，2008年。

4. 宁天舒：《项目导向教学法在大学英语教学中的应用》，《英语教师》第12—16页。

5. 夏慧贤：《多元智力理论与项目学习》，《全球教育展望》2002年第11期。

6. 刘景福、钟志贤：《项目学习法模式研究》，《外语教育研究》2002年第11期。

7. 夏纪梅：《现代外语课程设计理论与实践》，《上海外语教育出版社》2003年版。

8. 束定芳：《外语教学改革:理论与对策》，上海外语教育出版社2004年版。

**书海撷英**

学习即理解。想象一种教育，其中的大部分课程都能带来全局性理解；想象一种学习，它能够给这样的理解带来生命力，使其长存，并且支持终身学习；想象一个世界，大部分人在接受基础教育之后，对基本的政治活动、个人健康护理、经济行动、生态责任、人际社会交往，以及其他许多概念充满了浓厚的兴趣并以此为发展方向。如果走在大街上的芸芸众生都能够灵活而敏捷地处理问题，那么，我们的社会该多么不一样。

# Mind Map 在初中英语听说教学中的应用

## 一、引言

《英语课程标准》(2011年版)对于初中毕业生英语语言技能的要求是：能针对所听内容记录简单信息；能就简单话题提供信息，表达观点和意见，参与讨论。而在学习策略方面，该标准指出，初中学生应在学习过程中善于记录要点，善于利用图画等非语言信息理解主题，并能够对所学内容加以整理和概括。

听力和口语是英语学习者的两项基本技能，不能到了中高考的时候为了应付考试才重视听力和口语的训练，而应在每一次接触新话题、学习新知识的时候，就将听力和口语训练作为一个重要的教学内容，由始至终，常抓不懈。然而笔者在实际教学中发现，学生对于听力材料并不能完全理解，仅仅以做对选择题为最终目标，因而导致在相关话题的口语表达中依然觉得词汇量不足、难以表达，甚至无话可说。这是由于教师在设计听力环节时常常依靠一定数量的题目来判断学生听的情况，而学生对于这种听并做题的方式感觉十分枯燥。

笔者在教学实践中发现，针对具有一定认知图示和知识结构的学生，运用思维导图的教学方式能够帮助他们激发头脑中的认知图式，理清思维框架，从而促进对新知识的理解，并对最终的输出产生积极影响。

## 二、运用 Mind Map 的理论依据

思维导图(Mind Map)是英国著名的心理学家和教育专家 Tony Buzen 在20世纪70年代初期所提出的，它是一种组织性思维工具，即用图表来组织和阐述表达知识的工具，是学习者对特定主题建构和知识结构的一种视觉化表达，是一种促进认知和语义建构的思维工具。Mind Map 以节点来代表一个概念、主题或想法，以线段或弧线来连接它们，从而表示出概念之间、主题与事实之间、细节之间或者想法之间的关系；其图文并茂的技巧，把各级主题的关系用相互隶属与相关的层

级图表现出来,把主题关键词与图像、颜色等建立意义逻辑链接。这种可视化的结构有助于学生理清听力文本中的关键信息以及这些信息之间的内在联系。

此外,思维导图可持续延伸和细化的特点,有利于激发学习者的创造性和思维能力,学生可以以话题关键词为中心,通过交流互动补充拓展词汇、句型,这样有助于学习和积累与主题相关的表达内容。学生通过绘制思维导图,再借鉴听力文本中出现的重点句型和词汇,最终将新的词汇句型和原有词汇句型进行整合,生成学习者自己的个性化表达。因此,Mind Map 既可以作为教师进行听力教学的一种教学策略,又可以作为学生进行口头输出时所采用的一种有效的思维工具。

### 三、基于 Mind Map 的听说课教学步骤

英语每段听力材料所涉及的知识面较广,但相对话题比较集中。因此教师应当帮助学生在听的过程中迅速捕捉中心话题,然后利用思维导图的方式构建话题网络,理清层次,捕捉关键词。在这一过程中,教师为了帮助学生更好地绘制思维导图,可以多次播放听力材料,每次侧重不同的内容,由浅入深,层层深入,这样有利于学生更专注于所需要的信息,特别是英语基础薄弱的学生。待学生绘制完思维导图后,教师可帮助学生核对并回忆听力内容,并让学生自己按照所画的思维导图将所听到的内容大致复述出来。复述的过程既是对听的内容进行检测,又是对后面自由表达的内容进行铺垫。在复述的过程中,教师可对学生提供必要的句型支持。对于一些较长较难的听力材料,教师可根据需要进行剪辑。需要指出的是,教师在备课时需要提前对听力材料中的内容进行筛选、加工或者整合。

无论是用一节课的时间还是一个教学环节的时间,思维导图运用于听说课都应有清晰的模式,使学生有明确的操作步骤可循。笔者在实际教学中探索了将思维导图运用于听说课的步骤:根据听力材料绘制思维导图——根据思维导图对听力主要内容进行复述——小组讨论并进一步完善思维导图——形成自己的口语表达。

### 四、思维导图在听说课中的实践案例

在初二的一节以"Transportation"为中心话题的听说课中,笔者借助思维导图引导学生层层深入进行学习:

步骤一:根据听力材料内容做听力笔记(绘制思维导图)。在播放第一遍听力材料时,让学生关注材料中提到了哪些交通方式,并绘制思维导图(如图1);第二遍播放时,让学生着重听人们对于不同交通方式的看法(Opinions)并继续绘制思

维导图(如图2);第三遍播放时,让学生关注不同的人选择不同交通方式的理由(Reasons)并完成思维导图(如图3)。

步骤二:根据思维导图对听力主要内容进行复述。在学生张口复述之前,带领学生一同关注重点句型、连词等,通过一句一句练习,帮助学生分解难点。(如图4、图5所示)之后让学生自己练习完整地复述出整篇内容。(如图6所示)

步骤三:根据所给场景,进行小组讨论,一同绘制并完善思维导图。

步骤四:以对话形式或者做报告形式进行口头输出。(如图7、图8)需要注意的是,此环节需建立在小组讨论后的思维导图基础上。

最后,作业为:让学生自己绘制相关的思维导图并按逻辑将其以英文文本的形式表现出来。

总而言之,运用思维导图进行听力和口语训练,最后让学生将所听、所学、所想、所说落实到写,切实提高了学生的听力能力、思维能力、口语表达能力、写作能力,可谓真正提高了语言的综合运用能力。

**五、思维导图教学成效及应注意的问题**

思维导图的应用使得听力课由此变得更加有趣,摆脱了以前枯燥的"听——做题"的单一训练模式。学生在参与绘制图表、讨论完善图表的过程中激发了潜能和创造性思维,提高了英语交际能力。一些学生认为他们通过思维导图学会了边听边思考,思维导图可以帮助他们更深入地理解听力材料中的内容;他们还认为利用思维导图进行分析后,在口语表达时不再无话可说,而且思维导图还可以帮助他们进行更深层次的思考,提高口语表达的宽度和广度。总体来说,思维导图激发了学生的思维方式和思考欲望,从而提高了课堂效率。

同时,教师在运用思维导图时应注意两个问题。一是思维导图作为一种教学工具,教师在应用的时候要体现有效性。因此要求教师要精心备课,钻研教材,充分挖掘教材内容与思维导图的关系。当学生不了解思维导图或是在使用中遇到困难时,教师应讲解它的使用功能、特点和使用方法,必要时进行点拨。当学生充分了解并可以熟练运用思维导图后,教师应大胆放手,积极鼓励学生自创思维导图,使其独立思考和自主学习的过程得到体现。二是思维导图作为一种教学策略,教师在应用时要体现生成性。思维导图的结构应当简洁清楚、一目了然,尽量减少复杂的逻辑关系,把关注点放在语言的组织和生成上,而且思维导图的图示应尽量多样化,这样才能激发学生的兴趣和创造力。教师在教学过程中要及时发现学生在绘制思维导图过程中的闪光点和不足,并加以鼓励和完善。

总之,思维导图是一个良好的学习工具。教师如果能借助思维导图引导学生养成良好的思维习惯和学习习惯,那么学生的思考能力、表达能力、自学能力、创造力都会得到提高。

图片附录:

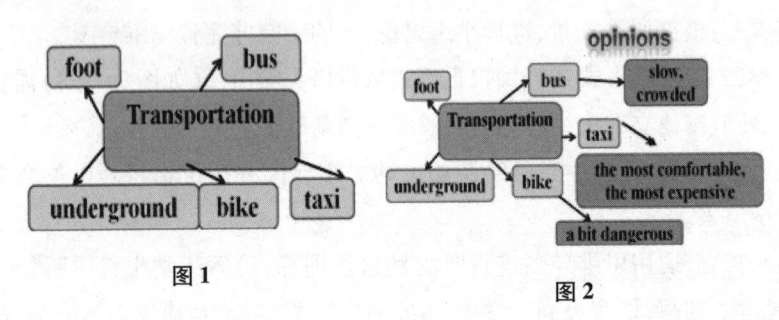

图 1

图 2

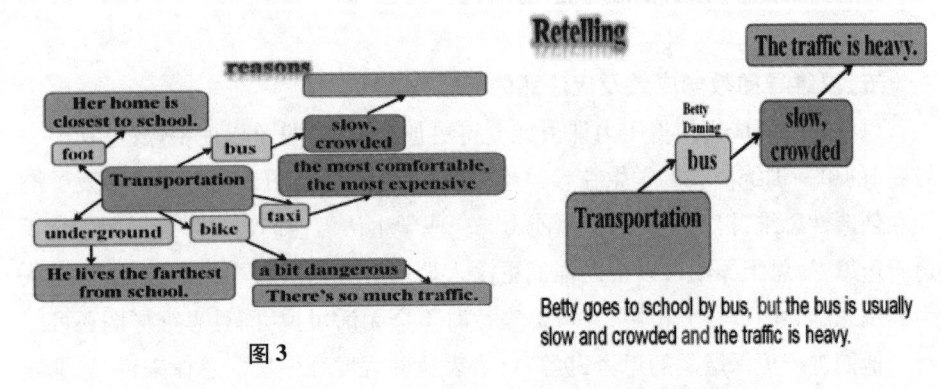

图 3

图 4

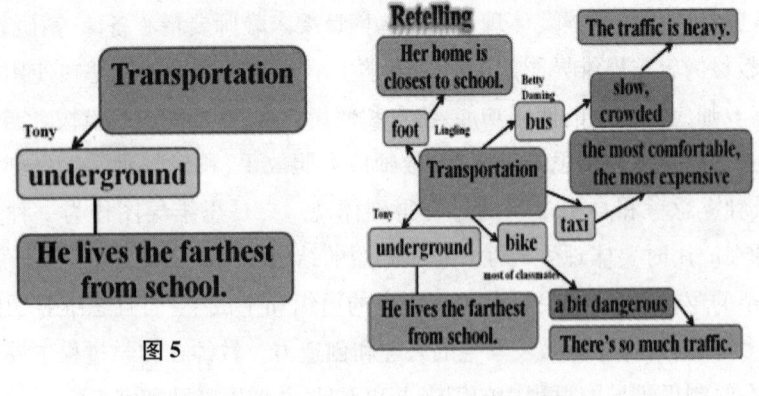

Betty goes to school by bus, but the bus is usually slow and crowded and the traffic is heavy.

图 5

图 6

**Group work:** make a survey in a group of 3 people and then give a report.

| Name | Distance (far/close) | Ways of transportation | Reason |
|------|----------------------|------------------------|--------|
| Jack | Far | bus | the cheapest way |
|  |  |  |  |
|  |  |  |  |

Report:
In my group, …lives farthest from school. He goes to school …, because it's …
…lives closest to school. He goes to school …. because it's …

图7

**Oral activity:**
Make up a dialogue in groups of 3.

你和朋友打算下个周末外出，你们正在讨论出行方式。(a. Watch a football match in the National Stadium  b.Go to Chaoyang Park )

A: Shall we go to ... next weekend?
B: Good idea! How do we go there?
C: We can go there by bus. It's the cheapest way.
A: But it is the most crowded way.
B: How about taking the taxi?
……
A: That's a good choice.

图8

彭琳惠/文

## 参考文献：

[1]教育部:《英语课程标准》(2011年版)，北京师范大学出版社2012年版。

[2]东尼·博赞、巴利·博赞:《思维导图》，叶刚译，中信出版社2009年版。

[3]陈敏:《思维导图及其在英语教学中的应用》,《外语电化教学》2005年。

[4]文秋芳:《英语学习策略训练的原则和模式》，文秋芳、王立非:《英语学习策略理论研究》，陕西师范大学出版社2004年版。

**书海撷英**

所谓断舍离,就是训练自己成为能够信赖的自己,最终彻底脱离"没法收拾的自己"！

# 在初中信息技术课上使用思维
# 导图进行教学的尝试

**一、思维导图的理论基础**

1. 对思维导图的认识

思维导图是由英国心理学家托尼·巴赞(Tony Buzan)于1970年提出的,它充分运用左右脑的机能,是一种表达发射性思维有效的思维图形工具,它运用图文并重的技巧,把主题的关键词与图像、颜色等建立记忆连接,将这种思维具体化使其能够在交流中增进理解。

2. 思维导图在信息技术学科中的应用

对于信息技术课的学习,我们可以发现有的学生学得很轻松而且成绩很棒,但是有的学生整日埋在书堆里却还是学得不理想,造成这种结果的关键原因在于二者学习方法的不同。其实,思维导图就是一种帮助学生思维和记忆的有效方法。

那么如何将思维导图应用在信息技术课堂中的这一课题,不但吸引了众多专家学者的注意,也引起了我的密切关注。如何能让这些内容在实际教学的应用中真正地使用起来,本人做了一点点有关教学上的尝试。

**二、在信息技术课上使用思维导图的尝试**

主题式学习是现在信息技术课的主要上课模式。这可以让枯燥的技术知识的学习变成彼此协作学习的任务来完成,具有一定的创造性。但是在教学的过程中也出现了各种各样的问题和困惑。首当其冲的是时间和效率问题。根据初中学生的认知和心理特征,如果事先没有做好规划,在浩瀚的网络中寻找有用的信息,具有一定的盲目性且难度颇高。一个主题研究需要2~4个课时,进行资料的查找、整理与制作作品,而一个星期信息技术课的安排基本只有一个课时,当资料查找整理完毕后,经过一个星期的时间间隔,在制作作品的过程中又需要再一次进行阅读和筛选。二次阅读给任务的完成带来了衔接上的问题,学生会不会因此更加无法完成任务?另外,虽然主题式学习可以培养学生分组合作、协作学习的能力,可是在协作和研究方面也存在不同程度的问题。在主题式学习的过程中,经常会发现一个小组只有个别学生在参与,而其他学生都在观看,无法真正参与进来,小组缺乏合作性。面对一个主题,学生在研究的过程中,由于没有提前规划好,活动没有组织和策略,经常无法达到教学任务。如何让主题式学习成为真正的研究性学习?我想到了思维导图,因为它能够对信息进行高度的组织,能够让我们的活动在思维导图的引导下进行合理的操作,它还可以培养学生科学的、逻辑的思维习惯,让学生条理清晰地解决问题。

初一年级学习EXCEL图表统计的章节属于初中阶段信息技术比较难的章节。其难度主要在于,EXCEL软件的操作较为复杂,学生没有接触过其中的专业性较强的名词概念。很多学生学习过后,也很难记得起Excel中的相关概念的定义。例如:工作簿、工作表、单元格等等有些近似的相关概念经常性分不清。还有关于公示栏的概念,其既能编辑其中的文字,也能编辑公式。学生经常不知道在公式栏中编辑的是哪种类型,而导致编辑错误。因此,在相关的教学设计时,我就引入了思维导图的方法,将知识点以思维导图的形式呈现在学生面前,便于学生理解和记忆相关概念。

具体教学设计如下:

| 课时安排 | 教师活动 | 学生活动 | 设计意图 |
| --- | --- | --- | --- |
| 第一课时 | 呈现Excel界面、关于公示栏的概念(如图1)、关于单元格、工作表、工作簿的概念图(如图2)<br>向学生展示如何画出以上概念的思维导图 | 认真听讲、并模仿教师绘制思维导图 | 1. 让学生认识Excel<br>2. 说明单元格、工作表、工作簿这三个概念的关系<br>3. 让学生学习使用思维导图 |
| 第二课时 | 向学生展示如何在Excel中输入数据、保存数据、对数据进行求和等,并对学生的提问坐解释说明 | 模仿使用Excel输入数据、保存数据、对数据进行求和等。并技术提问。使用思维导图画出操作步骤 | 让学生知行统一的学生使用Excel解决问题,让学生用概念图的形式总结操作步骤,反思学习内容和过程 |

207

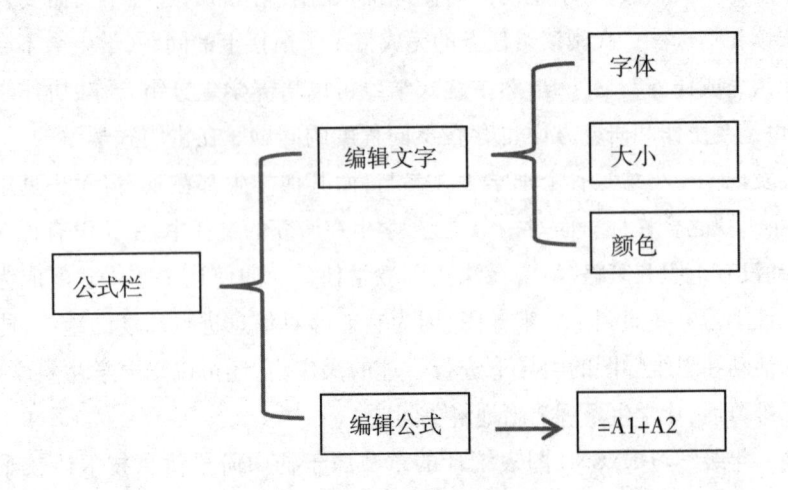

图1：公式栏的概念图

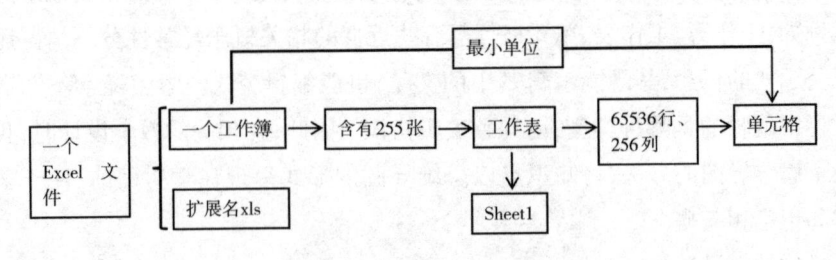

图2：单元格、工作表、工作簿概念图

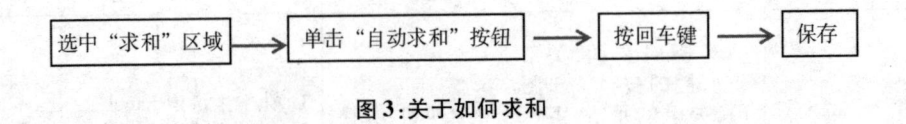

图3：关于如何求和

### 三、使用思维导图的好处

1. 思维导图在师生的知识梳理中的应用效果

从实践中我们可以发现，思维导图可以从以下两个方面来帮助学习者。

（1）整理学习思路。在知识梳理的过程中，合理的学习思路对学习的进展至关重要。

（2）构建知识框架。在知识梳理的过程中，信息技术课程知识可能会比较零散，如果没有较好的组织与管理，知识会很快被遗忘。

2. 思维导图在小组合作学习中的应用

从实践中可以发现，如果将思维导图引入小组合作学习活动中，将有助于创设一种适合学生合作学习的环境。主要包括以下几个方面。

（1）小组责任分工。在学习活动的早期阶段，利用思维导图有利于任务的完成。

（2）成员之间的交流。在小组合作学习的过程中，思维导图不仅可以激发思维火花创造出有价值的建议，还可以作为一种可视化的工具将人们脑海中想象的东西呈现出来供大家探讨。

（3）活动实施。当每个成员知道自己的任务和小组要解决的整个问题时，小组成员之间可以讨论、交流，直至解决问题。

（4）作品整合、完善。在整个环节中利用头脑风暴法激发了每个人的小宇宙，这样作品才是比较丰富多彩的。

以上是我对思维导图在初中信息技术中初步应用的探索，这是通过实际调查、亲身实践得出的结论，或许有些观点会有分歧，但希望这些结果能对信息课有所帮助，希望其他教师能从中提取一些想法，结合到实际的教学中，对不足的地方提出宝贵的意见和建议。希望学生能将思维导图应用到其他学科的学习中，发挥自己的创造性。

李孟尧/文

**书海撷英**

断舍离就是维持生活状态的工作，也是自我探索的工具。说起来，它就像是不必去深山老林也能进行的修炼。通过反复的扔掉破烂儿的行动，头脑和心情也能变得清爽起来，与此同时，还能整顿好客观环境的气场。等到内心世界和外在环境都恢复清爽后，才算是完成了"场的净化"。令人不可思议的是，如此一来，人往往能够发现自己的自我形象。

# 在通用技术课堂上运用 STEM 创客项目培养学生创新能力的研究

## 一、通用技术课程在一线教学中需要聚焦培养学生的创新能力

2008年,北京市开始实施通用技术新课程。尽管我们得到了相关培训、得到了基本配置的实验室、得到了国家统编的教材,但是我们还是在一线教学中,课堂教学仍照本宣科、填鸭灌输式为主,教学模式陈旧。统编教材中的活动项目对本校学生的针对性并不强,内容简单且缺乏时代感,缺乏与其他学科的有效渗透整合,就技术讲技术,不能满足生活在都市中这些视野宽阔的高中学生的学习需求。这些问题导致学生创新能力提升较慢,直接导致了示范高中通用技术课程的教学效益偏低,这明显不符合国家倡导的创新人才培养的需要。此外,课程开设时间过短,课程管理实施仍在摸索阶段,这就需要一线教师在专家的指导下不断钻研,要基于问题破解来进行系统地、科学地课题研究,结合学校的办学特色理念和学生实际情况、学习需求来试图找到答案。就是在这样的背景下,创客理念横空出世,STEM项目教育理念之风由太平洋彼岸刮来,给在通用技术课堂培养学生创新能力提供了一种有效途径。

## 二、对 STEM 创客项目教学的理解

### 1. 对项目教学的理解

"项目教学"是学生在教师的指导下亲自处理一个项目的全过程,学生在"做"中学习掌握教学内容,内化了知识与技能,解决在处理项目中遇到的困难,提高了兴趣,调动了积极性。形成了"以项目为载体、教师为引导、学生为主体"的教学策略,改变了以往"教师讲,学生听"的被动的教学模式,创造了学生主动参与、自主协作、探索创新的教学模式。为此,我们牢牢抓住项目教学这一线索,开发一系列适合我校学生的活动项目,并把他们构架到不同层次的课程中,用校本教材

辅助这些项目融入课程情景中,并让学生在项目学习中记录活动过程,评价自己的学习,用开放式情景式的实验室来保障项目的进行。

2. 对"创客"的理解

"创客"源于英文 Maker,指不以盈利为目标,努力把各种创意转变为现实的人,是热衷于创意、设计、制造的个人设计制造群体。

3. 对"STEM"的理解

STEM 代表科学(Science),技术(Technology),工程(Engineering),数学(Mathematics)。STEM 教育就是科学,技术,工程,数学的教育。美国政府 STEM 计划是一项鼓励学生主修科学、技术、工程和数学(STEM)领域的计划,并不断加大科学、技术、工程和数学教育的投入,培养学生的科技理工素养。STEM 教育的重要载体就是项目,用一个项目来涵盖以上四个领域的知识和技能,使学生能得到综合素养的提升。

随着国家课程改革节奏加快,未来培养学生的方向更加注重厚基础、宽领域、有观点、爱传统、能综合、具备实际解决问题。比如,学化学但不是要培养化学家,能成为化学家的是极少数,关键是核心素养,"STEM"理念非常契合这一趋势。比如"斗拱结构设计制作"这个项目,既包含了中国传统建筑文化、又需要学生运用信息技术的资料查找、数学的计算、物理的力学、技术的加工等多个学科的知识技能,最终让学生制作出来解决了实际问题,可谓多学科融会贯通,手脑并用。

### 三、以 STEM 创客项目教学为突破口培养学生创新能力

我们围绕项目教学从开发项目、构架项目、辅助项目、记录项目、保障项目这五个方面实施。

(1)开发项目:能否开发出一系列适合校情学情的 STEM 创客实践项目是能否进行此项教学的关键。我校的项目特点是注重与科学、工程、技术的知识联系,注重项目的开放性。

比如,结合生物学科的雨燕鸟舍项目,结合物理学科的木制游标卡尺项目和太阳能制作项目,结合生活实际的衣架和储物架项目,结合工程的 ABS 桥梁承重项目等。这些项目有效融合了科学、工程、数学、技术等学科的知识,深化了学生对于科学课程、工程常识、节能意识的理解,还能学以致用、手脑并用,提高了学生创新能力。

我们注重项目的开放性,比如在木制产品设计制作项目中,并不要求学生做

同样的产品,而是列出一些产品供学生根据兴趣和自己的动手能力选择。只要学生能体验设计的一般过程运用设计的原则,动手实践制作出产品就可以。比如,我们会从创意网站上搜集一些创客小制作,还有一些来自历届北京市创新大赛的简单的项目,让学生能开阔眼界,尝试一下简单的设计作品。

(2)构架项目:我们认为每一个项目应该构架在不同层次学习需求的课程中,因此我们构建了一个跨学科多层次的、涵盖"必修+选修+研学+竞赛"校本课程结构来满足不同层次学生的个性化学习需要。

第一层是必修课程,面向全体学生,通过精选基础性、整合多学科的动手项目,增加动手实践课时,着力提高全体学生的技术素养。

第二层是选修课程,面向有兴趣的学生,开设《电子控制技术》《汽车驾驶与保养》《CAXA实体设计》《DV影视创作技术》等选修课程,用"声控闪光电路""汽车的起步与停车""太阳能车的实体设计""校园一日生活"等项目使学生近距离的接触技术产品、拓宽技术视野、培养技术创新能力,满足学生个性的发展需要。

第三层是通用技术的研学课程,面向有一定能力的学生,采用研究性学习的方式,深入研究某一个技术领域的综合性现实(创客项目)问题,如"便携式驱蚊装置""桥下积水报警装置"。2008年以来,我们共辅导技术类研学课题项目38项,多次获得北京市青少年科技创新大赛一二等奖。

第四层是竞赛课程,面向拔尖学生,开设了针对发明创新竞赛的短期竞赛课程,如发明项目的《创新设计与制作专题》、电子项目的《电子创新大赛专题》、caxa和悬臂梁项目的《技术设计大赛专题》等。

(3)辅助项目:项目是为了让学生在"做项目"的过程中学习掌握教学内容,内化知识与技能,那么如何让学生快速理解项目,并在教师的指导下亲自处理一个项目的全过程呢?这就需要开发一套适合我校学生的校本教材来辅助这些创客项目。最开始,我们老师是用卷子纸把一些项目实施的注意事项、制作过程列出来,帮助学生更好地理解并完成项目,后来我们想不如再补充一些校本的东西形成一份校本资料,于是这份资料就兼具了资料补充、实验报告、过程记录、考核评价等功能。我们的撰写原则是:精选核心教学内容、以项目为主导、符合学生学习需要、突出过程评价。我们的开发策略是:按照"开发、使用、反馈、再版"模式进行滚动。现在我们已经印刷使用了两轮,改版了两次,包括必修、选修、研学、竞赛一系列7本教材。我们也通过问卷调查,吸收学生的意见,不断改版完善我们的材料来更好的辅助项目教学。

(4)记录项目:有了辅助项目的校本教材,还要在教材中设计各种表格,将学生在发现问题、方案设计、绘制图纸、制作过程记录下来,这些记录中体现了学生的创新意识、创新思维、创新能力、甚至创新人格,既便于学生梳理和反思、又便于教师根据这些过程给出课程评价成绩,使得课程的评价更具科学性、可操作性和可测评性。通用技术课程的核心价值是提高学生创新能力和实践能力。它的特殊性决定了过程性评价是该学科发展的内在的迫切需要。这两方面的能力的提升往往通过终结性评价的笔试较难体现,因此更需要通过学生在课堂中的创意灵感、设计制作、合作讨论等的表现来评价学生在通用技术学科学习过程中的收获和能力的提升。在每个项目中,我们通过表格和照片的方式记录学生在项目制作过程中的创意方案、设计过程、制作成果。

(5)保障项目:除了校本教材外,还需要创建一个以开放和情景为特征的创客空间来保障 STEM 项目的顺利实施。一个好的创新环境能让受教育者得到启发、获得灵感、认识更为深刻。为此,我们特别注重技术创新环境的开发和利用,按主题将"工艺与材料""急救常识"等相关知识和"戚发轫""朱光亚"等技术专家的介绍,制作成展板悬挂在实验室内墙面。将"思考影响人生、双手改变世界"和"让科技融入理想,用创新点亮人生"等标语挂在实验室前后,营造出了较浓的技术教育氛围。我们在楼道悬挂了展示师生作品的展板,在技术情景中鼓舞着学生树立从事技术探究的信心,提高了他们的创新意识。此外,我们完善了安全标志标示,补充了实践项目需要的设备和工具,最大可能地保障学生顺畅地完成"做项目"的过程。我们还建立了开放实验室制度,每天中午都安排教师在实验室为学生自发前来进行创新制作提供帮助,从时间和空间上保障学生有良好的创新实践环境。

**四、运用创客项目培养学生创新能力硕果累累**

自 2011 年在通用技术课程中运用创客项目以来,学生形成了《汽车并线防剐蹭安全系统》等发明创新技术方案 500 余项,《多旋翼应急搜救投放系统》等学生发明作品获纽伦堡国际发明展金银奖、全国宋庆龄少年儿童发明展金、银奖和北京市青少年创新大赛二等奖等省市级以上奖项 61 人次,实施之后比实施之前,获奖人次增加了 5 倍。

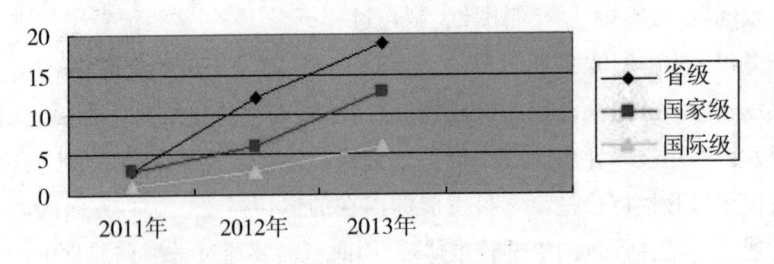

**图1 学生在模式实施前后获得各级别奖项对比**

我们撰写的7篇科研论文被收录在中国知网中。《中国中学生报》和《北京晚报》分别对我校学生创客成果进行报道。我们先后接待了美国助理国务卿、非洲基础教育官员考察团和内蒙古、河南、四川、贵州等国内各地的考察团来校交流学习近20余次。

何斌/文

**书海撷英**

点燃创造力的开放性问题。传统教育中,问题常被归结为方法,而答案被归结为内容。而开放性问题改变了这个局面:问题也可以是内容,并且具有独特的生活价值。普利策奖得主、诺贝尔物理学奖获得者伊西多·拉比(Isidor Rabi)说,大部分母亲在孩子放学回家后都会问一句:"你今天学到什么了吗?"但他的妈妈当年问的却是:"拉比,你今天有没有提出一个好问题?"

# 整合课程资源　有效组织探究
# 构建核心概念　促进学生发展

### 一、课例说明

细胞融合是指人工的或自然发生的细胞合并形成多核细胞的现象。细胞融合既是细胞遗传学的常见现象和核心概念，也是细胞工程中改造细胞的基本方法和重要实验技术。细胞膜流动性、多核细胞的起源、精卵结合（受精作用）、体细胞核移植（克隆动物）、动物细胞融合（单克隆抗体）、原生质体融合（植物体细胞杂交）、细菌融合等一系列细胞学、遗传学、医学、育种学、微生物学方面的重大突破都离不开人们对细胞融合机理的研究和应用。

细胞融合是新课程高中生物教材的教学重点内容，与遗传育种、细胞工程等多个章节联系密切，对学生有效获取信息、综合运用所学知识灵活解决问题等方面的能力提出了很高要求，此外，高考考试说明和历年试题中，十分重视对"细胞融合"的考查，多集中在细胞融合的原理、诱导方法、融合结果和应用方面（详见课后习题）。总之，细胞融合这一核心概念的学科地位、教学意义和迁移价值十分重大。

鉴于细胞融合在生物学科知识体系和高中生物教学大纲中的重要地位，教师们通常都会花较多课时和较大力度在该部分进行教学，考虑到教材编写顺序、知识模块化、学生认知程度等因素，又习惯上按照先植物细胞工程后动物细胞工程，分别讲授"植物体细胞杂交""动物细胞融合""单克隆抗体制备"等单个内容，最后再进行复习整合。这样做不仅教学进度缓慢，而且很容易造成核心概念理解的碎片化，难以建立起完整的知识体系，学生往往学了后面忘了前面，"知其然而不知其所以然"，难以准确、全面理解"细胞融合"的实质和意义。另外，由于传统教室的教学资源相对匮乏（以板书、投影呈现为主）、教学方式较为单一（以教师讲学生听为主），所以该部分内容的课堂教学效果实际上并不高，学生总是兴趣不高，难以解释说明相关重难点。因此我们希望利用"生物情景教室"的独特优势和丰富资源，改变旧的教学方式和教学顺序，即围绕"细胞融合"这一核心概念，有效整合教材内容，充分利用教室资源，精心设计教学环节，充分调动学生兴趣，引导组织学生分组学习，尝试收集、整理、汇报和讨论自己感兴趣的课题，让学生真正成为学习的主体，体验合作学习、探究学习带来的快乐，提升自身获取处理信息能力、分析表达能力，力争使高三《细胞融合》这节课新颖、高效。

（一）教学目标：

1. 简述细胞融合的概念，列出与之有关的生物学事实，阅读分析相关资料，提出自己的观点；

2. 说明细胞融合的原理、诱导方法、融合结果；

3. 认同细胞融合在生物学中的重要地位，体会该领域取得科技进展给人类生产、医疗带来的重大影响。

（二）教学重点：细胞融合的原理、诱导方法、融合结果和应用。

（三）教学难点：引导学生阅读分析相关资料，提出自己的观点。

（四）教学方法：任务驱动教学法。

（五）学习方式：分组讨论，合作学习。

**二、课例实施**

鉴于本节课的教学内容"细胞融合"知识点多、综合性强，同时高三复习课更注重实效性和主动性，我选择在"生物情景教室"的两间教室同时开展本案例的教学活动，具体的实施步骤、各步骤设计意图和实施重点依次说明如下：

（一）自主选题，分组活动，充分利用多种资源实现主动、高效、深层度习。

本阶段主要是充分利用"生物情景教室2——探索生物之谜"和"生物情景教室3——生物科学、技术与社会"的多种资源进行分组学习，为课上小组间讨论、交流做准备。各小组按照自己选定的感兴趣的课题进行任务分工，由小组学生自主选择通过何种途径、利用哪类资源获取相关信息。实际教学中，有的小组偏好利用教室2网络资源学习区内的互联网电脑查找网络资料(图片、文字、视频)，有的小组则更多利用教室3图书期刊借阅区内丰富的图书、期刊资源收集图片、文字资料，还有的小组重点查阅教室2学生作品展示区和教室3成果交流共享区内所展示的往届学生和其他班级学生收集整理的相关作品、成果进行参考借鉴，更多的小组则是先尽可能多地利用以上几种途径收集多种资料，再在教室3的小组学习讨论区对相关资料进行学习、分析、汇总和讨论，从而形成小组共同认识，最后

由1-2人在教室2、3的多媒体展示区利用电脑制作成小组汇报的PPT。(见图1)

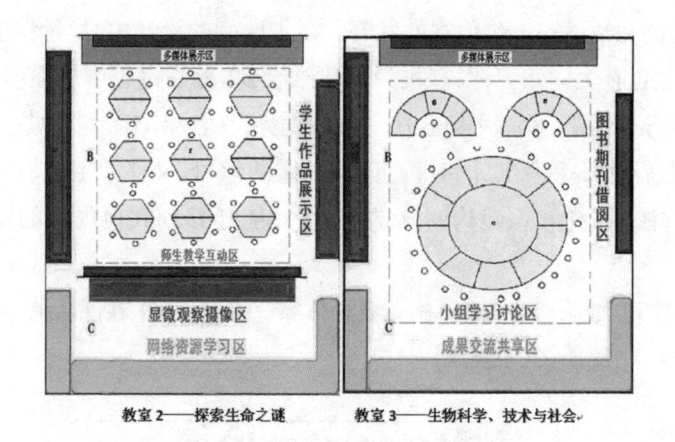

**图1 教室2、3平面结构及资源分布示意图**

该步骤实施的重点在于"充分提供多种资源,促进学生深度学习"。

所谓"深度学习"是指通过探究学习的共同体促进有条件的知识和元认知发展的学习。它鼓励学习者积极地探索、反思和创造,而不是反复的记忆;它强调学习者批判性地学习新思想和知识,把它们纳入原有的认知结构中,将已有的知识迁移到新的情境中,从而帮助决策、解决问题。深度学习是相对于浅层学习所提出的一个概念。浅层学习,其最大的特征就是学生被动地、机械地、孤立地记忆所教授的知识。(见表1)

**表1 深度学习与浅层学习的比较**

|  | 深度学习 | 浅层学习 |
| --- | --- | --- |
| 概念 | 批判性地学习新知识、新思想,试图将它们纳入到现有的认知体系,在概念之间建立连接 | 非批判性地接受新知识、新思想,孤立地记忆学习内容 |
| 特征 | 寻找意义<br>关注于解决问题所需要的核心论点或概念<br>积极的互动<br>能区别观点和论据<br>在不同的模型间建立联系<br>将已有的知识和先前的经验联系起来<br>将课程内容和生活实际联系起来 | 建立在机械的学习上<br>关注解决问题所需要的公式和外在线索<br>被动地接受信息,不能从实例中辨别原理<br>孤立地看待模型和程序的各部分<br>没有意识到新知识是建立在先前工作上的<br>简单地把课程内容作为考试的一部分来学 |

概括来说,学生达到深度学习至少应实现三个目标:认知结构的重建、学习策略能力的提高和情感态度价值观的发展。在本课例的设计中,尽量将课程中散碎的、与细胞融合有关的知识,以有机的形式结合,在教学过程中加强引导,使学生在教师的主导作用下,发挥小组合作学习的优势,从各个侧面、多种途径来认识细胞融合的过程、实质和意义,同时,通过本节课的学习,又使学生能够获得高三复习的一般方法,提高知识建构的基本能力,并能迁移到其他内容的学习和复习中去。

例如:对于"细胞融合"这一核心概念体系,大多数学生在课后的学案中,将其总结为以下三个层次。(见图2)

**本单元核心概念:** 细胞是生物体结构和功能的基本单位,是不断变化的、可以改造的。

**本节课核心概念:** 细胞融合是指人工的或自然发生的细胞融合并形成多核细胞的现象;可控条件下人工诱导细胞融合为改造细胞、培育新品种提供了新的途径。

**本节课基本理解:**

| 细胞膜的流动性是细胞融合的基础。 | 细胞融合可通过物理、化学、病毒等不同方法进行诱导。 | 细胞融合使融合细胞可能具有双方的遗传物质并有效表达。 | 细胞融合在遗传育种、菌种改良、免疫医学等方面的应用取得了重大成果,深刻影响着我们的生活。 |

**图2 "细胞融合"核心概念体系的构建**

(二)代表发言,组间交流,灵活运用多种手段展示小组学习成果并改进。

本阶段主要是利用教室2中多媒体展示区内的投影设备和黑板以及师生教学互动区内可自由组合的桌椅,分小组就坐进行组间交流、讨论,教师及时进行点评和讲解。实际教学中,"分组就坐、代表发言、相互提问"的学习方式,既有利于组内成员间就本组课题进行完善和深入探讨,也有利于组间相互借鉴和共享成果,更能充分调动学生学习兴趣和主动性,更好地实现了教学目标的全面、有效达成。(见图3)

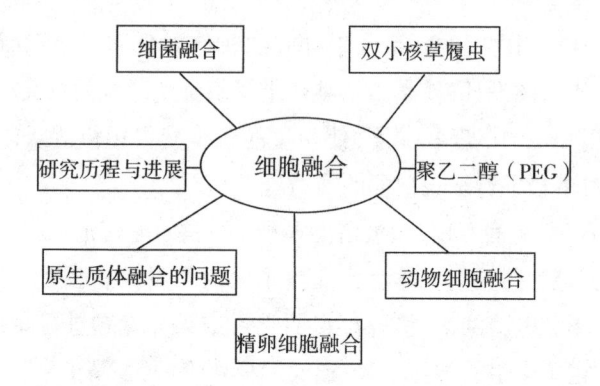

```
                  细菌融合        双小核草履虫

        研究历程与进展    细胞融合    聚乙二醇（PEG）

        原生质体融合的问题        动物细胞融合

                   精卵细胞融合
```

问题：
1.草履虫的双核是如何产生的？为什么要产生双核？
2.为什么PEG适合做诱导融合剂？
3.动物细胞融合技术能否产生"哥斯拉"等异种怪物？
4.精、卵细胞融合需要哪些条件？
5.细菌能否相互融合产生"超级细菌"呢？如何实现？
6.细胞融合技术的最新进展和研究热点是什么？
............

**图3 各小组汇报的课题及讨论的部分问题**

**教学提示**：严控每组发言时间，鼓励更多学生提问、阐述自己观点；及时纠正科学错误，积极点评每组发言。

该步骤实施的重点在于"改变传统教学结构，逆向设计教学过程"。

传统的课程设计顺序是一个线性的序列，伴随着学习内容的展开，表现为教师详细而耐心的解释。在这种教学结构下成长的学生，对课本知识是单一的、平面的理解，这种理解只是照本宣科，并没有真正理解教学内容，往往会加深对问题的误解。所谓"逆向设计"包括两个方面：一方面是指从学习目标的任务入手进行教学设计；另一方面是指对课堂结构进行调整，不再利用传统的由点到面、由局部到整体的教学叙事程序，而是采用从整体到局部，先了解全貌再深究细节的程序。

高考考试大纲对生物学科的能力要求的第一点就是理解能力，而这个条目下又设了三个具体指标：1. 能把握所学知识的要点和知识之间的内在联系；2. 能用文字、图表、图解等形式阐述生物学事实、概念、原理和规律等；3. 能运用所学知识，对某些生物学问题进行解释、推理，做出合理的判断或得出正确的结论。作为高三第一轮复习，我们的教学重点应该放在提高学生的"理解能力"，所以在进行教学设计时,我从知识之间的联系入手,围绕"细胞融合"这一概念设计了多个单元问题,进行非线性的设计,使学生从整体上了解细胞融合的意义、过程、条件等,拓展了学生运用知识的广度和深度,使学生的思维变得积极活跃,增强其分析问题的能力以及对事物进行宏观把握的能力。

(三)组内自评,组间互评,积极借助多种平台展示学习成果、全面评价学生。

本阶段主要是利用教室 2 学生作品展示区内的展板和教室 3 成果交流共享区内的展台、投影和电脑网络,将各小组的学习成果分专题进行集中展示和网络发布,既充分肯定了学生的学习成果、形成积极评价,又丰富了生物情景教室的教学资源,实现"主动参与、教学相长",更为学生今后进行深入研究性学习或小科研奠定了基础,可谓一举多得。

该步骤实施的重点在于"将知识性教学转变为发展性教学"。

新课程的三维教学目标充分体现了发展性教学的要求,其核心是人的发展。这个目标的确立超越了传统教学目标只关心知识学习、把学生当作知识的容器、忽视人整体发展的局限,教师和学生都要创造性地利用教材、重组教材、延伸教材、补充教材、拓宽教材、超越教材,注重教材与实际生活的联系,使教材生活化、具体化。本课例的实施真正解放了对学生的束缚,师生之间平等地进行交流、探讨,学生因为老师的赏识而变得大胆,敢于发表自己的看法。

此外,从教师开展课堂教学的角度看,既要精细预设,又要重视课堂的生成。预设是教师事先所做的设计,是课堂教学成功的关键,但在具体教学中,也要根据学生的实际情况来适当微调,否则,教学就变成了教师的独角戏,没有真正顾及学习的主体——学生的需要。在课堂教学中,教师和学生的思路都要随着课堂的发展而不断进行调整,才能完成真正的创造和目标的达成。

### 三、课后反思

在本课例的教学设计和具体实施中,我重点关注以下三个问题:

(一)如何充分利用情景教室的多种资源来实现教学内容的有机整合,特别是必修与选修本知识的衔接和完整。

细胞融合是新课程高中生物教材的教学重点内容,与必修 1 细胞膜流动性、必修 2 遗传育种、选修 3 细胞工程等多个章节联系密切,如何有效整合教学内容成为本节课教学内容设计的难点。我通过前一节课让学生在生物情景教室 2、教室 3 中自选课题、分组学习、收集资料、自主阅读、提出问题,并将学生普遍感兴趣的问题通过概念图的形式进行联系,将"细胞融合"这一核心概念的外延集中展示给学生，突破了教材编写顺序的限制，从"更主动地构建概念、更全面地理解概念、更有效地学习概念"着手，充分利用了情景教室中的多种资源进行"教和学"，很好地解决了教学内容整合的难题，同时也激发了学生的学习兴趣和创新意识。

（二）如何在生物情景教室中激发学生学习主动性，充分发挥学生的主体地位。

本节课教学中我注意关注学生获取知识的过程，教师从学生的角度出发，引导学生进行富有个性的分组交流活动，从中指导学生掌握学习方法，培养学生的创造精神和表达能力。新一轮课程改革要求学生自主探索，主动获取，进行合作学习。合作学习是指学生在小组或团队中为了完成共同任务，有明确责任分工的互助性学习。合作学习如何在课堂上落实呢？生物情景教室内灵活组合的桌椅、丰富生动的教学资源、自由开放的学习环境提供了合作学习的良好平台，因此，我加大了小组合作学习的比例，使生生合作进行讨论交流更加普遍地应用在日常教学活动中，同时老师参与其中，对各小组的学习情况给予必要的提示与点拨。这样既使学生相互了解彼此的见解，反思自己的思考过程，同时又对其他同学的发言做出思考。教学过程既是学习的过程，同时又是学生交往的过程，学生的合作意识得到较好的培养。

（三）如何应用核心概念的构建来改变教学方式，从而在生物情景教室中有效组织课堂教学。

我觉得核心概念的构建首先要求教师转变教学观念，积极探讨新的教学方式；其次，更要求教学中创设能引导学生主动参与的教学环境，从而激发学生学习的积极性，培养学生掌握知识、运用知识的态度和能力，使每个学生得到充分发展。对于创设能引导学生主动参与的教学环境，生物情景教室本身具备很多普通教室没有的优势，我本着"教学方式应当服务于学生的学习方式"这一教学思想，在日常教学中更多地在生物情景教室中大胆尝试运用了多种教学方式，贴近学生的学习实际，提高了课堂教学效率。

1. 在学习过程中，利用学生的视觉感知，让学生去看、去想、去画；调动学生的语言积累，让他们去说、去读、去讲；营造开放的空间，让学生去动、去演。学生记忆材料是以视觉加工为主，孩子更喜欢生动直观、色彩缤纷的知识。课堂教学中，首先教师较为深刻地领会了教材的编写意图，以活动增趣，为学生提供了丰富的资料，将学习和活动有机地结合起来；鼓励学生在自己理解的基础上，描述自己心目中多彩的生物世界。

2. 多媒体课件的应用，极大地丰富了教学手段。应立足于解决教学的实际问题,开发、设计出具有个性化的课件,将干巴巴的说教变成多感官的刺激,使抽象的变成具体的。这既可为学生创设真实的情景,又能将学生引入想象的空间,使教材、课堂和学生思维都"活"起来。

总之,课程改革的推进、教学效果的提升、教学方式的转变、学习方式的多元,需要教师整体性地把握教材,需要教师创造性地整合资源,需要教师有效性地组织探究,需要教师引导性地构建核心概念,更需要教师为了促进学生发展而踏踏实实地钻研和方方面面的付出……

李晋军/文

**书海撷英**

好奇心鼓舞并引导着我们对于未知的困惑。未知没有起始和终结,也没有东西南北之分。而且,坦白来说,许多未知的事物并不那么有趣,大约就像"小熊翻过山岭"一样乏味,并非万事万物都是奇妙的。但正是对于未知的好奇,让我们找到了关注的方向,并且为开放性问题之光提供了可以照耀的空间。

# 高中物理生态化教学资源的开发和利用

什么是生态化？指的是将生态学原则渗透到人类的全部活动范围中去,用人类和自然协调发展的观点去思考和认识问题,并根据社会和自然的具体可能性,最优化处理人和自然的关系。[1]

什么是高中物理生态化教学？它是指物理教师整体协调与组织教学系统内外诸多要素,主动开发和利用各种课程资源,营造对学习者有意义的真实情境,组织有利于发展学习者主体性、独特性和社会性的活动,将学习者的学习与个体发展置于开放性的、与其他成员、物理环境和社会环境不断互动的物理课堂教学系统之中,从而促进学习者有效达成物理教学目标的过程[2]。物理生态化课堂教学在内容设计上要求把"学校物理"与实际生活紧密联系起来,在充分利用好学校条件资源的基础上,筛选现实环境中可利用的、与教学内容关联的"潜在资源"来创设真实或接近真实的物理学习情境,由此可见,为了维持物理课堂生态系统的平衡发展,优化教学过程,生态化课堂教学要求既要利用现有的课程资源,又要因地制宜,多渠道、多方式地开发新的物理教学资源,特别是开发身边的潜在的物理教学资源。

## 一、重视教科书等文字的教学资源的开发与利用

书本是最古老的教学资源,也是主要的教学资源,因此要重视直接从教材中开发物理教学资源。可以调整教学内容的顺序,优化教学内容,教师要对教材进行再创造,使教学更和谐有序,从而达到优化课堂教学的目的;也可以通过适当增加或删减教学内容的方法,如在讲解了匀变速直线运动规律之后,可以补充讲解图象推导法,如用v－t图的斜率知识推速度公式,用面积法推位移公式 $S = v_0 t = \frac{1}{2}at^2$,学生可以从另一角度理解运动规律,使学习更灵活、多样,且容易记忆;可以增加演示实验,以配合教材使用。总之,教材的二次开发是摈弃不必要的铺垫,融

进了教师鲜明的个性的设计,具有探究性、开放性和丰富性,建构一种研究性的程序与氛围,让教学活动充满趣味和启发,让学生得到更多的体验。

另外,各种科技图书、科技期刊和报纸也是重要的文字教学资源。这其中的很多内容可为物理教学所利用,可以开发出更多的物理教学资源,教师要指导学生有效地阅读科技图书、期刊和报纸,以拓展学生的知识面,激发学生热爱科学、探索科学,实现资源共享。

**二、倡导"非常规物理实验"器材的应用,挖掘物理仪器的潜在功能,开发物理教学资源**

从学生身边开发物理教学资源,利用日常用品进行实验,也可以从学生生活中、从学生的体育活动中,开发物理教学资源。"非常规物理实验"是相对常规物理实验而言的,是指主要利用学生熟悉的生活易得品、材料、器具、人体或人体局部以及儿童玩具等开发进行的一类体现自创性、体验性、趣味性、简易性、生活化的物理实验教学活动。这种实验又叫"随手取材"的物理实验,与常规物理实验相比,它更能激发学生的兴趣,更能引起学生参与学习的主动性和积极性,更有利于促进学生手脑并用和发展学生实践能力、探究与创新能力。

鼓励学生用常见的生活器具做家庭物理实验,教师有意识地把可乐瓶、易拉罐、饮料吸管、胶带纸等带进课堂进行演示实验和学生分组实验,拉近物理学习与生活之间的距离。如利用易拉罐自制楞次定律演示装置,也可改装成法拉第圆筒;可乐瓶具有透明、绝缘性能好、比较牢固、易加工等特点,可用它来做很多的小实验:"完全失重现象""水流星表演"等。利用玩具手枪测量子弹射出时的速度,利用电视机的荧光屏做静电实验。如选用玩具陀螺,将它旋转起来,用滴管将墨水滴在它的旋转面上,从纸面上留下的痕迹,可观察分析曲线运动的速度方向。学习弹簧伸长与弹力关系后,可以利用圆珠笔中的弹簧,设计一个测量该弹簧的劲度系数的实验,在学习机械能守恒定律后,还可以利用圆珠笔估测弹簧压缩时所具有的弹性势能,可以先测圆珠笔的质量,再手握笔杆,使笔尖向上,笔帽抵在桌面上,压下后突然放手,笔杆将向上跳起一定的高度;或利用刻度尺测人的反应时间。这样的做法使学生将日常生活与物理联系起来,更容易激发学生的兴趣和求知欲,在日常生活中体验学习物理的快乐。

又例如在开展力的分解教学时,可以做"一指断铁丝"实验,具体做法:取两根长约15cm的硬木条,中间用铰链连接,作成人字形支架。再取两块木块,加工成L形,如图1所示,弯处钉上铁皮,下面装上小窗钩,另备一根细铁丝。实验时,把铁丝的两端分别拴在两个小木块的铁钩上,铁丝的长短调节适中,使放在木块铁皮上的人字形支架张角在160°以上。用一只手指在人字形木条的铰链处用力往下一按,铁丝即被拉断。

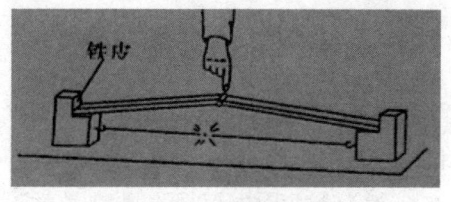

图1 "一指断铁丝"

很多物理仪器的功能都不是单一的,要善于发现它们潜在的功能。如电流表在已知内阻的情况下,不仅可以测电流,还可以测电压;同理,电压表在已知内阻的情况下,不仅可以测电压,还可以测电流。平抛演示仪不仅可以用来研究平抛运动,还可以测出小球沿轨道运动时摩擦力对小球所做的功。

### 三、计算机辅助物理实验系统(即DIS系统)的应用

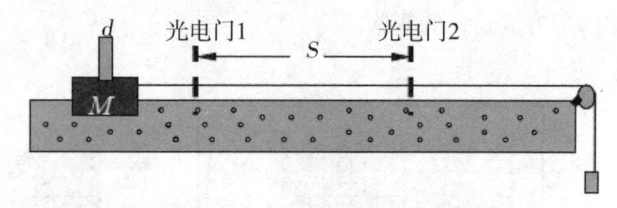

计算机辅助物理实验系统利用计算机接口技术,进行物理量采集、测量、数据记录及处理等,实现了中学物理实验设备与计算机组合使用。DIS系统是由数据采集器、传感器、软件系统三部分组成,集物理测量、自动控制、数据记录、智能化数据分析和测量结果多模显示

图2 探究加速度与力、质量的关系实验装置

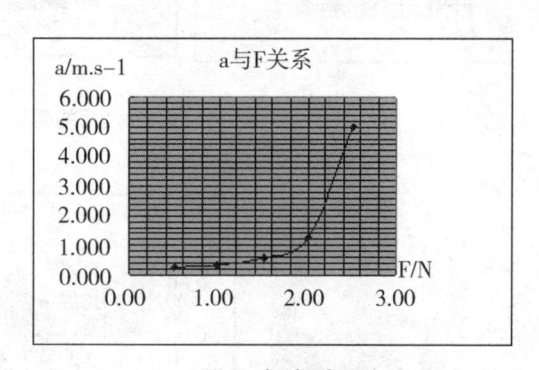

图3 探究a与F关系

于一体的综合性物理实验平台,具有以下显著的优势:以真实实验为基础;填补测量空白,拓展了实验范围;优化实验数据的呈现、记录和处理方式,改进了实验方式,提高了实验质量。特别是可以对采集到的数据进行处理,并通过引入公式、曲线拟合等各种方法探索实验过程的规律,并以图线和表格等形式直观地显示处理的结果。也可以通过图线的暂停、放大和回放等功能帮助捕捉体现物理规律的关

键细节。

在活动的组织上,要求教师选择探究内容时要注意,必须是有计划并且符合学生认知水平和知识范围的。教师应该给学生明确的探究目标。创建一个可以供学生自由交流、提出问题、积极承担并努力完成自己的小组任务的探究环境。在整个实验过程中,教师需要在教学设计上对该如何完成探究目标有清楚的认识。提出引导问题,帮助学生探究或者激发学生做出决定,为了填补学生在计算机采集数据时,学生任务的空白,教师需要不断地引导学生思考相关问题。如:哪些变量是有用的,猜想即将出现的现象,对出现的实验现象做出合理的解释。

如实验:探究加速度与力、质量的关系的教学时,教学中采用控制变量的方法,如图2所示是实验装置图,对加速度、合外力、质量三者间的关系进行了研究,可以用DIS实验来探究并进行曲线拟合,得到如下结果(如图3、图4所示);探究功和速度变化的关系的教学用DIS实验,如图5所示的曲线,得到了功与速度变化的平方成正比的实验结论。

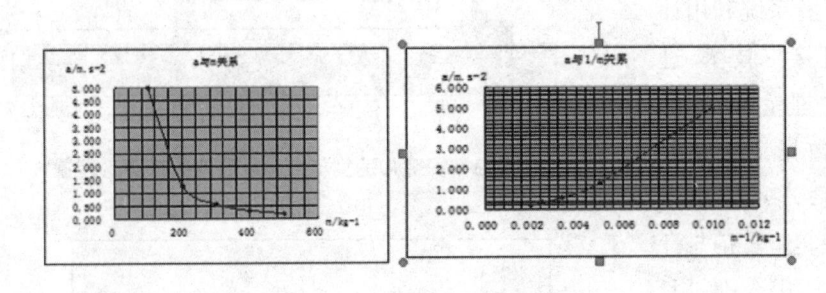

图4 探究a与m关系

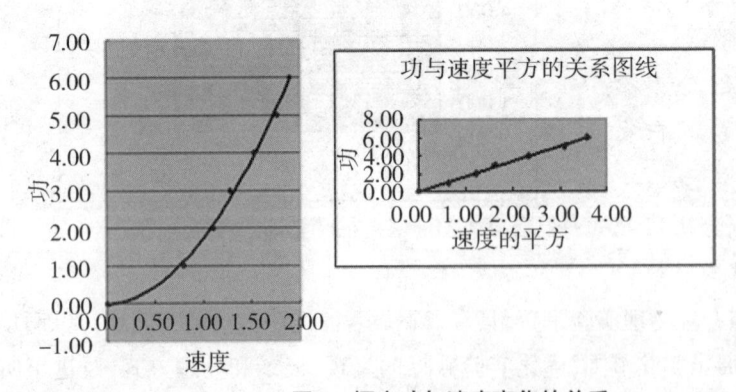

图5 探究功与速度变化的关系

借助DIS系统,可以比较方便地根据不同的目的设计实验,如可以设计某个实验专门为了仔细深入地观察某一过程,研究一些物理量之间的关系等等。另一方面,对于同一个实验,不同学生之间在学习目的上可以互不相同。实验既可以探究性的,也可以是开放性的,学生可以更自由地设计某个实验来验证他们的想法,为学生大胆创造提供实验平台。如可以运用如图6所示装置,来研究滑动摩擦力与接触面积的关系及测量最大静摩擦力;如图7所示,用浮力验证牛顿第三定律。

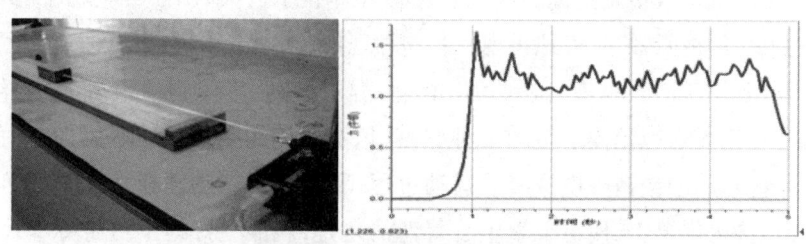

图6 研究滑动摩擦力的实验装置

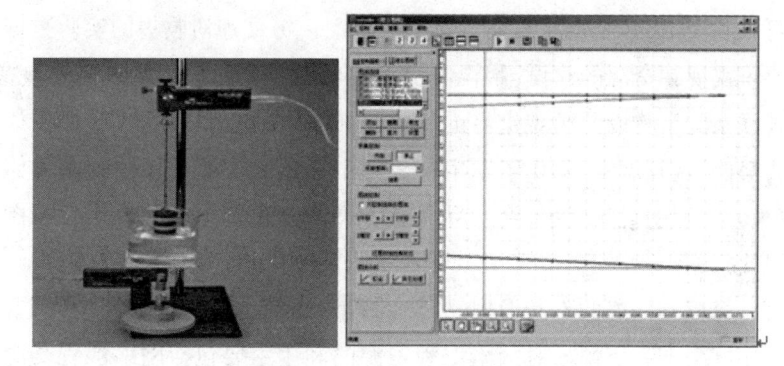

图7 浮力验证牛顿第三定律

### 四、加快多媒体课程资源的开发与利用

现代信息技术的迅猛发展和网络技术的广泛应用,为物理课程提供了丰富的课程资源。将信息技术与物理课程整合,既有利于学生学习物理知识和技能,又有利于学生收集信息、处理信息和传递信息能力的培养。挂图、幻灯片、录像带、视听光盘、多媒体软件等都是常用的课程资源,这些资源为全体学生的充分感知创造条件,也可以重新组织情景、突出事物的本质特征,促进学生对重、难点知识的理解。

有些物理实验不能做,却可以通过多媒体仿真实验来实现,多媒体最大的优势是可以"动""静"结合,并相互转换,可以创设情境。学生通过观察生动形象、直观逼真的模拟实验,就会有一种亲临其境的感觉。教师应适时适度地利用优势,例如教学内容比较抽象,如分子、自由电子、电流和磁场等;或一些无法操作的实验，都可以用多媒体创设更加直观便捷的课堂教学情境，如通过让学生观察粒子散射的动画模拟实验，呈现实验装置、实验过程、实验现象，从而激发学生探究原子结构奥秘的兴趣，积极分析实验现象、猜想、推理原子的结构情况。利用Flash制作一个曹冲称象的动画，可以让学生看到等效替代的一些基本特征。

有些物理实验过程太快，实验过程中一些细节一闪而过，学生对整个实验过程中出现的现象就很难把握。可以利用多媒体技术放大、调控实验现象的作用，以生动形象的视听效果，模拟再现一些物理现象、物理过程，将瞬息即逝的短暂过程或现象延缓、拉长、重现，做到动中有静，静中有动，不但物理情景非常鲜明形象，而且可以无限地延伸学生的各种感官，拓宽感受的失控领域。例如自由落体运动、平抛运动的慢镜头模拟展示运动过程，利用多媒体动画技术把游标卡尺的结构投放到大屏幕上，使每个学生看得清清楚楚，就能更好地学习游标卡尺的读数及使用。

还可以利用Excel有效的数据功能，可以简捷、方便地对收集的实验数据进行处理。要重视视频资源的建设，用视频资源提供教室中难以呈现的自然现象，与现代科技联系的事物以及微观世界的图象。如通过惊心动魄的雪崩视频让学生感受重力势能，视频展示1940年发生在美国华盛顿州塔库马大桥的倒塌体会共振，这些惊心动魄的视频展示，给人留下极其深刻的印象，其效果是语言或图片等媒体难以比拟的。

随着计算机和网络的不断发展，网络课程资源的重要性也不断增大，要积极开发和利用网络课程资源。对网络课程资源的利用主要包括网络课程资源的搜索和获取、对资源的下载及管理、利用网络组织学生进行课题研究等方面。如在"万有引力定律"这部分教学内容时，我们可以通过网络搜集需要的物理学史、天文知识、物理观念和方法、现代科技等方面的知识。

**五、教学资源在案例"超重与失重"的开发和利用**

（1）课题导入

演示1：如图8所示，在纸带中间部位剪个小缺口，纸带的一端牵挂一重物，重物另一端用手托住，提起重物向上匀速运动，这时纸带没有断；然后向下匀速运动，纸带依然没有断；提着重物向下加速运动，突然停住，纸带断裂！

问：纸带为什么会断，到底在什么时候断？

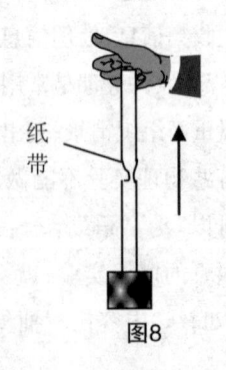

图8

(这个实验的设计简单而巧妙,做向下加速实验前,可先让同学们猜测。让人直接体验了超重又有些意料不到。)

演示2:如图9所示,取一装有水的可乐瓶,在底面打一小孔,水从孔中喷出。现让可乐瓶竖直向上抛,问:此时,水还会不会再从小孔中喷出?(也可以师生共同做抛接水瓶游戏)

图9

(将孔开在底部和做竖直抛起,增强思维冲突。这一问,还真不敢轻易下结论!实验前,可先让同学们猜测。)

学生在趣味实验的激发中,问题的引领下,"我要学、我想学"的情绪洋溢在整个课堂。趣味实验虽简单,但学生对其的热情高涨出乎教学前的预料。

(2)分组实验——感受超重(失重)现象

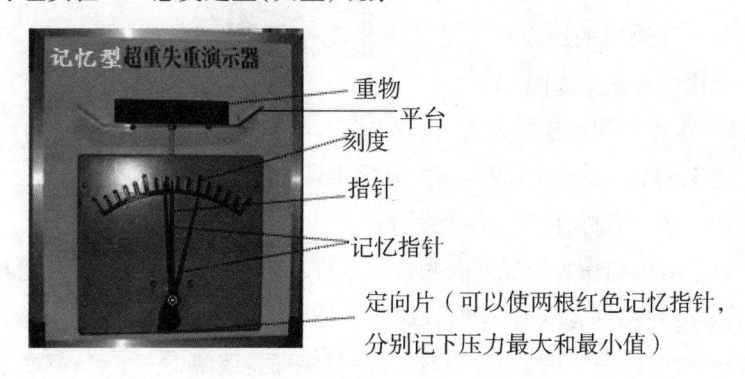

图10 "记忆型超重失重演示器"

教师在考虑学生实验操作技能和现有发展水平的基础上,让学生自行设计实验方案感受超重(失重)现象时,用的是教师自行改装的"记忆型超重失重演示器",(即台秤加装定向片与记忆指针,自行改装成的"记忆型",如图10所示。重物对平台的压力大小可以通过指针的偏转来显示,通过定向旋钮,记忆指针分别可以"定格"压力在变化过程中的最大和最小值)这个仪器用记忆指针将其"定格",在分组实验中,体验超、失重,效果非常好,突破"瞬间即失"的实验难点。

(3)丰富现象 回归实践环节

实例1:一个同学站在健康秤上完成一个下蹲和起立的过程,另外一个同学观察健康秤示数的变化情况。

让学生仔细观察读数:①人站在秤上静止时健康秤的示数为多少;②在下蹲的过程中健康秤的示数发生了怎样的一种变化;③最后当他蹲下后静止时示数又为多少;④在站立的过程中健康秤的示数发生了怎样的一种变化。

然后，重放过程的录像，可以慢镜头看清每个环节。

实例2：让学生谈平时乘电梯时的感受，并试着解释。

然后看事先拍摄的运动的电梯内学生健康称示数变化的视频，以强化学生正确的生活体验，纠正错误的体验。

DIS实验模拟

布娃娃代替人，用力放下后停住与拉起后停止的运动，用力放下后停住与拉起后停止的运动，来模拟"下蹲和起立的过程"和"乘电梯过程"（布娃娃的底部放置有压力传感器），描绘出的压力和时间的变化关系曲线如图11所示，让学生体会到科技的力量。

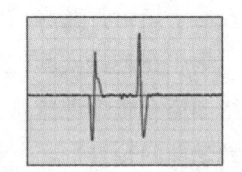

图11

实例3：观看"神舟5号的发射、运行、回收过程"剪辑录像。

可能的教学素材有（配一些图片）：

①升空时杨利伟为何要采取躺着的姿势？杨利伟说："当飞船升空时，感到有载荷，就是感到胸部有压力，平时训练时这种压力可达到8个G。"

②杨利伟又说："在箭船分离时，感到身体突然被抛了一下，就飘起来，船里的尘埃也飘起来了。"

③1990年，18岁的俞纬设计的"草履虫生成"实验项目，被美国国家航天局选中，搭乘"发现号"航天飞机进行太空实验。

④2003年，景山中学女生李桃桃提出"蚕在太空吐丝结茧"搭载实验，由美国"哥伦比亚"号航天飞机送入太空实验，遗憾的是"哥伦比亚"号返回时失事坠毁。

⑤2003年云南省金实小学的学生申请的"跳舞草种子"搭载实验方案通过，有我国第18颗返回式卫星送上太空。

…………

让学生试着理解这些话语或事件，鼓励学生课后继续查阅自己感兴趣的一些问题，如太空饮食，太空睡觉，太空悬浮冶炼等等。

相关链接：http://myh.vov.cc/20040000999117/jxzyc/yw/1/29/kb/1/kzzl.htm

http://news.eastday.com/epublish/gb/paper148/20030213/

class014800018/hwz882933.htm

此环节,学生可能会举出,过山车下滑、跳楼机或蹦极运动的惊险与刺激,身体轻飘的感觉,被甩的感觉等等,教师及时捕捉学生的创新思维的火花,并正确引导,指出问题的实质。讨论交流三个事例,使问题从感性到理性的升华。DIS 实验让学生感受新科技给物理实验带来的革新。相关链接指引学生课外学习的方向。课堂上提供的丰富教学素材和相关链接,既介绍超重和失重现象的利与弊,又让学生体会物理与科学的联系,感受科技离我们并不遥远,激发学习的兴趣,培养学生想象力及综合分析问题的能力,并鼓励学生课后搜集、查阅资料。

(4)反馈应用　巩固知识

◆练一练

例题:一个质量为 70kg 的人乘电梯下楼。电梯开始以 $3m/s^2$ 的加速度匀加速向下运动时,求这时他对电梯地板的压力。快到此人要去的楼层时,电梯以 $3m/s^2$ 的加速度向下匀减速下降,求这时他对电梯地板的压力又是多少?(解答过程略)

◆想一想

①在完全失重情况下,弹簧秤还能称出物体的重力吗?天平还能称出物体的质量吗?浸在水中的物体还受到浮力吗?水银气压计还能测出气压吗?

②一个人想一次携带三个相同质量的铁球过独木桥,可是独木桥的最大承受力,只有人和一个铁球的重力之和。他灵机一动,用如图的方法过桥,使任意时刻手上只有一个铁球,你认为可以吗?

◆做一做

①用冰淇淋纸杯做失重实验

把两个金属螺母(直径 10－12 毫米)拴一根橡皮筋的两端,再把橡皮筋的中点用一短绳固定在冰淇淋纸盒(或铁罐)底部正中,让螺母挂在空盒的口边上。实验时让空盒从约 2 米的高处自由下落,你会发现螺母被橡皮筋拉回盒中,并发生"咔哒"的撞击声。请你试一试,并思考:为什么下落时,螺母会被拉入到盒内?

②用手电筒做超重、失重实验

将手电筒竖直向上放置,打开开关,旋松后盖使小电珠恰能点亮。实验时手持电筒,保持它在竖直方向,突然向上运动,你会看到小电珠熄灭。如果使上述电筒的后盖稍许再旋松一点,直至小电珠刚刚熄灭,然后手持手电筒突然向下运动,小电珠就会点亮。

通过生活味极强的"练一练""做一做""想一想"进一步巩固了结论,学生能

231

运用超重、失重知识解释生活中的现象和问题,培养学生分析、解决问题的能力、动手能力和创造力,让人真正感受到超重和失重就在我们身边,体验物理知识的生活化。

韩叙虹/文

**注释:**

[1] 吴鼎福,诸文蔚. 教育生态学[M]. 南京:江苏教育出版社,2000:400.

[2] 张伟,郭玉英. 基于情境学习理论的生态化物理教学初探[J]. 课程. 教材. 教法,2006,(5):59-63.

**书海撷英**

断舍离也是穿插在生活与职场里的自我探索的过程,是和物品交朋友、为自己打造成周围全都是友好的战友的空间、为自己奉上这样的空间的工作。一旦开始施行断舍离,自己和自己的关系就能慢慢融洽起来,就能不断提升自我肯定感。

# 初三数学复习课理解的深刻性与有效性

【问题提出】本学期开学伊始,笔者有幸参加了朝阳区教研中心的同课异构活动,在活动中笔者听了三节《二次函数复习(1)》,三位教师教学风格迥异,侧重也各有不同,在北京市著名特级教师范永利的发人深省的精彩点评中,笔者不由地反思自己的数学复习课,作为一个有着16年教龄且多年任教初三的教师,笔者深知复习课不仅仅是对已学知识的重现,更需要对知识进行必要的整合,归纳和提升,是学生温故知新,更是学生掌握技能、形成能力的重要阵地。但很多时候我们课堂的实际情形是:教师上得心力交瘁,同学听得无精打采,上完复习课后的有关反馈,更让笔者沮丧不已,很多错误是讲新课后的昨日重现,甚至因为后续知识的影响错误更多了。为什么会这样?《面向未来的课堂——为理解而教单元教学实践案例》指出"为理解而教"是教学艺术,培养学生的理解力是所有课堂的第一要务。真正的理解绝不止于基本知识,真正的理解是学生能有自己的思考,自己的实践和运用知识的能力。假期拜读了刘卫红的这本专著,结合范老师的点评以及北京市八十中学校长田树林提出的"用心灵教书,为深刻理解而教,为有效而教",本文以三节《二次函数复习(1)》为例,浅谈如何用心灵来理解深刻而有效的初三数学复习课。

【关键词】复习课　深刻课堂　有效课堂

## 一、巧妙的课堂引入让理解顺其自然

课例A:教师展示桥的图片,问学生像什么?学生齐答抛物线,教师继而提出本节课题复习二次函数,接着教师展示华罗庚关于数形结合的名言:数缺形时少直观,形少数时难入微。数形结合百般好,隔离分家万事休!

课例B:教师说,二次函数不仅在生活中有着广泛的应用,也是中考的重点内容,我们看一下2016中考说明——A级要求为定义和画图象,B级要求为图形的性质和图象,C级要求为函数和其他知识的综合和应用。本节课是二次函数的复习课第一课时,主要任务是考试说明中的 A、B 级,C 级题目也是以 A、B 级为基础的,下节课再涉及。

课例 C:教师展示愤怒的小鸟游戏图片截图,问小鸟运动轨迹是什么?学生齐答抛物线,教师继而提出本节课题复习二次函数。教师接着问为了接下来的游戏玩得更好,我们有必要研究这条抛物线,那么要研究它我们首先需要做什么?学生回答建立直角坐标系。

《全日制义务教育数学课程标准》指出:数学教学应从学生实际出发,创设有助于学生自主学习的问题情境,引导学生通过实践、思考、探索、交流,获得知识,形成技能,发展思维,学会学习。

我们由上面的课例引入可知,课例 A 和课例 C 都以实际问题为背景,但课例 A 流于形式,同时引入华罗庚关于数形结合的名言,冲淡了对问题实质的分析,并且有贴标签的感觉,或许在同学们认可了数形结合的美妙之后再展示华老的这段话,同学们定会有阿基米德发现浮力定律后的喜悦。课例 C 用学生们喜闻乐见的游戏引入,且能从游戏中抽象出数学的问题,又拉近了师生之间的情感。范永利老师对此给予了高度评价,她认为鲜活的材料激发了学生的学习热情,使课堂变得生动有效。课例 B 展示考试说明,虽然突出了教学目标的明确,但抽象的考试说明和对 A、B、C 不同层次的快速浏览让学生不知所措,甚至产生抵触情绪。

复习课以知识点的回顾作为课堂引入,虽温故难知新,如能把知识问题化,把数学问题看作是学习的动力,起点和主线,且能把问题赋予生动、喜闻乐见的实际背景,让兴趣成为最好的老师,这样的引入是深刻和有效的。

**二、深入学情的知识归纳与整合让理解事半功倍**

课例 A:教师展示问题如图 1 是抛物线 $y = ax^2 + bx + c(a \neq 0)$ 的图像,请尽可能多地说出一些结论。

学生很快得出:$a<0,b<0,c>0$,教师追问理由,同学回答得很熟练,教师接着问还能得到哪些结论,尽情说,同学们又说出了顶点$(-1,4)$,对称轴是 $x = -1$,与 x 轴交点分别是$(1,0),(-3,0)$,还得到当 $-3<x<1$ 时,函数值 $y>0$,当 $x<-3$ 或 $x>1$ 时,函数值 $y<0$;当 $x>-1$ 时,y 随 x 增大而减小,当 $x<-1$ 时,y 随 x 增大而增大;同学们还发现特殊点 $(1,0),(-3,0),(-1,4)$ 分别得 $a+b+c=0, 9a-3b+c=0, a-b+c=4$;

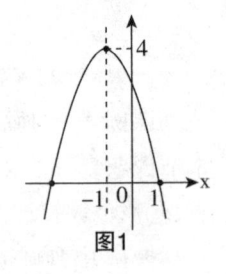

图1

同学们一边说老师边追问理由并板书结论,同学们接着说出 $ax^2+bx+c=0$ 的两根分别是 1,-3。还有同学小声提到顶点及抛物线与 x 轴两个交点围成面积是 8,但老师没听到,这个环节也就结束了。

课例 B:教师提问【1】什么是二次函数? 学生齐答教师板书:$y=ax^2+bx+c(a\neq 0)$、图像是抛物线。对应练习【1】$y=(m-1)x^{m^2-3m+4}-2x-2$ 是二次函数,则 $m=$ _____

【2】结合具体函数回答二次函数的图像有关性质

练习【2】已知:$y=x^2-2x-3$

(1)指出解析中的 $a$、$b$、$c$ 和图像的开口方向

(2)请你将 $y=x^2-2x-3$ 化成 $y=a(x-h)^2+k$ 的形式

(3)对称轴是_____、顶点坐标_____

……

课例 C:教师提出问题为在愤怒的小鸟游戏中,小鸟运动轨迹是一条抛物线。根据图片中测量的数据,支架发射点(0,0);小鸟飞行路线最高点到 x 轴的距离为 1,下落过程中与 x 轴交于(2,0),你能计算二次函数的解析式? 请在学案上完成。

这一环节,三位教师面对的是同一层次的学生,范老师对他们的点评,对笔者来说可谓醍醐灌顶。范老师认为,一节好的复习课应该是能激发学生的学习动机,变要我学为我想学,对知识不是简单的再现,要有整合,对知识能系统化,能有反思和提升。范老师认为课例 A 用开放性的问题取代一问一答平铺直叙,可谓一石激起千层浪,不仅可以多角度复习二次函数图像的有关性质,更唤起了每个学生积极参与的意识,每个学生都有不同程度的成功和收获。但遗憾的是教师开放得还不够,适当引导学生观察函数图像特殊点还可以有如下发现,范老师认为老师们要学习特级教师孙维刚,大胆放开手脚,让学生尽情说,打开学生思维的闸门,使冰冷的美丽变成火热的思考,相信学生的潜力,学生将带给教师意外的惊喜。课例 B,范老师在肯定教师重基础落实的同时说这种形式在基础薄弱校或许是有效的,但对 xx 中学推优班的学生过于简单,学生觉得没有挑战性,又不好在公开课上对老师说学习内容简单,所以没有达到应有的效果。课例 C 能从引入抽象出数学模型,同样是开放性问题,既有一题多解的思维训练,还有解题方法的指导,又有数形结合思想的提升,不失为巧妙的设计。

"真正的教学是要用心的,真正好的教学,不能降低到技术层面,真正好的教学来自于教师的自身认同与自身完整。教学的各要素之间密不可分,我们要把自己、学科、教材和学生看成是一个教学的共同体。要用心关注每一个学生,用心去

实施每一个教学环节。"北京市第八十中学田树林校长认为这是课堂教学有效的前提保证。

### 三、综合运用、提高升华让复习课的理解深邃而高远

课例 A：变式练习（结合图2）

问题(1)结合图像思考：方程 $-(x+1)^2+4=1$ 有几个实数解？

问题(2)结合图像思考：当 $m$ 为何值时，方程 $-(x+1)^2+4=m$

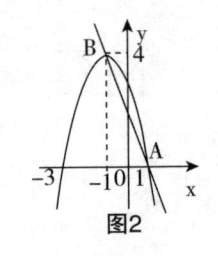

①两个不相等的实数根；②有两个相等的实数根；③没有实数根？

问题(3)若直线 $y_1=kx+m$ 与抛物线 $y_2=ax^2+bx+c$ 交于 A(1,0)，B(-1,4)两点，观察图像填空：

(1)方程 $ax^2+bx+c=kx+m$ 的解为_____

(2)不等式 $ax^2+bx+c>kx+m$ 的解为_____

(3)不等式 $ax^2+bx+c<kx+m$ 的解为_____

问题(4)已知直线 $y_1=-2x+m$ 与抛物线 $y_2=-x^2-2x+3$

(1)$m$ 为何值时直线与抛物线有2个交点？

(2)$m$ 为何值时直线与抛物线有1个交点？

(3)$m$ 为何值时直线与抛物线有0个交点？

教师通过问题串，层层深入，把函数观点下的方程和不等式融入其中，对数形结合思想与方法适当点拨。

课例 B：教师出示幻灯片（图3）

(1)抛物线在直线下方时 $x$ 的范围是_____

(2)将图像向上平移1个单位，得到的新的图像的解析式是_____

怎么得到的这个解析式，依据是什么？

(3)若将图像向上平移 $m$ 个单位，则得到的新的图像的解析式是_____

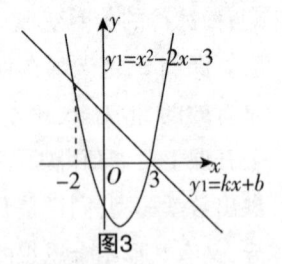

(4)若平移后的图像的顶点在 x 轴上，则 m_____

(5)若平移后的图像在 x 轴上方，则 m_____

(6)变式2：已知二次函数 $y=ax^2-2x-3$ 与 x 轴有交点，求 $a$ 的取值范围

(7)变式3:已知函数 $y = ax^2 - 2x - 3$ 与 $x$ 轴有交点,求 $a$ 的取值范围

教师通过题组训练,巩固了函数图像的平移(只有上下平移)及函数与 $x$ 轴的交点情况。

课例C:教师提出问题为不改变小鸟飞行轨迹的形状和大小,将抛物线向左平移一个单位,则小鸟是否能够击中小猪,其中坐标为(1.5,,0.5)。

由上题的变式练习进而分析二次函数图像的平移、对称和旋转后的解析式。

例题:将抛物线 $C_1 : y = -\sqrt{3}x^2 + \sqrt{3}$ 沿 $x$ 轴翻折,得抛物线 $C_2$,如图所示。

①请直接写出抛物线 $C_2$ 的表达式。

②现将抛物线 $C_1$ 向左平移 $m$ 个单位长度,平移后得到的新抛物线与 $x$ 轴的交点从左到右依次为 $A,B$;将抛物线 $C_2$ 向右也平移 $m$ 个单位长度,平移后得到的新抛物线与 $x$ 轴交点从左到右依次为 $D,E$。

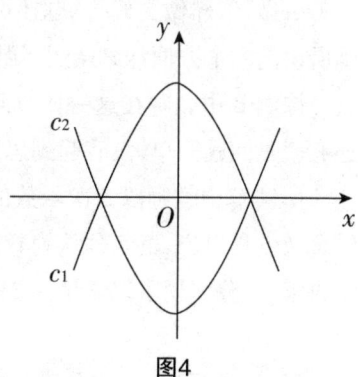

当 $B,D$ 是线段 $AE$ 的三等分点时,求 $m$ 的值;

分析:(1) $y = \sqrt{3}x^2 - \sqrt{3}$

(2)通过解析式求出平移后点坐标 $A(-1-m,0), B(1-m,0), D(-1+m,0), E(1+m,0)$。根据图像,分两种情况讨论即可:当 $m = \dfrac{1}{2}$ 或 2 时,$B,D$ 是线段 $AE$ 的三等分点。

图4

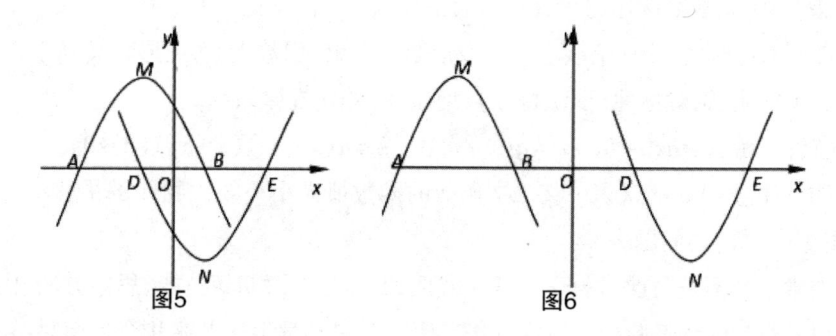

图5  图6

教师给出具有挑战性的问题,先给学生时间独立思考,写出自己能完成的步骤再相互交流,大部分同学都有了一定程度的认识后请同学上讲台分析自己的解法。

北京市第八十中学田树林校长认为,课堂教学深刻的主要标志有:第一个标

志是课堂教学组织与提问,要在知识应用的层次上展开和训练学生。要让学生在思维品质的广泛性、深刻性上得到锻炼,让学生真正在课堂上有一定负荷的思维劳动。课堂教学深刻性的第二个标志,是使学生的生活体验与教师的发问引起思维冲突,在矛盾冲突中深化对新知识的认识。基于这两个标志我们来分析三节课例的上述综合应用、提高升华环节。

课例 A 中教师精心设计问题串,提出了富有启发性的问题,挖掘了问题的潜能,为学生创造了较广阔的思维空间。但学生在思维品质的广泛性、深刻性上还有可以拓展空间。

范永利老师认为教师在讲习题时应该让学生从会不会做,为什么这么做,还能怎么做,怎样做更好,此题还可以怎样问,题目条件和情景可以怎么变化。范老师所说的六个方面深刻阐述了数学教学中对学生思维训练的层次和方法。

课例 B 中教师在这一环节问题呈现虽然是题组形式,但彼此之间不够关联,还有就是问题简单,没有起到思维提升的作用。

课例 C 中教师以二次函数的图像变换为载体,考查了学生的分类讨论,数形结合及方程思想,范老师认为教师选题好,让学生独立思考后再交流,最后由学生来讲解,充分体现了以学生为主体的教育理念,而不是流于形式的讨论。

**四、总结反思,内化分享让复习课的理解经久弥新**

课例 A:(1)本节课我们都复习了哪些内容?(2)本节课你有哪些收获?

时间关系,教师快速展示 PPT 上的上述内容,在和同学们齐读华老名言。

课例 B:1. 本节课你的收获和体会是什么?请同学们畅所欲言。

课例 C:分享收获一个核心——数形结合思想(用数表达,用形释义);

二项性质:轴对称性(图像特征),增减性(变化规律);

三种表示:$y = ax^2 + bx + c = a(x+m)^2 + k = a(x-x_1)(x-x_2)(a \neq 0)$;

四点注意:①$a$ 的认识…②二次函数的函数值大小…③抛物线的平移…④方程,不等式(数)的问题…

课堂小结不是对课堂教学的线条式回顾,而是要对知识技能、思想方法、内心情感以及数学活动经验的重组或升华。课例 C 引导学生从上述几个方面总结,日积月累让学生能自发想到从这些方面总结无疑能给有效课堂插上高飞的翅膀。课例 B 和课例 A 都让学生谈收获和体会,虽然是开放的问题,但如果没有教师从知识技能、思想方法、内心情感以及数学活动经验分类引领积累,这样的课堂小结是课堂的鸡肋,是低效的。作为以习题为主的初三复习课怎么反思总结,范老师提出可否引导学生这样反思：怎么做？怎么想？解题过程的障碍是什么？怎么克服？还可以怎么做？什么方法最好？该题的条件弱化或特殊化又会怎样，能否得出通法？当然，这对教师要求自然提高，比如教师能否站在系统高度看问题，范老师举例说：已知分式 $\dfrac{x-3}{x^2-5x+a}$，当 $a<6$ 时，使分式无意义的 $x$ 的值共有几个？这道题情景复杂，教师引导学生把文字语言化为数学符号语言，问"使分式无意义的 $x$ 的值有几个"就是问"使 $x^2-5x+a$ 分母值为 0 的 $x$ 的值有几个"，就是问"使值为 0 的 $x$ 的值有几个"，就是问"关于 $x$ 的方程 $x^2-5x+a=0$ 的根有几个"，就是问"判别式 $\Delta=25-4a$ 在 $a<6$ 时的正、负、0"。还可以从函数角度分析就是求 $y=x^2-5x+a(a<6)$ 与 $x$ 轴的交点个数，或直线 $y=-a$ 与 $y=x^2-5x$ 的交点个数。

总之，我们教师在教学中要首先认真研究数学，抓住数学学科的本质问题，不管上什么类型的课，数学的本质不能丢！贴标签的形式要摒弃。

我们教师要研究学生，教学的有效性首先是取决于是不是能使你的学生受益、有进步，任何不符合学生实际的教学一定不是有效的（或是效率不高的），不管你讲得多么精彩。

我们教师能注意研究教法和学法，使教学过程中在帮助学生落实双基、开拓思路、掌握方法、选择策略、提升能力、积累经验等诸方面有所收获。"教学有法、教无定法、因材施教、贵在得法"。这是我们教师要铭记在心的。

杨根深／文

**参考文献**

(1)《全日制义务教育数学课程标准》，北京师范大学出版社 2001 年版。

(2)《校长走进课堂：用思想引领新课程》，选自《中小学管理》2010 年 2 月。

(3)《课例大家评——全等三角形复习》，选自《中学数学教学参考》2011 年 6 月。

**书海撷英**

事实上，大体掌握有价值的知识并不等同于能够实践运用，二者之间的差别至关重要。后者必须拥有自己专门的名称，与"生活价值"相对应，让我们称其为"为生活做准备"(liferead)。如果具有生活价值的学习在特定的场合中能够整合起来，帮助我们解决问题、做决定、做计划、接纳并享受一段经历，或者只是理解外部世界，那么，它就能够为我们的生活做好准备。否则，这种学校对我们而言仍然没有什么意义。

# 浅谈高三"化工流程题"复习备考

化学工艺流程题,顾名思义,就是将化工生产过程中的主要生产阶段即生产流程用框图形式表示出来,并根据生产流程中有关的化学知识步步设问,形成与化工生产紧密联系的化学工艺试题。这类试题以真实的工业生产过程为背景,体现能力立意的命题指导思想,能够综合考查学生各方面的基础知识以及将已有知识灵活应用在生产实际中解决问题的能力,所以这类题成为高考的必考题型。据统计,在2013-2015年的高考中,全国15套化学(包括理综化学)试卷,纯粹的无机工艺流程题10道左右,实验室模拟的有3道左右,可以说,套套有化学工艺流程题。

这类试题有什么特点,呈现形式有哪些,以及如何解题? 有什么注意事项,本文从化学教学和学习角度来谈谈自己的想法,供老师和考生参考。

## 1 化工流程题的特点、来源及呈现形式

### 1.1 特点

一是试题源于生产实际,以解决化学实际问题进行设问,使问题情境真实,能够培养学生理论联系实际、学以致用的能力;同时体现化学学科与工业生产和日常生活的紧密联系,能激发学生学习化学的兴趣。

二是试题内容丰富,涉及化学基础知识的方方面面,能考查学生对化学双基知识的掌握情况和解决实际问题的知识迁移能力。

三是,试题新颖,阅读量大,又辅以框图等非文字形式,能考查学生加工材料、提取信息的能力。

### 1.2 试题来源及热点

该类高考试题基本上是大学老师根据高中生知识水平和高考要求进行命题,在命题时,往往运用其专业教学或课题研究中的经验和知识,选取大学化学、化学化工、科技发展热点等专业性应用性较强的素材,将复杂的问题进行简化,从各个

方向指向中学化学知识体系，在交叉点找到命题的突破口（见图1）。这些交叉点往往是中学化学中的知识生长点和能力增长点，而出题的背景知识和材料往往是高中教材中的一段话（即收敛型命题模式）。

如工业上通过复分解法制备重铬酸钾生产原则工艺流程图（图2）如下：

基本原理：$Na_2Cr_2O_7 + 2KCl = K_2Cr_2O_7 + 2NaCl$

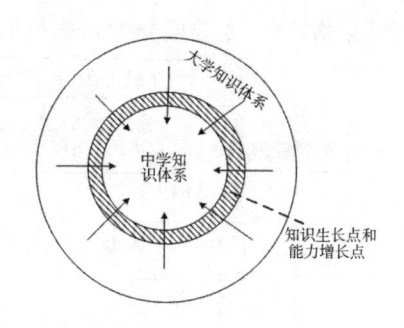

**图1 收敛型命题模式**

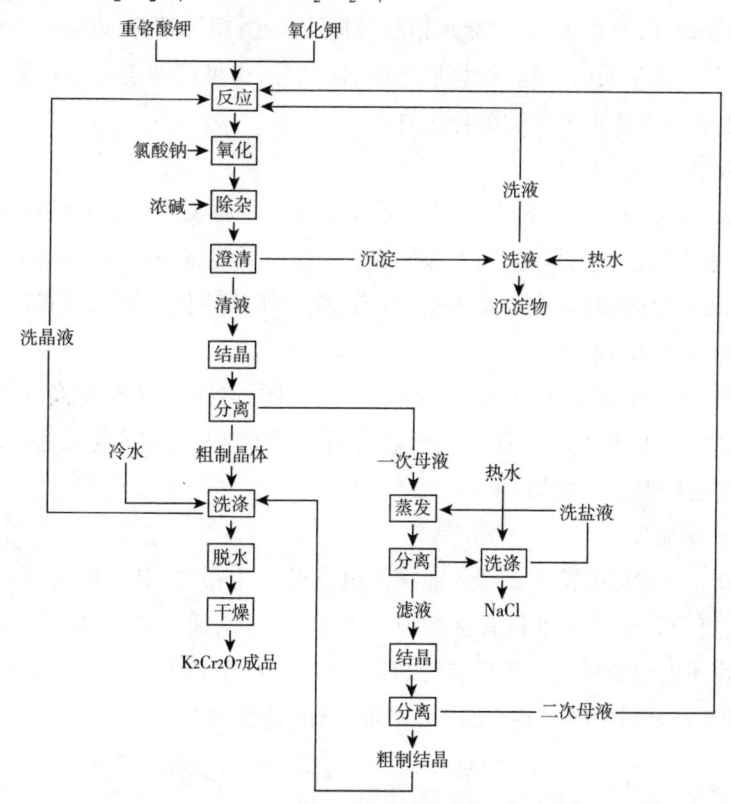

**图2 重铬酸钾生产原则工艺流程图**

可以看出，实际化工生产是非常复杂的，而工艺流程题中往往简化处理，在题目中往往是其中一步或几步，比如在下面题目中仅是最后一步。实验室模拟工业

241

生产,用铬铁矿(主要成分为 $FeO·Cr_2O_3$)制 $K_2Cr_2O_7$ 的主要工艺如图3:

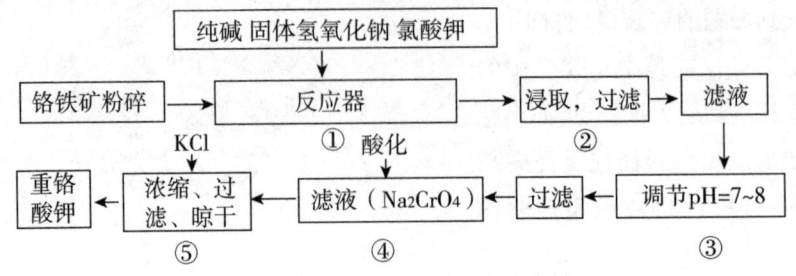

**图3 重铬酸钾生产主要工艺流程图**

很多高考试题都是将化学工艺或化学工业生产及最新科技成果融入其中,如硫酸铜、碘酸钾等制备;废旧电池回收利用、硝酸工业尾气等利用;含铬废水处理、含氮废水等处理;海水提纯、食盐水精制等提纯净化;粗铝精炼、电镀等电解工艺,同时考查基本化学实验问题,如物质分离、提纯等,也可以考查化学计算、环境知识等问题,并注重考查考生的综合能力。

1.3 结构及呈现形式

工艺流程题的结构分题头、题干和题尾三部分。题头一般是介绍该工艺生产的原材料和工艺生产的目的;题干部分主要用框图形式将原料到产品的主要生产工艺流程表示出来;题尾主要是根据生产过程中涉及的化学知识设置问题,构成一道完整的化学试题。

试题呈现形式非常丰富,除文字叙述、流程图外,还经常有表格、图像等,如2012年江苏第19题最为典型。其中流程图有操作流程、物质变化流程、装置流程三种形式,各种形式举例如下:

(1)操作流程

如2013新课标I卷第27题:锂离子电池的应用很广,其正极材料可再生利用。某锂离子电池正极材料有钴酸锂($LiCoO_2$),导电剂乙炔黑和铝箔等。充电时,该锂离子电池负极发生的反应为 $6C + xLi^+ + xe^- = Li_xC_6$。现欲利用以下工艺流程回收正极材料中的某些金属资源(部分条件未给出)。

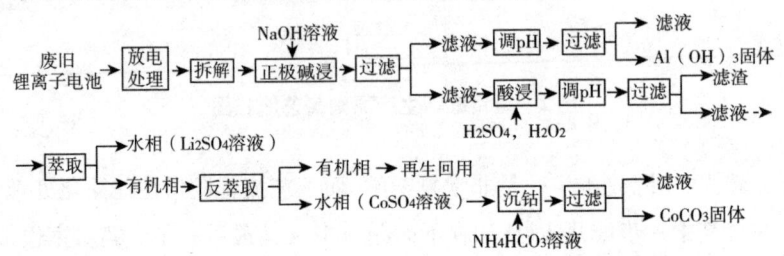

242

再如:2015年江苏高考第16题:以磷石膏(只要成分$CaSO_4$,杂质$SiO_2$、$Al_2O_3$等)为原料可制备轻质$CaCO_3$。

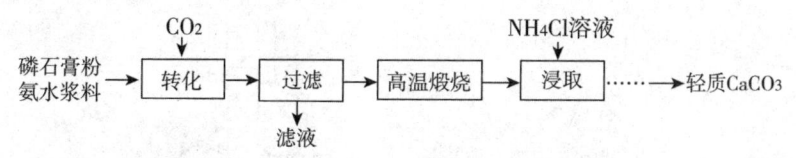

```
                    CO₂              NH₄Cl溶液
磷石膏粉  →  转化  →  过滤  →  高温煅烧  →  浸取  ┄┄→  轻质CaCO₃
氨水浆料              ↓
                    滤液
```

(2)物质变化流程

如2013广东B卷第32题:银铜合金广泛用于航空工业。从切割废料中回收银并制备铜化工产品的工艺如下图:

```
                   冷凝          电解精炼
          银熔体 ───→ 粗银 ──────→ 银
银铜合  空气  成型    Al₂(SO₄)₃      稀NaOH
金废料  熔炼   稀H₂SO₄ ↘                      ↗ 滤液
          渣料         CuSO₄溶液  煮沸  过滤       惰性气体
          (含少量银) 过滤  滤液A              固体B  煅烧  → CuAlO₂
```

再如2015年天津高考第9题:废旧印刷电路板是一种电子废弃物,其中铜的含量达到矿石中的几十倍。湿法技术是将粉碎的印刷电路板经溶解、萃取、电解等操作得到纯铜等产品。某化学小组模拟该方法回收铜和制取胆矾,流程简图如下:

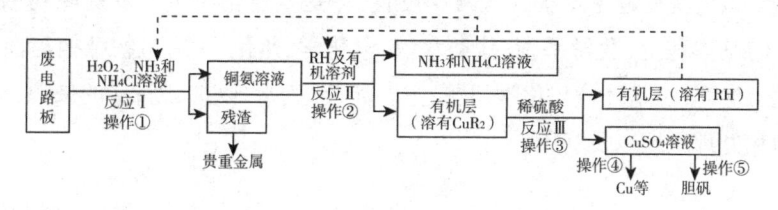

```
         H₂O₂、NH₃和        RH及有       NH₃和NH₄Cl溶液
         NH₄Cl溶液  铜氨溶液  机溶剂                    有机层(溶有RH)
废电  ────────→ ──────→  ────────→
路板   反应Ⅰ            反应Ⅱ        有机层    稀硫酸
       操作①    残渣     操作②      (溶有CuR₂)  反应Ⅲ   CuSO₄溶液
                  ↓                           操作③   操作④  操作⑤
                贵重金属                                Cu等    胆矾
```

(3)装置流程

又如2015年上海高考第五题:氯碱工业以电解精制饱和食盐水的方法制取氯气、氢气、烧碱和氯的含氧酸盐等系列化工产品。下图是离子交换膜法电解食盐水的示意图,图中的离子交换膜只允许阳离子通过。

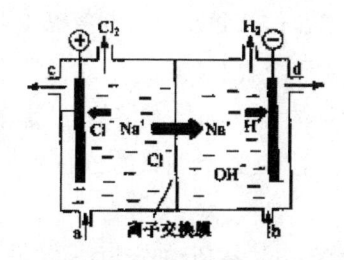

```
         ⊕ Cl₂      H₂ ⊖
       c │          │ d
         │ Cl⁻ Na⁺→Na⁺ H⁺ │
         │                │
         │         OH⁻    │
       a │                │ b
            离子交换膜
```

又如2015年海南高考第20-Ⅱ题:铁在自然界分布广泛,在工业、农业和国防科技中有重要应用。

243

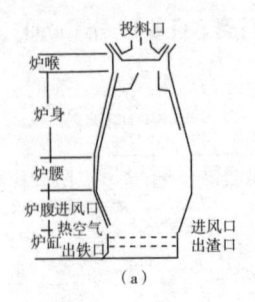

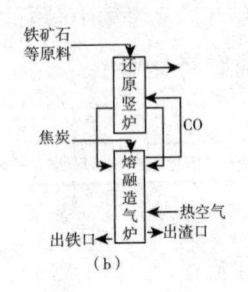

(a) 图中标注：投料口、炉喉、炉身、炉腰、炉腹进风口、炉缸、热空气、出铁口、进风口、出渣口

(b) 图中标注：铁矿石等原料、还原竖炉、焦炭、CO、熔融造气炉、热空气、出铁口、出渣口

## 2 高考试题考查点及命题设置

### 2.1 考查点

分析近几年高考试题,就会发现试题中主要考查以下问题:反应速率与平衡理论的运用;氧化还原反应的判断、化学方程式或离子方程式的书写;利用控制 pH 分离除杂;化学反应的能量变化;实验基本操作:除杂、分离、检验、洗涤、干燥等;流程中的物质转化和循环,资源的回收和利用;环境保护与绿色化学评价;定量(利用率、含量、产率)分析等。

### 2.2 命题设置

化学工艺流程题主要从以下两点设置:一是重要化工生产及资源利用,旨在用所学的基本理论(化学平衡、盐类水解、电化学、热化学、有机物结构与性质等)指导化工生产;二是环境与化学问题,主要涉及"废水、废气、废渣"的来源,对环境的影响和处理原理以及利用。

## 3 复习策略与解题方法指导

### 3.1 必备知识贮备

(1)掌握中学化学中重要的化工生产原理

中学化学涉及到的化工生产主要有以下 10 个:①煅烧石灰石;②工业制水煤气;③硫酸工业;④合成氨工业;⑤硝酸工业;⑥氯碱工业;⑦工业制盐酸;⑧金属冶炼;⑨工业制取漂粉精;⑩硅酸盐工业。

(2)熟练掌握分离、提纯的实验技能,如溶解、过滤、蒸馏、结晶、重结晶等。物质的分离操作、除杂试剂的选择是这类题目的核心考点之一,所以牢固掌握基本实验知识很重要!

(3)熟练掌握化学计算的方法技巧,如守恒法、关系式法、差量法等。

### 3.2 了解工业生产流程主线

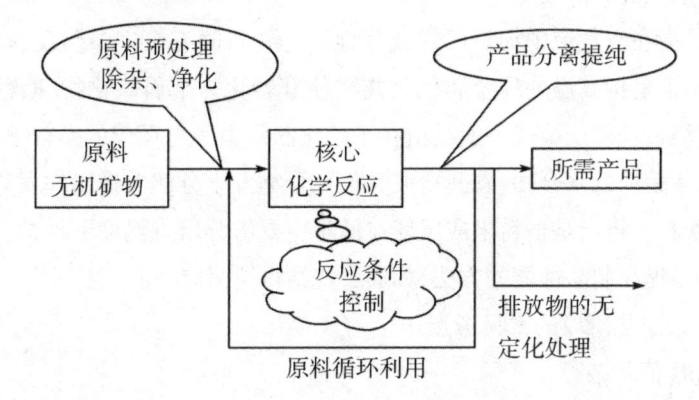

```
         原料预处理              产品分离提纯
         除杂、净化
   ┌────────┐      ┌────────┐      ┌────────┐
   │  原料  │─────→│  核心  │─────→│所需产品│
   │无机矿物│      │化学反应│      └────────┘
   └────────┘      └────────┘           │
                        │            排放物的无
                   ┌────────┐        定化处理
                   │ 反应条件│
                   │  控制  │
                   └────────┘
                  原料循环利用
```

明确:原料和产品(目的,一般题头中有),即箭头进出方向

规律:主线主产品、分支副产品、回头为循环

### 3.3 解题基本步骤

(1)从题干中获取有用信息,了解生产的产品。

(2)整体浏览流程,辨别出预处理、主反应过程、后处理等阶段。

(3)分析流程中的各步骤,弄清每步的变化和作用,以及对后面步骤的影响。注意抓住关键点:一切反应或操作都是为了获得产品。

最后,从问题中获取信息帮助解题,注意答题时将流程路线,试题设问和理论知识有机结合起来,逐一推敲解答。

为了让学生形成解决该类试题的整体思路和方法,建议教师详细分析2005年上海高考试卷第26题和1999年上海高考试卷第29题两道试题。

### 3.4 解题技能

一是熟悉工业流程中常见的操作与名词

(1)原料预处理阶段的常见考点与常见名词

①加快反应速率及原料充分反应

可以采取将固体原料粉碎,改变反应条件等实现。

②溶解

水浸:与水接触反应或溶解

浸出:固体加水(酸)溶解得到离子

浸出率:固体溶解后,离子在溶液中含量的多少(更多转化)

酸浸:在酸溶液中反应使可溶性金属离子进入溶液,不溶物通过过滤除去的溶解过程

245

③焙烧、煅烧和烧结

焙烧是指在空气流中加热矿物或其他固体物料时有氧气参与反应的高温化学过程。通常是指高温处理金属硫化物矿使其转化为金属氧化物和含硫气体的操作,如焙烧黄铁矿。煅烧一般是指在不熔化和氧不参与反应的条件下将物料加热到高温,使其中的水合物、碳酸盐或其他化合物发生分解并排出挥发物的过程,如煅烧石灰石。烧结是指粉末或压坯在低于主要组分熔点温度下加热,使颗粒间产生连接,以提高制品性能的方法,如通过烧结得地面砖。

(2) 除杂净化阶段的常见考点

①调 pH 值除杂

例如:(2007 年山东高考题) $FeCl_3$ 溶液腐蚀印刷电路铜板后混合溶液中,若 $Cu^{2+}$、$Fe^{3+}$ 和 $Fe^{2+}$ 的浓度均为 0.10mol/L,请参照下表给出的数据和药品,简述除去 $CuCl_2$ 溶液中 $Fe^{3+}$ 和 $Fe^{2+}$ 的实验步骤。

|  | 氢氧化物开始沉淀时的pH | 氢氧化物沉淀完全时的pH |
| --- | --- | --- |
| $Fe^{3+}$ | 1.9 | 3.2 |
| $Fe^{2+}$ | 7.0 | 9.0 |
| $Cu^{2+}$ | 4.7 | 6.7 |
| 提供的药品:$Cl_2$、浓$H_2SO_4$、NaOH溶液、CuO、Cu ||

②试剂除杂

如精制食盐水时 $Ca^{2+}$、$Mg^{2+}$、$SO_4^{2-}$ 等杂质离子的去除。

另外还可以通过加热、降温、萃取、分液等改变条件或分离方法达到除杂净化的目的。

(3) 主反应阶段常见考点

该阶段主要考查生产条件的控制——可从以下几个方面着手分析反应条件:对反应速率有何影响、对平衡转化率有何影响、对综合生产效益有何影响(如可以从原料成本是否廉价,原料来源是否广泛、是否可再生,能源成本,对设备的要求,环境保护等方面考虑)。

(4) 获得产品阶段的常见考点

①从溶液中获取 $MgCl_2 \cdot 6H_2O$、$CuSO_4 \cdot 5H_2O$、$(NH_4)_2SO_4$、$KNO_3$ 等固体,需

要蒸发浓缩、冷却结晶、过滤洗涤等步骤,而从 $MgCl_2·6H_2O$ 固体获得无水 $MgCl_2$,应在 HCl 的气流中加热,以防其水解并带走产生的水蒸气。

②洗涤(冰水、热水)洗去晶体表面的杂质离子,并减少晶体在洗涤过程中因溶解损耗。

③常用重结晶对固体粗产品进一步提纯。

二是关注化工流程题中表述性词汇的作用

化工流程题中常会出现一些表述性词汇,它们可以暗示我们答题的角度。比如:

(1)"控制较低温度"——常考虑物质的挥发,物质的不稳定性和物质的转化等。

(2)"加过量试剂"——常考虑反应完全或增大转化率、产率等。

(3)"能否加其他物质"——常考虑会不会引入杂质或是否影响产品的纯度。

(4)"在空气中或在其他气体中"——主要考虑 $O_2$、$H_2O$、$CO_2$ 或其他气体是否参与反应或达到防氧化、防水解、防潮解等目的。

(5)"控制 pH"——常考虑防水解、促进生成沉淀或除去杂质等。

(6)"用某些有机试剂清洗"——常考虑降低物质溶解度有利于析出、减少损耗和提高利用率等。

3.5 注重规范作答

(1)"设计方案检验某物质"——通常取少量某液体于试管中,加入试剂,并进行振荡加热等操作,产生某现象,最后得出结论。

(2)回答除杂时,应该具体注明"是为了除去 XX 中的 XX 杂质",只写"除杂"等是不给分的。

(3)用理论回答问题,应采用"四段论":改变了什么条件(或是什么条件)→根据什么理论→所以有什么变化→结论。

另外"如何洗涤沉淀""判断沉淀是否洗净""如何从溶液中得到晶体"等也是学生常常出错导致失分的知识点。

以上是笔者对该类试题的分析和认识,希望对老师的教学和学生学习有点帮助。由于个人水平有限,错误和疏漏在所难免,敬请包涵。

桑寿德/文

# 04

| 共享篇 |

# 学生课堂思维品质培养之一得

课堂教学要培养学生的思维能力，这是语文教学的核心，也是语文课堂教学的旨归。随着语文教学改革的不断深化，语文课堂教学的思考，也越来越触及语文教学的核心层面，即思维层面。准确地理解和认识学生课堂思维品质和思维能力的培养，对于提升语文教学的质量和提高学生的语文素养，都有着重要的意义。本文就以鲁迅《野草·复仇(其二)》为例，谈谈在课堂教学中如何培养学生的思维。

### 一、定向思考，厘清文脉

《复仇(其二)》是鲁迅《野草》中较之其他篇目，相对还比较好理解的一篇，但是对于高中学生来说，理解起来也是很吃力的。为了让学生对"耶稣受难"有个初步的了解，我先将《圣经》中的相关章节印发给他们，学生利用课上时间，梳理鲁迅《复仇(其二)》的基本脉络。

"他自以为神之子，以色列的王，所以去钉十字架。"

"十字架竖起来了；他悬在虚空中。"

"他腹部波动了，悲悯和咒诅的痛楚的波。"

"遍地都黑暗了。"

以上四句话，构成了《复仇(其二)》的叙事主线。概括起来，就是一般记叙文情节发展的四个要素，即故事的开端，故事的发展，故事的高潮和故事的结局。

这就是充分利用定向思维来培养学生的思维能力。我们知道，定向思维就是根据已有的知识、经验，按照习惯的思维定式思考或推论事物演变发展的过程或结果。从学生已有的知识体系来看，学习记叙文或小说，自然就会想到记叙文包括小说的情节要素的作用。《圣经》原故事完全是记叙性的，我们可以借此指导学生划分文章的层次结构。

鲁迅的这篇散文诗可分为四层：第一层，是写耶稣为解救以色列人而甘愿受难,"去钉十字架",这是基督"我不下地狱,让谁下地狱"的精神体现;第二层,写耶稣受难的过程,众兵丁将耶稣钉上了十字架;第三层,写耶稣至死不屈,虽口不能言,但深挚于灵魂的"悲悯和咒诅",却始终如一,也就是我们说的腹诽;第四层,写耶稣受难结束:耶稣死去。

从记叙的角度看,文章记叙的篇幅似乎有点少,可就是这寥寥数笔的记叙,勾勒了这篇散文诗的主线,大大降低了学生理解这篇文章的难度。从学生已有的学习经验看,学生能够运用已有的知识和经验,清楚地感知记叙的线索,这个过程就是思维的生成过程。

这里还有一个难点,就是这篇散文诗的高潮为什么要放在这里?或者作者为什么以此为重点和难点?其中的用意,就又关系到这篇散文诗的主旨的理解。

**二、求同思维,抓住重点**

求同思维又称聚合思维,逻辑上就是对已知条件进行归纳,根据相同的条件,推论出相同的结果,这在数学证明上极为常用,如综合法、归纳法等,均属于求同思维的范畴。作者对其中的某个内容,非要加以重复,以至于一而再,再而三的赘述一个概念,一个问题,用意指向非常鲜明,一是一种层次上的暗示,再就是文本内容上的一种隐含。《复仇(其二)》这篇短文,我们可以引导学生分析文章前三个层次中的相同内容,进而理解作者的写作意图。

第一,众人对耶稣钉十字架的态度:

1. 兵丁们戏弄他。

路人们:"看哪,他们打他的头,吐他,拜他……"

2. 祭司长和文士也戏弄他,和他同钉的两个强盗也讥诮他。

路人都辱骂他,"看哪,和他同钉的……"

故事开头有这样一句话:"因为他自以为神之子,以色列的王",交代了耶稣的地位和身份。众人包括兵丁、路人、文士、祭司长等对耶稣的态度何其一致,戏弄,侮辱,残暴,丝毫没有同情,表明他们对耶稣为其受难根本不理解。他们无法理解耶稣受难是为了解救或普度众生。第三层和第四层写众人对耶稣施暴,一个先觉者在愚人狂虐和戏谑中悲惨地死去,侧面关照了愚人世界的众生相。鲁迅先生还是将这些人定位为麻木的看客。

第二,耶稣对众人的态度和情感的变化:

散文诗的第一层第三段:"他不肯喝那用没药调和的酒,要分明地玩味以色列人怎样对付他们的神之子,而且较永久地悲悯他们的前途,然而仇恨他们的现在。"到第二层只是将"不肯喝"改为"没有喝",其余完全相同。第三层稍做变化,用了这样的句式:"他在手足的痛楚中,玩味着可悯的人们的钉杀神之子的悲哀和可咒诅的人们要钉杀神之子,而神之子就要被钉杀了的欢喜。突然间,碎骨的大痛楚透到心髓了,他即沉酣于大欢喜和大悲悯中。"虽然表述略有不同,但依然突出了"玩味""悲悯""仇恨"的本意。

在一二两层的结尾还用了一组相同的句子:"四面都是敌意,可悲悯的,可咒诅的。"这是对每一层内容的总结,一方面写众人对耶稣怀有敌意,另一方面写耶稣对众人的态度:二者之间隔膜,不理解,不能相互沟通,这是当时革命现状的直接反映。第三层结尾一句虽略有变化,但仍然保留了"悲悯""咒诅"两个词。

耶稣作为一个先觉者,作为一个为民受难,解救众生的牺牲者,他的所作所为不但没有引起众人的同情,反而招致众人的戏弄,不但没有唤醒民众,反而成了民众欢呼雀跃赏鉴示众的材料,这不能不使鲁迅悲叹:"民众,尤其是中国的民众,永远只能做毫无意义的示众的材料和看客!"作者为什么将此作为故事发展的高潮,也就不言而喻了。

从求同的角度讲,学生容易找出关键词句,抓住重点和难点,学生还可以结合已经学过的课文《药》《祝福》《阿Q正传》等,理解作者写作此散文诗的根本用意:揭露民众的愚昧和先觉者严重脱离群众。

**三、求异思维,探究深度**

与求同思维相反,求异思维就是对影响事物生成过程的原因、条件等要素加以区分和认识,进而探究事物结果。求异思维本质上是一种具有发散思维的深层思考。一般意义上,求同是为了更好地理解,求异可以发现变化,突出深度,同样对于学生们自己的写作来讲,追求变化,也可以提高写作的深度和思维的发散性。

《复仇(其二)》最显著的,无怪乎从"神之子"到"人之子"的变化。数据统计,短短一篇小文,共用了九个"神之子",只在文章结尾两段三次用了"人之子",这不同称谓的变化,照应了文章开头之所谓"神之子,以色列的王",是耶稣自我认识的醒悟,同时也是鲁迅先生的自觉。这里我们可引导学生这样思考,为什么会有这样的变化呢?

我们看散文诗的第二层有这样一段:

"丁丁地响,钉尖从掌心穿透,他们要钉杀他们的神之子了;可悯的人们呵,使他痛得柔和。丁丁地响,钉尖从脚背穿透,钉碎了一块骨,痛楚也透到心髓中,然而他们钉杀着他们的神之子了,可咒诅的人们呵,这使他痛得舒服。"

这里有两个词语，"柔和"和"舒服"，与上下文的情感变化略有不同，值得我们去探究。耶稣被钉十字架，可他为何却能感受到"柔和""舒服"呢？其实这两个词直接开启了后文由"神之子"到"人之子"的变化。

"因为他自以为神之子，以色列的王"，所以连耶稣自己也以统治者自居，他亲眼看见众人敢于对至高无上的"神之子，以色列的王"戏弄、嘲笑、讥诮、侮辱，以至钉杀，耶稣认为这是他们——这些奴隶本质上具有反抗性的体现，就像阿Q，"中国倘不革命则已，倘若革命，阿Q必参加之"，这是由于其本身的阶级地位和社会处境决定的。因此耶稣为他们——这群奴隶的反抗而感到"柔和"，感到"舒服"。这是一种心灵的安慰，精神上自虐之后的对象化的映照。在耶稣看来，受难是很值得的。

然而事实果真如此么？在散文诗的第四层，耶稣清楚地明白："以罗伊，以罗伊，拉马撒巴各大尼？！"〔翻出来，就是：我的上帝，你为什么离弃我？！〕这是耶稣临死之前的幡然醒悟。耶稣也并非高高在上的"神之子"，也不是所谓的"以色列的王"，——统治者，而是一个"人之子"，——一个觉醒了的"傻子"。这一方面揭露了上帝的欺骗性和虚伪性，另一方面也为我们揭开了民众反抗非真、愚昧至极的事实真相。因为他们钉杀的不是所谓的统治者，而是他们的同伴，一个觉醒了的、为解救他们而甘愿受难的革命者。所以，从这个意义上讲，作者通过行文的变化，将诗歌的主旨引向更高层面的思考。

文章结尾说："上帝离弃了他，他终于还是一个'人之子'；然而以色列人连'人之子'都钉杀了。钉杀了'人之子'的人们身上，比钉杀了'神之子'的尤其血污，血腥。"这两句话是作者对这一事件的评价，"血污，血腥"用的是借代，是愚昧麻木的代名词。可见这篇散文诗的主旨，即鲁迅一贯主张地向愚昧复仇：文章题目的含义于此便可一目了然。

抓住文本的相同点，抓住行文的变化，先求同，再同中求异，就可以深入理解这篇散文诗的深刻性。学会这种思考问题解决问题的方法，学生就可以在日后的写作中学以致用，培养学生的思维品质。

贾小林／文

### 书海撷英

教育的使命包括帮助学习上有困难的人，所以我们应该关心的是一个人学不进去的时候的机制和背景。总之，只有揭示出学习复杂性的奥秘，才能促进有效教学。

# 学生质疑释疑,提高思维能力

在教学探索过程中,尽管我学习了很多关于语文教学新的理念和方法,但是,我认为,毫无疑问,在课堂上引导学生提出问题并解决问题是最重要的,这其实是优化学习过程的一种方式。当然,要引导学生提出问题,首先教师就要研究怎样在课堂上提出有价值的问题。学生必须通过教师的"教"提出问题达到自己会主动提出问题,也就是叶圣陶先生所说的"教是为了不教"。

我之所以提出这样一个课堂教学研究课题,是因为我发现现在的课堂教学,问题出在教师身上,往往是教师问,学生答;教师不问,学生不答。很少有学生提问,很少有教师想方设法让学生提问。而教师的问题,一般又都是依照教学的内容,按部就班,逐一罗列,最严重的问题是,答案早已在教师手中,学生是在"被问题",在"猜答案"。因此,我认为,在课堂上,教师不仅要善于提出问题,学生也必须要提出问题。研究教师和学生怎样提出问题就显得尤其重要。我翻阅了大量文献,发现研究教师课堂提问的不少,但是研究学生提问的几乎没有,即使研究教师提问的也大多数是课堂提问的原则、策略、方法等理论方面的研究,实践研究方面比较欠缺。这样,更加坚定了我研究的决心,研究教师和学生怎样提出问题就显得尤其重要。当然,提出问题后还需要解决问题,两个方面都要认真研究。

2015年北大自主招生语文试题只有一道题,是一道材料作文题,选取孟子的《生于忧患,死于安乐》和庄子的《人间世》作为材料,要求考生根据材料写一篇文章,字数不限,作答时间为3个小时。从这个题目可以看出,如果学生不会主动提出问题并有解决问题的能力,这样的作文题对于他们就是一场灾难。只有简单的作文材料,没有明确的题目,自己怎么命题呢?如果学生不善于提出问题,这作文题确实就不太好做了。无独有偶,2015年北京市中考语文有这样一道题目,科幻小说《超级智能住宅》第20题:在你看来,这篇小说的主题是什么?根据你对小说的认识提出一个问题,并简要说明理由。这样看来,以前提出问题还只是课堂上教师的教学环节,现在已经直接进入了对学生能力的考查,所以研究提出问题并解决问题的课题是非常必要的。

爱因斯坦说："提出问题比解决问题更重要。"可见，提出有价值的问题并不是一件容易的事。要提出问题，首先要占有大量的材料，体会不同人对阅读材料的研究角度、结论的不同。不仅学生如此，其实任何研究者都如此，没有材料，问题不会凭空产生。首先解决"读什么"的问题。我主要引导学生依托课内精讲课文，整合相关阅读材料进行专题式阅读。相关阅读材料主要指跟本专题能够构成某种关联的学习材料，如我讲北京版必修二《念奴娇·赤壁怀古》，就会整合北京版必修四《前赤壁赋》和人教版的《定风波》，补充《后赤壁赋》，拓展阅读余秋雨《苏东坡突围》、方芳《喜欢苏东坡》、朱增泉《文赤壁》，布置学生课下自主阅读并提出问题。专题学习的基本特点就是"综合"，它加大了教学的力度。学生要在若干学习内容之间进行分辨、比较、组合、筛选，这无疑对提升学生的"学习力"是有帮助的。教师应当基于教学内容的整合点、教学过程的切入点、学生能力的提升点、学生学习的兴趣点确立主题。当然，教学中也会直接引导学生进行课内单篇文章的精读。

要引导学生提出有价值的问题，教师首先要思考怎样提出问题。二十多年的教学生涯中，我一直对提出"课堂问题"情有独钟，我认为几个好问题能串起一节课，能集中学生的注意力，能激发学生的兴趣，更能培养学生的思维能力。

当然，问题也分为"真问题"和"伪问题"，如何分辨呢？逻辑上能自给，实践中能举证的就是"真问题"，否则就是"伪问题"。教师要引导学生提出"真问题"，远离"伪问题"。比如"一分为二"的哲学思想就是"伪问题"，因为很容易举出反例，为什么不是"一分为三""一分为四"或者"合二为一"呢？课堂上也有不少"真问题"，学习李商隐诗歌《马嵬（其二）》时，有学生提出了"诗歌的主题"到底是什么？学生讨论很激烈，"讽刺说"和"同情说"莫衷一是。事实上，大部分资料都认为是"讽刺说"，学生能提出这个问题说明他们很敏锐，意识到了主题的争端。在解决问题的过程中，有同学发现争端的关键就在于颈联的理解："此日六军同驻马，当时七夕笑牵牛。"如果这两句是因果关系，那就是"讽刺说"；如果这两句是转折关系，那就是"同情说"。提出这样的问题和解决问题的过程说明，学生是多么了不起啊！在讲《鸿门宴》时，一个学生立刻质疑，"项羽只是西楚霸王，并没有做过帝王，为何司马迁把项羽放在'本纪'里呢?"结果又有一个同学说，陈涉放在"世家"里也不太合适吧？我表扬两名同学提出的问题很有价值，值得研究，可以由此去理解司马迁的历史观。我曾经听过宁鸿彬老师的《分马》，快下课时一个学生突然举手说：题目叫"分马"不合适，因为还分驴、骡子等。宁老师解释说马比较多,作家就用"马"代替了。结果学生马上又站起来说:注释说了,题目是编者加的,不是作者取的。宁老师赶紧表扬了学生,夸他读书仔细,肯动脑筋,提出的问题很有价值。我对课堂上一次学生的提问至今印象深刻,那是讲《林黛玉进贾府》,我引导同学们分析黛玉的性格特征,讨论后归纳为"细心、多虑、自尊、懂事",一个学生若有所思,然后说:我觉得黛玉没有那么懂事,众人问她吃什么药,直接回答或者敷衍不就行了吗?干吗非要说出"除了父母之外,凡有外姓亲友之人,一概不见,方可平安了此一世"?这样的话让人听了不舒服,这说明她还是性格率真,没有想象中的那样懂事、成熟。

众人见黛玉年貌虽小,其举止言谈不俗,身体面庞虽怯弱不胜,却有一段自然的风流态度,便知他有不足之症。因问:"常服何药,如何不急为疗治?"黛玉道:"我自来是如此,从会吃饮食时便吃药,到今日未断,请了多少名医修方配药,皆不见效。那一年我三岁时,听得说来了一个癞头和尚,说要化我去出家,我父母固是不从。他又说:'既舍不得他,只他的病一生也不能好的了。若要好时,除非从此以后总不许见哭声;除了父母之外,凡有外姓亲友之人,一概不见,方可平安了此一世。'疯疯癫癫,说了这些不经之谈,也没人理他。如今还是吃人参养荣丸。"贾母道:"正好,我这里正配丸药呢。叫他们多配一料就是了。"

——《林黛玉进贾府》

可不是吗?黛玉的确"细心、多虑、自尊、懂事",但同时她也"率真、可爱",这跟她年幼有关系,也跟她本性有关系,从后面情节发展来看,这也是她和贾宝玉契合的原因。这位学生自己提出问题,最后经过思考解决了问题,挖掘出了文本更为深刻含蓄的内容。

当然,有时候"真问题"和"伪问题"并不是那么容易区分。在教授《最后一课》时,有学生提出"小弗朗士再学一门外语有何不可呢?"一位老师就认为这样的问题完全偏离了主题,几乎与文章的内容无关。事实上,语文教学不仅要关注作品本身呈现了什么,更要关注学生的心理起点是什么。教师要给学生搭桥,实现作品与学生认知结构的对接。学生生活在改革开放的今天,他们认为多学一门外语是理所当然的。所以,以此为契机,引导学生关注文章时代背景,了解韩麦尔老师说"法国万岁"以及强调最后一节法语课的重要性,坚持说母语就是坚守自己的祖国。这样,就把学生心理背景和文章时代背景两个层次不同的命题勾连起来,完成学生对内容的把握和提升。通过这个问题告诉学生,不能孤立地看问题,国家发达时学外语有利于交往,但当强敌压境,入侵者强迫忘记自己国家的语言时,意义就不一样了。教师通过对学生问题的引导,给学生做了辩证思维的示范。所以,语文不仅教内容,更要教科学的思维方法。

  这说明通过引导,学生能提出非常好的问题,思维可以得到很好的训练。提升学生语文学习力的关键就是要在学生的学习方式上寻求突破,突破点就是想方设法让学生学起来。如果在课堂上教师提出问题的同时,也能激发学生提出问题并展开讨论,最后解决问题,学生自然也就学起来了,学生的语文学习力也就提高了。

涂洁/文

**书海撷英**
  知识迁移本身并不难,而是传统的教学过程没有让学生准备好迁移知识。其中一个问题是:知识的迁移要么需要高端的反思性学习,从而实现有意识的、深思熟虑的迁移;要么需要低端的大量的实地练习,从而实现无意识的、自动的迁移;而迅速串讲学习内容的教学方法无法满足上述任何一种要求。另一个问题是:传统教学忽视了学生的学习兴趣,因而无法培养学生钻研学习内容、广泛地联系学习内容所必需的敏感性和倾向性。

# 围绕"具有生活价值的知识"建构课程体系

寒假期间有幸拜读了戴维·珀金斯教授的最新力作《为未知而教 为未来而学》，这一本立足于教育学界最前端的著作为我们打开了一扇启迪的大门，其中提出的诸多新观点、新设想、新概念与我们在日常教学中颇有感触但又苦于理论知识匮乏、缺少指导导致难以形成清晰认知的很多"痛点"不谋而合，共鸣很多，颇有茅塞顿开的感觉。我们在讲"为学生思维发展而教"，那么这种教育的目的是什么，也就是说学生思维发展的目的是什么，是为了培养人、造就人，说到底是为了让学生合格地进入社会、进入生活，他们需要解决的是生活中遇到的各种问题，他们需要具备的是解决实际生活中问题的能力，因此，珀金斯教授提出的"具有生活价值的知识"，具体说也就是针对现实社会中出现的实际问题所投射出的知识点，才是可以真正引导学生思维发展的法门。对珀金斯教授在本书中所传达的思想，我的理解有如下几点。

## 一、从"兔子洞"式知识体系到"三种跨越"

"如果教育中全是大大小小的'兔子洞'，必须深刻钻研具体细节，那么，学生就再没有机会从整体上熟悉一个学科中最好的那片广袤天地。"[1]珀金斯教授风趣的比喻"兔子洞"，在书中并没有给出详细释义，顾名思义，我认为所谓"兔子洞"式的知识体系是指无规则的分布和相互独立的，又具备足够深度的单个知识点所构成的知识体系，这些知识点在深部即"兔子窝"内部是互相连通的，但从表面上看毫无关联，必须挖掘到深部才可发现其中的共同点，因而可以称之为一个知识体系。我们需要做的，是避免"兔子洞"式的教学令学生迷失在一个个过度深刻而又缺乏逻辑联系的独立知识点丛林中，不过分苛求单个知识点的教学深度（这里指理论深度应该和学生的认知水平相适应），而应更加注重知识点之间的关联性和解决实际问题的逻辑性。相比起来，后一种教学模式更加可以锻炼学生的批判性思维、创造性思维、灵活性思维以及解决实际问题的能力，而这正是我们所倡导的素质教育工程的终极目标。从某种意义上讲,"兔子洞"式知识体系和教学模式,正是陈旧的应试教育模式的一个缩影。

那么,如何去构建一个非"兔子洞"式的知识体系呢?我总结的方法是实现"三种跨越",即跨学科、跨学年、跨地域。如纽约大学尼尔·波兹曼先生所倡导的"宏大叙事(Grand narratives)"的模式来组织大部分学校教育,为各个不同年级延续一脉相承的学习与探究过程,并为不同学科之间观点的碰撞提供场所,也为探究与生活相关的具体问题提供了机会。书中列举的"地球太空船"和"堕落天使"两个主题就是"宏大叙事"模式的范例。我认为,实现三种跨越是顺应教改潮流的,首先自然科学与社会科学内部各学科之间就存在着天然的联系,数学－物理－天文、化学－生物－医学、文化－艺术－语言、政治－经济－社会学－法律－道德,这一切都可以构成互相串联的一个个小循环,叠加起来也就是教育行业所涵盖的全部知识领域的大闭环,而面对现实生活中的任何一个具体问题,都不可能只牵涉到某一个学科的知识,都必须使用多种学科的视角去解读,因而跨学科的知识体系已经成为必然,近年来我国高考科目中新设置的"文科综合""理科综合"就是这种趋势的反应;跨学年的优势在于让不同年级的学生面对同一主题来开展不同思维高度的教学活动,教改后的教材中体现了这种具备延续性和一致性的理念,比如社会主义核心价值观的知识体系,在不同学年之间都有接触,难点在如何去找到实际问题的突破口;而跨地域的概念分成两个层次,高层次在于打破传统的政治体制和意识形态上的禁锢,充分吸收利用西方成熟的教育理念和教育体系,与我国基础教育的优势相结合,低层次在于引导学生去识别不同地域和文化形态的不同,使用辩证的方法看待事物。

如果能够实现上述的"三种跨越",那么我们的教育体系一定可以避免"兔子洞"式的割裂和片面,从而主动去选择那些具有生活价值的内容去学习。

### 二、使用"交叉主题"去发现具有生活价值的问题

在"三种跨越"的学科建模之下,什么才是值得学习的知识这一核心问题亟待解决。书中介绍了美国教育界推进的"共同核心课程标准计划"、教育改革家西奥多·赛泽发起的"要素学校"运动以及哈佛学院通识教育项目,纵观此类的教学模式,无不蕴含着一个精神宗旨,即以最少的核心问题去牵引出尽量多的知识点和兴趣点。这些核心问题或是高度浓缩的学科名称,如语言文学和数学,或是现实生活中普遍关注的问题提升至哲学层面,如关于身份和历史、关于物理世界等等,分类和命名的方法不同,但宗旨是涵盖尽可能多的互相关联的具体学科。这一宗

旨我们称之为"交叉主题"。

"如果我们希望教育能够为学习者将来的生活提供信息、注入活力,就必须在各学科与人们所接触的真实世界之间搭建桥梁。于是,交叉主题应运而生。"[2] 我对于交叉主题的理解是,它并不是单纯的几种学科的综合,而是彻底打破了学科之间的界限,使用一些更加广泛而常见的事物、现象来构建知识体系,不去过多考虑其中涉及的知识点应划分到哪个具体学科之下,注重观察、联系、分析、解决问题。交叉主题的优点就是真实而有趣,因为其往往来自于现实生活而引人深思,但同时也容易变得较为琐碎凌乱缺乏系统性。珀金斯教授指出:"学校可以只选择一两种广泛而深刻的交叉主题(如全球化研究或艺术在文明中的作用),而不是企图包揽全部;并以普遍存在的跨学科学习作为学校的核心特色,进而影响各个学科的教学。如今,我们的学习应当在生活中有意义,并应当为生活做好准备,为了实现这一目标,无论采取什么样的策略,在教育中纳入交叉主题活动都至关重要。"[3]

那么如何去设计或者说选取一个交叉主题,珀金斯教授列举的"全球化研究"或"艺术在文明中的作用"之类的题目太过空泛,也许适用于大学学生,对于初中阶段的学生而言,需要更加小范围的、细化的具体问题作为交叉主题来进行突破,也就是说需要围绕那些对初中生的生活有价值的知识来进行教学。能够牵涉到政治(思想品德)类型的交叉主题可能会涵盖政治学、经济学、心理学、社会学、法律、哲学、文学、历史宗教等多个领域,任何一个小的分支都体现在形形色色的社会现象之中,"全球化研究"可以缩小为"我们为什么喜欢到日本买电器","艺术在文明中的作用"也可以细化到"油画与瓷器代表了怎样不同的文明"这类具体化的问题。声嘶力竭般的呐喊并不一定可以取得好的教学效果,我们需要静下心来从问题入手而不是答案入手,从现象入手而不是结论入手,我们需要培养人而不是灌输人。一个好的交叉主题的设计须提倡4类能力:探索和发现能力、认知和表达能力、交流和理解能力、行动能力(这四种能力简化和提炼了《全球竞争力教育》一书的核心精神)。凡是可以锻炼这几种能力的现实问题,皆可设计为交叉主题,也可以说对于学生来说是具有生活价值的知识。

### 三、如何利用上述理论构建新的思想品德课程体系

我以思想品德课八年级上册教材为例,尝试将第一单元的内容改造为具备"三种跨越"特点的交叉主题。第一单元"相亲相爱一家人",主旨在于引导学生感受家庭中的爱、学会沟通及奉献。结合社会现实中的现象,我选取如下两个主

题来进行讨论,"生育二胎政策放开""农村留守儿童问题"。

以第一个问题为例进行分析,其中可以涉及的学科领域包括:
- 思想品德——家庭与爱,父母与子女、子女之间的关系;
- 政治经济——我国的独生子女政策的由来,以及做出改变的合理性;
- 社会学——我国社会老龄化的趋势;
- 心理学——分享与获取。

对于第二个问题,则可能涉及的知识点包括:
- 思想品德——对家庭的奉献与回报;
- 法律——父母对子女的抚养和子女对父母的赡养;
- 社会学——人口流动与家庭的基本构成;我国的养老保障制度。

上述仅是本人所能联想到的一些学科范畴,实际上每一个实际问题都可以发散到更多的理论领域当中去。在课堂上可以充分调动学生积极性,鼓励他们对社会现象进行自己的解读和反思,充分利用各种媒介对所需要的知识点进行学习。

对于家庭与爱的教育,贯穿于初中思想品德课的始终,也是社会主义核心价值观的体现,因此本课的内容应该融汇于初中三个学年的教学当中,可以考虑在三个年级同时开展对上述两个问题的解读和反思,根据学生思考的深度分类进行辅导,完成"跨学年"的教学任务,在长达三年的时间内遵循学生认知能力的提升循序渐进地引导学生学会观察和解读社会现象,并形成独立的思考与见解,培养他们走向社会后独立解决问题的能力。

同时,在高年级的班级中可以考虑适当引入对外国相关养老和生育政策的借鉴和对比,进一步提高学生的思维高度,从全球视角审视我国的社会现象,可以使他们的反思更加科学、客观。

如上,教师通过深刻理解课程设计的内涵,转变课程设计方式,从现实问题入手,从对学生的社会生活具有价值的知识点入手,从而打破学科之间的界限,打破不同年级之间的界限,打破意识形态上的界限,相信这种新的教学模式一定会是未来教育行业的大势所趋。

最后,我想借用珀金斯教授的一段话作为本文结语,我对这一段掷地有声的观点非常赞同。"在基础教育阶段,业余的专业知识比高深的专业知识更重要。教育资源应当被用于帮助学生扎实而灵活地理解基础知识(甚至最优秀的学生也不一定能做到),而不是催促学生学习某学科的复杂内容,因为在学习者将来的生活中,这些内容几乎没什么用。"[4]

高薇/文

注释：

[1][2][3][4][美]戴维·珀金斯(David Perkins)著 杨彦捷 译,《为未知而教 为未来而学》,浙江人民出版社,2015

**书海撷英**

把千斤顶放进工具箱时,请把《尤利西斯》也放进去。也许,有必要将现实的实用性与超越现实的实用性区分开来。现实的实用性包括修理轮胎、准备面试、检查你打算购入的房屋有没有闹白蚁等;而超越现实的实用性则涉及我们如何投身于世界之中,包括接触这个世界上的艺术、人、历史、未来、最大的不幸与希望。超越现实的实用性影响了我们大半的人生,并且关乎生活的质量,所以,它似乎也不那么"超脱"。今天,有学习价值的知识往往都超越了传统的分科。

# 超越知识与思维之争——为学生思维发展而教

教学是教给学生知识还是发展学生思维,这似乎是一个不需要论证的问题。我国教育家叶圣陶早在20世纪40年代就提出"训练思维应该是学校各科教学的共同任务。"美国教育家赫钦斯也指出"教育不能复制学生毕业后所需的经验,它应当使学生致力于培养思维的正确性,作为达到实际的智慧及理智的行为的一种手段。"教育学者郅庭瑾也强调"教学的最终目的,是培养能够独立思考的创造者。思维能力的发展本是教学的题中应有之义。"然而在现实教学过程中,作为教师的我们往往只关注知识目标,而忽略了知识传递过程中所承载的"思考问题""欣赏问题""解决问题"等思维能力。因此,教会学生思维的前提,是我们自身的思维要发生改变:从经验性思维走向反思性思维,进而落实为日常的"反思性教学"。

"我们怎样发展学生的思维"一直是教育者所关心的问题。赫尔巴特提出"明了——联想——系统——方法",建立了"科学的思维"的雏形;杜威进一步将"科学的思维"概括为"暗示——问题——假设——推理——行动检验假设"这样的"五步思维"。因此,教师的"反思性教学"过程应该是引导学生对知识的批判性思考,是在问题解决过程中获得对知识的理解,最终实现"为思维而教"的过程。

既是"为思维而教"的课堂,就要摆脱教师独白式的讲解和讲授,使学生在教师带领下探索与创造活动,最终使学生走向发现和创造。

作为教育教学经验有限的青年教师,我在过去的工作经历中不断反思课堂教学、不断学习教育教学原理、不断将教育教学原理与教学实践相结合,对"为思维而教"有了粗浅的理解与应用。表1即为我在不断体验、思考、探究的过程中所落实的三次同一课程片段的教学过程,以期借例剖析我的教学思维转换过程及对"为学生思维发展而教"的理解。

完成该片段的第一次教学时,我初登讲台,无论对教学内容、教学方式还是学情都掌握颇浅,将课堂教学与教学理论相结合的能力更是拟待提高,导致课程多为"独白式":教师事先概括好知识要点,然后通过板书呈现给学生。整节课的教学过程描述多为"教师要求学生""教师告诉学生""教师提醒学生",这番"辛苦"换来的结果是:学习过的内容,学生知道了;学习过的知识的迁移与拓展内容,学生不会,即学生掌握了具体的知识而没有掌握知识的转化能力。究其原因,是我的"独白"剥夺了学生思维的发展。

在意识到"独白式"教学方式的弊端后,我积极反思、调整、改进,在第二轮教学过程中尝试立足发展学生的思维,采用"对话式教学"不断询问学生对某个问题的看法、理解,使学生的思维总是处于思考状态。对这样教学过程的描述,多为"教师提问——学生观察""教师提问——学生描述""教师提问——学生讨论",以期引导学生实现依靠自己已掌握的知识主动寻求新问题答案的思维训练。

2014年9月,我有幸接手2013级3个实验班的生物教学工作,3个班级近100名优秀学生各具特点的性格、学习方式、学习能力,督促我更加积极地思考比"对话式教学"更有效的课堂教学方式。因为在第二轮教学过程中我发现,"对话式教学"还局限在教师设置的问题"套圈"中,而学生真正需要的是进入主动学习的学习环境。因此,我积极调整,尝试由"对话式教学"转向"发现式教学",将更多的课程设计为"问题解决式"。以本片段教学为例:除了提供典型的甘氨酸、缬氨酸、丙氨酸、亮氨酸,我还补充了甲硫氨酸,使学生在通过观察发现氨基酸结构特点的同时,汇总了氨基酸的元素组成。另外,考虑到本部分内容相对抽象,却又是重点知识,因此我设计以人体的形态来模拟氨基酸的化学结构,既融抽象于形象、帮助学生理解知识,又通过观察、类比的方式,引导学生自主发现问题、解决问题、重建知识,培养学生的思维能力。从对"发现式教学"过程的描述"教师提供——学生发现""教师提供——学生调查""教师提供——学生探究"也不难看出这一教学方式所蕴含的对学生思维能力的培养。

当然我目前所落实的如第三次般的"发现式教学"还有很多拟待改进和提高的设计,我仍处于反思、实践、探索阶段,但正如《为未知而教 为未来而学》一书所述"只有当你发自内心地希望理解某事,才能更好地形成全局性理解。而且,只有当你出于自己的意愿希望理解某些状况时,才能更好地运用全局性理解来应对你面临的状况"。这句话适用于教师如何教学生学习,也适用于教师如何提升自身教育教学能力。

总之,在教育教学这条路上,作为教师的我们,一定要牢牢记住"教育的初衷,源于有生活价值的学习"——引导学生学会思维,引向学生通达智慧。

表1

| 教学内容:人教版高中生物必修一《生命活动的主要承担者——蛋白质》片段 | | | |
|---|---|---|---|
| 教学目标:说明氨基酸的结构特点 | | | |
| 教学时间 | 2012.9.10 | 2014.9.8 | 2015.9.15 |
| 教学班级 | 2011级高二(5)班 | 2013级高二(1)班 | 2014级高二(2)班 |
| 教学过程 | 1. 教师要求学生打开课本p21,找到图2-3<br>2. 告诉学生图2-3是氨基酸的分子结构通式。让学生将图2-3画到笔记本上<br>3. 教师进一步描述氨基酸的分子结构特点<br>4. 教师将氨基酸的分子结构特点呈现在板书上,学生记录在笔记本上 | 1. 教师出示甘氨酸、缬氨酸、丙氨酸、亮氨酸等四种氨基酸,提问"这些氨基酸的结构具有什么共同特点?"<br>2. 学生观察四种氨基酸结构,并用自己的语言描述这些氨基酸的结构共同点<br>3. 教师根据学生描述做适当点评后,与学生共同汇总氨基酸的分子结构特点<br>4. 教师提问"如何呈现氨基酸分子结构通式?"<br>5. 学生根据氨基酸的分子结构特点绘制氨基酸分子结构通式。教师点评 | 1. 教师出示甘氨酸、缬氨酸、丙氨酸、亮氨酸、甲硫氨酸等五种氨基酸,提问"这些氨基酸的结构具有什么共同特点?"<br>2. 学生观察五种氨基酸结构,发现氨基酸的元素组成特点及结构共同点<br>3. 教师根据学生描述做适当点评后,请一位学生站在讲台上,伸开双手面向同学<br>4. 教师提问"老师为何让XX做这样的姿势呢?这样的姿势与氨基酸的结构有何关系呢?"<br>5. 学生发现"这样的姿势可类比氨基酸分子的结构特点"<br>6. 学生结合身体姿势准确、快速地重述汇总的氨基酸分子结构特点<br>7. 学生自主绘制氨基酸的结构通式 |
| 反思 | 独白式 | 对话式 | 发现式 |

姚亭秀/文

# 点燃创造之光　提升思维能力　激越美好心灵

2016年是我从八十中初中部来到温榆河分校支教的第三年,不管是从最初的德育主任,还是到眼下的校长助理,担任分校德育管理职务的我始终没有离开三尺讲台,没有离开语文教学。因为,我深知不管自己在校园里从事怎样的职务,语文教学始终是我心中割舍不下的那一份眷恋,是我心灵中最为静美的那一处桃花源。

2016年寒假如期而至,走出校园,家中小憩,终于可以暂且让自己从烦琐的日常事务中解脱出来,为了不辜负这寒日里难得的暖阳,也为了让自己继续学习和提升,我决定开始自己的寒假阅读之旅。起先,面对学校发给老师们的六本图书,我多少有些犹豫和踌躇,似乎觉得无从下手,但几番思量之后,本着专注执着、宁缺毋滥的阅读宗旨,我选择了美国著名教育心理学家、哈佛大学资深教授戴维·珀金斯(David N. Perkins)先生所著的《为未知而教,为未来而学》。

笔者认为:"知识必须能够在某些场合实际运用,才值得学习。我们需要以一种'未来智慧'的新视角来看待教育,在教育中既关注已知,也关注未知。在今天这个复杂而多变的世界中,努力培养孩子的好奇心、启发智慧、增进自主性和责任感,引导他们积极、广泛、有远见地追寻有意义的学习。"作为该书的前言,当我一开始读到这样一段话时,我想该书必然是作者本着对教育规律的秉承,对教育事业的忠诚以及对教育未来的憧憬而潜心钻研的力作,一种对作者以及对该书的崇敬之情油然而生,更为自己最初的选择而感到庆幸和欣慰!

该书从前言:什么才是真正值得学习的知识,到引言:为未知而教,再到最后的结语:从知识到智慧,选择有生活价值的学习,中间包含了学习即理解、点燃创造力的开放性问题、真正的学习、未来在等待的人才等八个章节内容。结合自身的教学生涯以及在教学过程中遇到的困惑与迷茫,书中的这八个内容,无疑像一盏盏明灯,为我今后的教学之路答疑解惑、引领航程。其中,印象最为深刻的便是第三章节的内容——点燃创造力的开放性问题。

回顾自己十几年的初中语文教学之路,从最初的满怀激情,到逐渐的风格凸显,从数次对语文教学改革的倾情投入,再到对语文教学现状的无奈与彷徨,我似乎也曾在初中语文教学的瓶颈中顾虑重重、徘徊不前,其中最大的困惑便是语文教学究竟该如何向学生发问,向学生质疑,如何才能让学生真正地在自己的问题中激发学习语文的兴趣,总结以往的学习经验,成就未知领域的获得感,从而有效地激发学生的心灵感悟,提升学生的思维能力以及人文素养。书中指出:在大部分情况下,教育者倾向于将问题视为方法的一部分,无论这个问题是否有效。通常,问题常被归结为方法,而答案被归结为内容。传统教育中,教师通过提问来检查学生是否知道答案,但在探究式教学中,教师则通过提问来启发学生寻找或探索答案,偶尔,通过提问来引导学生自己创造问题。目前为止,这些做法都很好,但是,问题仍然只被视为了一种方法。而开放性问题改变了这一局面。问题也可以是内容,并且具有独特的生活价值。了解开放性问题,使之在你的思想中生动形象,并且不断发展提问的技巧,这意味着获得闯荡世界所需要的一种特别的激情和力量。感到困惑与心生好奇相生相伴。开放性问题为我们提供了困惑的对象,但如果仅仅只有困惑,那我们的探究,尤其是学术性较强的探究,就会变得像在漫长的山路上麻木地跋涉。开放性问题是可以深入分析的,但是,如果没有好奇心的支持,它就不可能鼓舞人心。

读到此处,掩卷长思,不经意间,脑海中又浮现出刚刚过去的这一学期中一堂意味深长、情趣盎然的语文课。那是八年级上册第五单元文言文教学中的一篇《答谢中书书》的课堂教学。教材篇目原文如下:

山川之美,古来共谈。高峰入云,清流见底。两岸石壁,五色交辉。青林翠竹,四时俱备。晓雾将歇,猿鸟乱鸣;夕日欲颓,沉鳞竞跃,实是欲界之仙都,自康乐以来,未复有能与其奇者。

这篇短文仅有六十八个字,但却是中国文学史上写景状物、寄情山水的千古佳作。上课之前,我也在思考,对于这样一篇自己已经轻车熟路的文章,我是继续按照文言文传统教学思路:诵读→翻译→分析→背诵来教授,还是能够采取一些创新的策略,以此来激发学生对文本的学习兴趣和内心感受,提升他们的思维能力和语文素养。固守已有的文言文教学套路,固然安全,也可以将知识点落实得面面俱到,但又会将原本鲜活生动、情趣盎然的语文课堂陷入半死不活、毫无生机的境地。鉴于这样的思考,我首先从自己所带的这个班学生具体学情入手,我所带的八年级2班是实验班,大多数学生语文基础较好,自学能力也强,加上孩子们本身的向师力浓厚,于是,我果断地决定采取一些新的策略来进行本文的教学。

课堂上,我先按部就班地让学生自己诵读,并结合课文注释理解文意。因为篇幅短小,很快,我发现很多学生已经开始背诵并且朗朗上口。我心里暗自庆幸没有墨守成规。正当孩子们认为本课的学习也就如此之时,我面带微笑走上讲台,在黑板上写下了几个大字:四字短语、行文流畅、结构明晰、情景交融。写完之后,我仍旧微笑着面向孩子们,稍作停顿之后,手举粉笔,亲切地说道:老师在黑板上写的这十六个字,大家可否理解?孩子们也冲我微笑地点点头,意味着他们都已经明了我的用意。接着,我摇了摇手中的粉笔,面带期许地问道:那除了老师已经写出来的,谁还能上来照例继续再写一些呢?面对我突如其来的问题,教室里立即沉静下来。渐渐地,我脸上的微笑依旧,目光中依然满含期许。我知道,这个时候的沉静,并不是孩子们被我的问题难住,而是他们在思考,在整合,在梳理……

一分钟后,班上语文素养一直较高的小王同学举起了手,我将手里的粉笔递给她,只见她在黑板上依次写下来几个大字:由高到低、动静相宜、对偶修辞、联想丰富。看完她写的,我欣慰地点了点头,别的孩子似乎也明白了什么,沉寂的表情也逐渐舒缓起来。正当我想抓住这个时机稍作点评,台下又有一个学生举起了手,我想,接下来,一定又会有更加精彩甚至让我意想不到的惊喜。果不其然,这个学生上来之后胸有成竹地写道:写景细腻、抒情含蓄、比之三峡、异曲同工。等他写完,我和其他同学都不约而同地向他投去赞许的目光,因为这个学生的难得之处,是将本文与之前已经完成学习任务的另一篇文言文《三峡》进行了比较。接下来,孩子们的想法和积极性如泉涌一般,无论是从写法还是到结构,从写景还是到抒情,从表达还是到联想,从虚拟还是到现实……既有对已往知识的梳理和总结,又有对本文内容的感知与体验,既有对语文教材的理解和感悟,又有对现实生活的憧憬与展望。如接下来的学生陆续写道:文中有画、画中有情、生趣盎然、堪称佳作、虚实相映、以文寄情……课后,我在自己的课堂反思中写道:今天虽是文言文教学,但我却和孩子们一起经历了一次不同寻常的语文快乐学习之旅。这次旅行之所以快乐和难忘,是因为我没有墨守成规,是因为我敢于尝试,在课堂上,我没有像以往那样一再追问"写了什么?""怎么写的?""表达了什么?""怎样表达的?"等琐碎的问题,而是抛开一味追求成绩的枷锁和束缚,整合提出了一个开放性问题,加上孩子们的思维活跃、全情投入,共同成就了这一次快乐的旅程。真希望以后的课堂,皆能如此!

从回忆中回到现实,我越发觉得这本书让自己如获至宝。一直以来,困惑自己良久的问题似乎也已经迎刃而解。眼下的初中语文教学,不管教学改革进行得这般如火如荼,我们始终应当回归语文教学的本真,那就是通过开放性问题,点燃学生内心的创造之光,提升他们的思维能力,激越他们美好的心灵,最终获得受益终生的语文素养和人文情怀。

正如作者在书中形象生动地写道:开放性问题就像是自行车,可以载我们去向远方,它清晰地指明了我们的困惑所在,支持我们探索答案。但是,我们仍然需要扶稳自行车的车把、踩好脚踏板;仍然需要良好的方向感和到达目的地的强大意愿。而这正是好奇心所发挥的作用。明智的教育者应当帮助学生从学习的主题中发现意外、悖论、技巧、戏剧性、幽默、令人好奇不已的特性。

相信每一个尚能独立思考的人都曾质疑过:"我学这个做什么呢?有什么用呢?"那一篇篇背会的古文,一个个生搬硬套的公式,在考试之后立刻被抛诸脑后,真正能够发现古文之美、数学之美的学生,寥寥无几。这无疑是个人的不幸,更是教育的不幸。对于此,戴维·珀金斯在书中提出了极具吸引力的解决办法:寻找其中蕴含的全局性理解和开放性问题。我们还可以将这些看似生僻的内容转换为初级的、简单的版本,彰显其生活魅力,由此,真正让它们焕发光彩。

由于篇幅所限,以上是我阅读该书后针对某一章节的具体内容并结合自身语文教学所获取的一点心得和体会,与各位同仁共勉。掩卷之后,若有所思,我想接下来的一段日子里,我会时常捧起它,因为,从书中,我能汲取无尽的营养,滋润我日渐干涸淡乏的心灵,再次唤醒内心深处对语文教学的激情与痴迷,以此传递和感染我的学生们,让他们也能如我这般在这个寒冷的冬日里心生喜悦,感悟美好,春暖花开!

解强/文

### 书海撷英

全局性理解和开放性问题不止与学科内容有关。基于不同学科、不同文化的思维方式本身在生活中都是有意义的、是值得学习的;所以,哪怕你并非某个学科的专家,只要你试图从周围的世界中汲取深刻的见解、行动指导以及伦理道德规范,就应该在概念上理解这些思维方式,同时在实践中有效地运用之。学科思维和其他思维方式符合大学前各个教育阶段的某类任务要求,即:至少在简单而有帮助的层面,培养学生"像X一样思考",X可以是科学家、数学家、历史学家、艺术家或者类似的专业人士。

# 激发学生思考,促进学生的思维发展

做教师已经有13个年头了,在一些非教师的朋友眼中,我不备课也可以去上班了,毕竟已经教了十多年了嘛。然而,如果你是教师你就会发现,教师得不断地学习,不断地探索,越学习,越探索,你就会觉得你不懂的东西越多,需要学习的东西越多。备课,在这种情况下当然是常备常新,常新常备了。这里要更新的不仅是教学内容,更是教学方法。

教育的目的是什么?"为未知而教,为未来而学"这本书上说,"教育的目的是让人们为自己的个人生活,公民生活,职业生活做好准备"。这一观点我非常赞同。然而教育如此美好的初衷却在真正的学校生活和课堂学习上有所扭曲。每天程式化的学习,沉闷的课堂让学生常常感觉到上学没有意思,学习没有实际用途,从而造成学生厌校,厌学。所以,教什么,如何教成了所有教育工作者必须考虑的问题。

"为未知而教,为未来而学"中指出,学校所教授的知识一定是那些具有生活价值的知识,那样的知识可以帮助人们"理解外部世界,解决问题,做决定,做计划,接受并享受一段经历"。而如何将书本上的知识和现实生活联系起来便涉及如何教的问题。这本书在讲如何教的问题上一直在强调"全局性理解"即开放性问题。书上指出,学习即理解,理解即思考。那么如何给学生提供理解和思考的机会就成了教师在授课过程中首先要考虑的事情。书中举的一个例子让我记忆犹新,那是作者曾经观摩的一节课。课上教师布置给学生的作业不是记忆或总结本单元关于生态适应的知识,而是让每个同学虚构一条适合生活在某种生态环境下的鱼,并且为这条鱼创建一个档案。要完成这项任务,学生需要思考鱼的形态是什么样?食性如何?这条鱼如何适应环境而生,繁殖?学生的每一份报告中都要有鱼的速写图,鱼的档案,以及对于这种虚构生物生存能力的讨论。同时,学生还得将自己虚构的鱼放到鱼类的总纲目中。这样的任务给了学生很大的思考空间,促进了学生的思维发展,也给了学生进一步理解自适应调节创造了条件。

这样看来,激发学生思考,促进学生的思维发展回答了"如何教"这个问题。那么,如何激发学生思考,促进学生的思维发展呢?书中第三章说到了"点燃创造力的开放性问题"。这一章讲到了开放性问题的重要作用以及如何提出开放性问题。传统的课堂提问充满了回顾性问题和程式化问题,学生在回答问题时并没有充分调动大脑进行思考,没有了思考,也便缺少了理解,更没了兴趣与激情。回顾我们自己的教学,我们常常抱怨孩子们在课堂上死气沉沉,抱怨他们不爱回答问题。现在,我们应该好好思考一下,问题出在学生们的身上还是出现在了"问题"本身上呢?以一节英语课的引入部分为例。这节英语课主要讲世界不同国家的家庭类型以及不同家庭的价值观和习俗。有的教师以这样的问题开头:1. 你都和谁住在一起?(中国基本上都是和爸爸妈妈或者再加上爷爷奶奶)2. 你和他们的关系好吗?(答案只能是好与不好)这两个问题虽然涉及学生自身,但却没有激发起学生对这一话题的兴趣,因为这样的问题不具有开放性,没有给学生思考的空间。今年我有幸参加了市里组织的同课异构活动。在备课和磨课的过程中,我发现了对学生思维培养的重要性。培养学生思维的课堂最直观的好处是课堂会变得活跃起来。这次我准备的课讲的就是上文提到的有关不同国家的家庭构成以及不同的家庭价值观和相处模式。从内容来讲,文章的内容基本是大家熟悉的内容,而且内容偏向于说明文,比较浅显。从语言上来说,文章里没有太难的生字词,大家理解起来没有什么障碍。这样一篇内容和语言浅显的文章要提起学生学习的兴趣并不是一件容易的事情。刚开始的设计方向我倾向于扩展文章内容,通过加入由于东西方家庭价值观不同而带来的不同的关系,不同的相处模式的内容让学生扩展对于这一话题的理解。但试讲之后发现学生在学习这一部分内容的时候不是很感兴趣,因为补充的这些内容大部分也是属于学生已有的认知。学生对于文章的学习还是比较被动,老师在整个教学过程中很明显地占主导地位。这以与学生为中心的教学还是有很大差距。认识到问题的存在,我继续思考,思考的方向变成了如何让学生感兴趣,如何调动学生的课堂积极性,如何深化所学话题。在不断思考和实践中我发现,教师在问题的设置上一定要注意,因为同一个内容,不同的设问会让学生有天壤之别的表现。比如,在上课过程中,学生要观看一段视频关于东西方家庭处理孩子辍学去找工作的问题的不同表现。观看之后,教师可以对学生进行提问。刚开始我提出的问题是"How do you understand the different responses from the two different families?"(你是如何理解这两个不同家庭对同一事件的不同反应?)回答这一问题,学生会说西方家庭给孩子更多自由,东方家庭家长的权威性更高。回答这一问题,一个同学就可以回答问题的核心,而在回答过程中,学生是不带感情色彩,不会联系到自己的,思考的空间也比较小。为了让学生联系到自己的感受,加大学生的思考空间,我将问题改成了:"Whose parents do you think did the right thing? Why?"(你觉得这东西方家长谁做得对?为什么?)一石击起千层浪。面对这个问题,大家跃跃欲试,想表明自己的立场和观点。有的学生支持西方家长的做法,有的支持东方家长的做法,不同的同学轮番站起来阐述理由,慢慢地讨论变成了辩论。大家各持己见,谁也不肯相让。都觉得自己的观点更有说服力。在那堂课的试讲中,为了课的进程,我不得不终止了讨论。由于在课的落点上的更改,在最后的展示课中我的问题又有了变化,问题成了"Which family do you prefer? Why?"(你更喜欢哪个家庭?为什么?)这个问题比起"你觉得哪个家长做得对"稍平缓一些,学生针对这个问题可以自由阐释自己对不同类型家庭的喜好并分析原因。在上展示课的时候,有些同学说更喜欢东方家庭,有些同学说更喜欢西方家庭,还有些说两种家庭都喜欢,有些说都不喜欢,甚至有些说应该把这两种家庭模式融合,取其精华,去其糟粕。并且每个发言的学生都说出了理由。讨论中渗入了学生对这一问题的深层思考,也充分体现了审辩式思维的运用。由此可见,教师的提问角度极大影响了学生的思考空间和思维发展进度。老师在提问的时候一定要提那些可以触发孩子深层思考的问题,一定尽力将问题与学生自己联系在一起,这样学生才会真正地投入进去。其实这种联系恰恰实现了"为未知而教,为未来而学"中提倡的教授有"生活价值"这一观点。

华罗庚说"独立思考能力是科学研究和创造发明的一项必备才能。在历史上任何一个较重要的科学上的创造和发明,都是和创造发明者的独立地深入地看问题的方法分不开的"。独立思考,或者说思维的发展对每个人和整个社会有着至关重要的意义。作为培养年青一代去面对未来的生活,建设更好的世界的我们应该把对学生思维发展的培养作为重中之重。因为有了思考才会有真正的理解,有了真正的理解才会达到真正的学习。

于丽云/文

**书海撷英**

"长期不用的知识渐渐会被大脑遗忘,无论知识本身具有多么重要的内在价值,只要它被大脑遗忘,就不可能再具有生活价值。也许,我们应当超越对'应当知道的好知识'的预设。只有当实际场合需要某种知识并且使之生动有效、容易获得时,我们才能说这些知识是好的、应当学习的。简言之,知识必须能够在某些场合实际运用,才值得学习。"

——摘自《为未知而教　为未来而学》

# 为学生思维发展而教

美国教育大师杜威先生指出:"学习就是要学会思维。""教育在理智方面的任务是形成清醒的、细心的、透彻的思维习惯。"斯托利亚尔也说过:数学教学应是思维活动的教学。因此,开发学生的思维潜能,提高思维品质,具有十分重大的意义。那么,作为起到主导作用的教师,如何做到为学生的思维发展服务呢?下面就以《函数的奇偶性》一节为例,谈谈自己的做法。

**一、为什么要为学生的思维发展而教**

思维是人脑对客观现实的概括和间接地反映,反映的是事物的本质及内部的规律性。所谓数学思维,是指学生在对数学感性认识的基础上,运用比较、分析、综合、归纳、演绎等思维的基本方法,理解并掌握数学内容而且能对具体的数学问题进行推论与判断,从而获得对数学知识本质和规律的认识能力。数学思维的形成是建立在对数学基本概念、定理、公式理解的基础上的。数学是思维的科学,数学大厦很大程度上是按公理化体系和方法在建造的,因此数学教学更应注重思维,更应在发展学生思维方面承担更大的责任。

**二、如何为学生的思维发展而教**

2.1 从学生的生活出发,激发学生思维的源泉

环节一、生活中存在着各种对称,给学生展示对称的图片将学生引入学习中来。(图1)

图1

让学生举例生活中的对称激发他们学习的热情。

2.2 从学生的原认知出发,为学生的思维引航

环节二、"对称美"存在于自然之中,数学中有没有对称美呢?这节课我们从两类对称:轴对称和中心对称展开研究。

学生在初中已经学习过函数描点作图的步骤,这里让学生动手列表、描点、作图,自己观察图像特征(图2),思考并完成以下问题:(1)这两个函数图像有什么共同特征吗?(2)相应的两个函数值对应表是如何体现这些特征的?(表1)

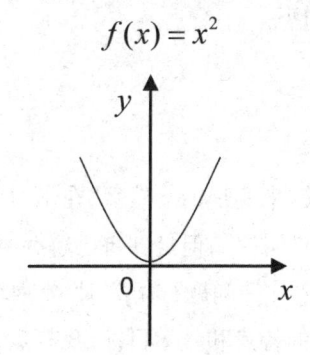

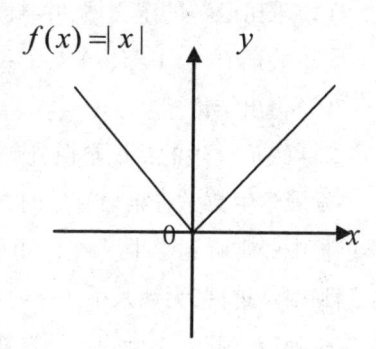

$f(x) = x^2$　　　　　　$f(x) = |x|$

图2

表1

| $x$ | -3 | -2 | -1 | 0 | 1 | 2 | 3 | $x$ | -3 | -2 | -1 | 0 | 1 | 2 | 3 |
|---|---|---|---|---|---|---|---|---|---|---|---|---|---|---|---|
| $f(x)=x^2$ | 9 | 4 | 1 | 0 | 1 | 4 | 9 | $f(x)=\|x\|$ | 3 | 2 | 1 | 0 | 1 | 2 | 3 |

学生观察图2得到:

(1)函数图像关于 y 轴对称;

(2)学生会回答函数值之间的关系:

$f(-3)=9=f(3), f(-2)=4=f(2), f(-1)=1=f(1)$ 即:自变量互为相反数,函数值相等。

归纳:一般地,如果对于函数 $f(x)$ 的定义域内任意一个 $x$,都有 $f(-x)=-f(X)$,那么函数 $f(x)$ 就叫作偶函数。

### 2.3 从学生的知识建构出发,提升学生的思维品质

环节三、提出新问题:观察函数 $f(x)=x$ 和 $f(x)=\dfrac{1}{x}$ 的图像,它的自变量与函数值之间的数值规律是什么呢?学生通过类比偶函数的学习能够很快得出结论,并且仿照偶函数的定义尝试得到奇函数的定义。

深入挖掘定义的内涵:函数的奇函数和偶函数的定义中说道,"对于函数 $f(x)$ 的定义域内任意一个 $x$,都有⋯"你是如何理解这个前提的?学生开展讨论最后总结出:奇偶性是函数的整体性质,函数具备奇偶性的前提是定义域关于原点对称。最后由学生总结出函数奇偶性的判断方法,根据前面所授知识,归纳步骤:

(1)求出函数的定义域,并判断是否关于原点对称;

(2)验证 $f(-x)=f(x)$ 或 $f(-x)=-f(x)$;

(3)得出结论。

### 2.4 摸清学生的知识空白,让学生的思维展翅翱翔

发展学生数学思维最有效的方法是通过解决问题来实现的。然而,在学习数学过程中经常听到学生反映上课听老师讲课,听得很"明白",但是到自己解题时,总感到困难重重,无从入手。有时在课堂上待我们把某一问题分析完时,常看到学生拍脑袋:"我怎么会想不到这样做呢?"根据学生的特点和教学目标,我有意识地设计了不同思维梯度的例题习题。

例:判断下列函数的奇偶性。

① $f(x)=x-\dfrac{1}{x}$    ② $f(x)=-x^2+1$

③ $f(x)=5$    ④ $f(x)=x^2, x\in[-1,3]$

⑤ $f(x)=\sqrt{4-x^2}+(x-2)^2$    ⑥ $f(x)=\dfrac{\sqrt{1-x^2}}{|x+2|-2}$

学生能够利用总结出的概念判断函数的奇偶性,并且通过练习进一步强调定义域关于原点对称是判断奇偶性的前提。

苏霍姆林斯基说过:"在人的心灵深处,都有一种根深蒂固的需要,这就是希望感到自己是一个发现者、研究者、探索者,而在儿童的精神世界里这种需要特别强烈。"以上教学环节的设计没有让学生被动地接收学习,而是真正把学生当作发现者、探究者,满足了学生的心理需要,让学生的思维在学习活动中得到了发展。

记得一位英国的作家写过一篇文章,在文章中,他写道:"我看到水壶开了,高兴得手舞足蹈;瓦特看到水壶开了,静静地坐在一边思考,最后他造出了一台改写人类历史的蒸汽机。"可见,学会思考、发展思维对一个人成才的重要性。发展学生的思维是一个长期的日积月累的过程。我们应该将其融入平常的课堂教学之中,教师应设计好课堂的每一个环节,关注课堂中的每一个细节,促进学生深度学习,为学生的思维发展打开一扇窗。在教学中要真正地实现"以学生发展为本,为学生思维发展而教"的目标还需要我们去不断思考不断努力。

刘维涛/文

【参考文献】:
1.《数学》必修1,人民教育出版社。
2.[美]戴维·珀金斯:《为未知而教,为未来而学》,浙江人民出版社。

**书海撷英**

在课程教学中,这样的问题非常普遍,往往容易出现"只见树木,不见森林"的偏颇。尤其是在基础教育阶段,传统教育只是在不同的"树木"之间梭巡,忽略了整体认知方式的重要特点。虽然常规的科学教育中也涉及"了解科学方法",但"了解"并不等同于"运用",甚至不如"认真掌握"。仅仅了解认知的方式,还不足以将学习的主题内容转变为实际运用的工具,更不能使之为生活做好准备。

# 浅谈语文学科的思维能力培养

古语说:"开卷有益",的确如是,《思维导图》一书图文并茂,读罢引发了我对语文教学中的些许思考。

近两年来语文试卷结构更凸显对学生学科素养的考查,考查学生12年的学业发展,注重知识积累、细节阅读,文化积淀,还特别注重思维发展。

"注重思维发展"这一点的提出符合学生成长规律。心理学表明,中学阶段,尤其是高中阶段,学生的思维发展迅速。一方面,他们的思维已经由再现性形象思维向着创造性形象思维的方向发展;另一方面,他们的思维形式已日益扬弃了具体形象的成分,逐步学会了概念思维,并在此基础上,又向着更高形态的辩证思维发展。这一规律决定了高中学生的思维心理已由初中阶段的被动接受、以识记具体形象为主要内容的特点向高中阶段的主动感知、以理解抽象概念为主要内容的特点转化。这一阶段,高中学生的辩证思维日趋成熟。

既然学生成长规律如此,在语文课堂教学中,教师就不妨顺水推舟,尝试遵从学生思维发展规律传道授业解惑。

如在诸子散文等传统文化名篇讲解中,教师便可以通过"故事引入——理性分析——辩论提升"的方式训练学生思维。

首先教师让学生自己阅读庄子寓言,然后从大量的阅读文章中给学生挑选三则寓言,《惠子相梁》《庄子钓于濮水》《曹商舐痔》,因为这三个小故事反映了同一主题,即庄子对待功名利禄的"无视"。之后通过故事进一步引发学生思考——庄子为什么会这样看待"名和利"呢?

与此同时补充庄子名言和生活境遇进一步帮助学生来理解。如"求名失己,非士也"(《庄子·大宗师》);"弃隶者若弃泥涂,知身贵于隶也"(《庄子·田子方》);"不为轩冕肆志,不为穷约趋俗"(《庄子·缮性》);"往贷粟于监河侯"的故事(《外物》)。当然,还要进一步引导学生敞开思路,让学生结合时代背景分析庄子名利观的成因,探讨"庄子真的不想做官"的深层原因。

通过形象分析和理性思索,学生多可以领悟到:"生活的困窘并没有让庄子屈服于名与利,他不受名的约束,利的诱惑,要做追求自由,志向高洁之士。在那个礼崩乐坏的时代,相对于建功立业的宏愿来说,人们更需要的是最基本的生存之道。庄子,一生追求清静无为,清心寡欲,旷达超俗,这种精神境界是非常高尚的。是庄子生活的时代和他个人的心性决定了他无意于功名,不慕名利的思想境界。"但思维的过程不可戛然而止,教师可以让学生进一步讨论"名利与人的发展的关系"这一话题。真理越辩越明,辩论这种思维方式是用一定的事实理由来阐述自己的见解,揭露对方思维矛盾,以便达成共识。从辩论中学生可以掌握辩证思维方法,提高辩证思维能力。

课堂中采用的这些形式既贴近学生实际,训练他们的语言思维,又能让学生学习辩论技巧,学会一分为二地辩证看问题,最终达到培养学生辩证思维能力的目的。

而在议论文教学中亦能培养学生辩证思维能力,提升学生思维品质。

如"杯水车薪"是指用一杯水去救一车着了火的柴,比喻无济于事。请你运用"反弹琵琶"的思维方法,以也谈"杯水车薪"为题写一篇议论文。

分析:"杯水"孤立看来对大局无济于事,但"杯水"却又往往是控制事态发展的基础条件。"杯水"是表明了"少",但它正是构成"多"的因素,忽视了"少",就必然影响到"多"。一杯水一杯水的汇集起来,再大的火也能浇灭。同样,当每一个人都认识到自身的重要,每一个人都忘我奋斗,再大的难关也能闯过,再多的困难也能克服,改革开放、富国强民的伟大事业一定能实现。

"直用其事,人皆能之,反其意而用之者,非学者高人,超越寻常拘挛之见,不规规然蹈袭前人陈迹",挣脱传统观念的羁绊,突破定向思维的束缚,从反面去发现事物的新的特点,见他人之未见,生发出全新的思想和观点。

再如,路旁有两棵桃树,一棵在篱笆内,一棵在篱笆外。篱笆内的没有人攀折,枝繁叶茂;篱笆外的常被人攀折,疏枝横斜。春天,他们都开粉红色的花,秋天都结黄红色的果,不同的是,外面的那棵硕果累累,里面的那棵只有稀疏的几枚。

分析:果实的多寡与枝的疏密有关,枝疏者果众,枝密者果少。在这个世界上,简洁而执着的人常有充实的人生,把生活烦琐复杂化的人常使生命落空。

让学生把握"因果链条",先立足于原材料所述事件的"果",再去追溯,列举造成此"果"的种种"因",然后根据自己的实际——如储存的论据材料和思想认识水平等情况——去择其一"因"进行立论。由"果"溯"因",析"因"立论。

作文教学中的思维训练让学生辩证思维能力得到提高。

其实语文学科的思维因其学科特点更多的时候是隐性的,它不能像数学题那样把思考的过程都呈现在答题的每一个步骤中,但在语文学习的课堂上,教师和学生很多时候都在无意识地进行着思维的训练,将这种"无意"便成"有意",对语文学科的"教"与"学"都会更有意义。

吴丹/文

**书海撷英**

传统学科提供了大量的资源,但原封不动地直接使用就没有任何意义了。为了使学生的学习具有生活价值,我们必须更新学科,充分利用传统学科的新发展,并利用对于当代社会、对于建构业余的专业知识非常有用的新的交叉学科。

# 让想象力成就英语课堂的灵动

寒假阅读了法国人安德烈·焦尔当所著的《学习的本质》一书,正如引言中所提到的,"本书并不局限于介绍一些事实性信息……本书意图将这些信息置于相关语境之中,试图提出一些实用的解决方法,更确切地说,是提出一些最适宜的方法。"在文中我的确读到了自己一直在探寻,并尝试解决问题的途径。本书也为我当下进行的教学实践提供了坚实的理论基础。

本书共由三个部分构成,第一部分:怎么学习? 为什么学习? 第二部分:关于学习的新研究;第三部分:学校和文化机构的转变。其中最吸引我眼球的是作者对于"学生的脱节"和"老鼠的动机"的描述。前者告诉我们学情分析的重要性,教师往往认为学习者拥有足够的先有知识和相应的词汇,我们常常称之为背景知识。一个良好的开端能够事半功倍,学情分析作为课前备课的序曲其重要性是不言而喻的,精准的学情分析意味着行云流水收效颇丰的四十五分钟。反之,授课教师只能收获一节低效甚至是无效的课,而常常无法释怀问题所出。作者在第七章节中提到的"老鼠的动机"也是让我眼前一亮。当读到作者提出的"激发动机 = 不可能完成的任务"时,我困惑了。在自己之前接触到几乎所有关于如何进行高效授课的理论书籍中都或多或少地提到并且肯定了激发学习者学习动机的重要性,在《英语课程标准》中也有相关描述。这本书里读到的观点的确让我吃惊不小,带着困惑和好奇我继续一本书的阅读。书中提到动机 = 需求 × 价值,让我柳暗花明。结合自己的英语教学,反观我的课堂实践,我为自己在教学上的一些尝试找到了一些坚实的理论基础。

众所周知,当前社会生活的信息化和经济的全球化,使英语的重要性日益突出。英语作为最重要的信息载体之一,已成为人类生活各个领域中使用最广泛的语言,英语能力已成为一种必备技能。可见英语学习作为一种人文科学对学生的终身影响是不可低估的,英语的桥梁作用能让学生打开另外一双眼睛看世界。通过学习了解外国文化,学生能够理性看待中西方文化的对比,从而更加热爱自己的文化。在当下正在进行的英语教学改革,把重心放在了对学生思维能力的培养上来。

《英语课程标准》中指出:义务教育阶段的英语课程具有工具性和人文性双重性质。就工具性而言,英语课程承担培养学生基本英语素养的任务,即学生通过英语课程掌握基本的英语语言知识,发展基本的英语听说读写技能,形成用英语与他人交流的能力,为今后继续学习英语和用英语学习其他相关科学文化知识奠定基础。就人文性而言,英语课程承担着提高学生综合人文素养的任务,即学生通过英语课程能够开阔视野,丰富生活经历,发展跨文化意识,促进创新思维,形成良好品格和正确价值观,为终身学习奠定基础。

综上所述,初中阶段的英语学习对于学生的重要性是不言而喻的,而现实中不可否认的是在初中英语教育和学习中始终面对着一些无法克服或者不可逆转的问题:

### 一、知识体系庞大,知识零散点多

仅从《英语课程标准》出发来看,我们不难发现初中英语阶段学生们需要学习包括将近1600个单词,词组若干,话题二十四个。从初中英语三年的教学规划来看,仅以外研版《新标准》为例,课本共六册,每册教材为十个模块或十二个模块不等,初步估计约为70个模块,210个单元。初中阶段的各个知识体系之间缺乏一定的逻辑性,学生难以将各项知识归于某种体系下,因此学生常常觉得英语学习呈现点状分布,学习起来会稍显杂乱。

### 二、初中英语学习与现实生活的割裂感

曾经有学生问过我,英语学习价值何在？走在祖国的大好河山下实在找不到它的用武之地。即便在国际大都市北京,路上偶遇老外问路的概率也小得可怜。身为老师,我们可以思考一下我们所教的学生中又有多少能走出国门真正使用英语？这就难怪很多学生缺乏学习动力,不断质疑英语学习到底为哪般？英语的学习与学生的现实生活之间联系微弱,学生难以学以致用。恰恰因为无法达到使用层面,学生的学习才变得异常艰难,这也是所有英语教师面对的客观事实。而初中阶段的学生由于年龄和阅历的限制,还只能从"学习任务"的角度认识英语,而在其意识层面中,并未对这门课程全心全意的接受,这也成为英语教学效果难以提高的主要原因之一。

### 三、低效的教学方式

教师深知英语学习能给学生带来的终生效益,每每看到课堂上无法专注于学习的学生时,常常做的都是苦口婆心各种劝导,为学生做未来远景的展望;面对不能记下单词的学生,常用的手法是每个单词罚抄若干遍,重新过关。这些也是我在日常教学中曾经遇到的问题和采取的应对方案。从实际效果来看,它的确有些微的收效。但也在教学实际中看到一些案例,看着学生的学习热情被一点点磨灭,慢慢地剩下星星之火,直至完全漆黑。这样的教学可能会扼杀学生的学习热情,也过早地关闭了一些学生英语世界的大门。

### 四、当下英语课堂的问题

英语教学改革下,英语课堂不能只是原来按部就班的听前、听中、听后或是读前、读后、读中的活动设计。这样的教学过于重视外在形式,不善于启发思考,缺乏学生的生成空间,学生有效学习的时间和空间不足,实质性学习发生较少,学生语言内化程度不够。学习的思维品质和创新能力得不到进一步的培养,教师在教学过程中控制性过强,开放性不够。

初中学生活泼好动,对于知识的追求有一定热情,但热情持久度不够。作为教师,我们可以从课堂中学生的表现来进行观察:初一高高举起的手,为了争取一个发言的机会,学生恨不得一下从座位上奔到讲台上,只为我们的眼里有他;初二时,静静的课堂是常态,好在学生的眼里是有我们的,因为他们的眼神紧紧跟随着我们;到了初三,每个学生的脸上都写着疲惫,常见呆滞的目光,以及低垂的脑袋。从学生的肢体语言,我们也能感受他们日益消退的学习热情。十二三岁的孩子人生观、价值观正在形成中,作为学科德育的重要部分,我们常常会在课堂上告诉学生学习的重要性,但鉴于初中学生的年龄特点,以及生活经历所限,学生对于为中华之崛起而读书或是少年强则中国强的理解还只是停留在文字层面,并不深刻,难以对学生的学习产生立竿见影的影响,这个层面上的教育效果更多依赖于学生的成长和自我觉悟。

初中英语课堂必须寻找解决这些问题的途径。通过课上观察和课下的接触,我发现这个年龄段的孩子大都有好奇心重,喜欢想象,且兴趣广泛,加之现在的信息产业发达,学生有多种渠道获取不同的知识,所以他们知识涉猎有一定广度。在英语课堂上就可以充分调动学生的想象力,以及他们自身的知识储备,让一节平淡无奇的英语课变得灵动而有生命力。

英语教师在授课中,要立足文本,吃透文本又应该高于文本,站在一个更高的角度来把握教材,就课本讲课本的教学只会受困于文本之中,作茧自缚。课堂也就成为一个毫无生命力的循环,学生的学习热情也正是在这样的循环中消失殆尽的。

初中英语课堂应在学习过程中发展综合语言运用能力,提高人文素养,增强实践能力,培养创新精神。课堂上基本遵循先输入后输出的原则。输入阶段是学生进行学习储备的阶段,也正是在这个环节里学生完成新授语言的学习,教师在这一阶段基本围绕课本教材的内容开展,并进行适当的语言扩充和外延。在输出环节中,教师通过控制(controlled),半控制(semi-controlled)和开放(free)的语言活动完成整堂课的教学,输出环节的设计是语言运用的最高阶段,往往是整个课堂教学的精彩部分,也是学生学以致用的完美体现。输出环节着重提高学生用英语交际能力,逐步培养学生用英语思维和表达的能力,培养学生创新精神和实践能力。很多英语教师在此环节中都会精心设计以求其能出彩,但不难看出很多的设计还是流于形式,没能充分调动学生的主观能动性,语言的形式大过语言的内涵。

在语言输出阶段,教师不仅要帮助学生进行语言内化,同时还应增强学生的语言意识并培养学生的思维能力。教师应在输出阶段给学生提供交际化、情景化的语言环境,帮助学生进行语言的功能性活动和社交性活动。

在外研版初二英语教材第一学期的课本里 Module 2 My home town and my country Unit 2 Cambridge is a beautiful city. 本模块在课本里最后两个活动分别为:

活动一:Answer the questions and write notes about your home town.

1. Where is it?

2. What is its population?

3. Is it big or small?

4. What is famous for?

5. How old is it?

6. What is the weather like?

活动二:Write a passage called my home town.

这样的两个活动对于学生而言背景信息的支撑是不够的,要完成这样的活动,学生必须对自己的家乡人口等情况有所了解。此外,我所授班级的学生绝大部分都来自北京,那么学生的介绍就可能面临千篇一律的状况,学生内心会觉得无聊,课堂肯定会无趣。考虑到学生想象力丰富,也乐于想象,在实际课堂上我对最后的输出活动进行了修改,把介绍家乡修改成了让学生创造想象中的城市。

　　这样设计的原因如下:首先,学生有足够的空间发挥自己的想象力和创造力,这样能把被动学习变成主动创造,真正发挥学生在课堂上的主体地位。当学生发现自己能有想象的空间,能成为独立的学习者时,他们必定充满了热情,并且享受学习的过程。其次,这样的修改能让整个课堂鲜活起来,英语课堂需要培养学生的思维,并让其切实感受到英语学习的实用性。

　　正如书中结束语里所提到的,学习革命,这就意味着课堂教学也必将经历一场重大变革。学习不再仅仅是储存前人累积的经验。一个人在学校期间不可能积累他一生中需要的所有知识。学习者通过学习获得的可持续的、终身受益的思维品质才是学习真正的意义。

江波/文

### 书海撷英

　　在生活的各个方面都具有普遍重要性的个人能力和人际交往能力,我们称之为综合能力。它更关注人们如何更好地应对自己的个人生活和人际关系,包括家庭角色、公民角色、工作角色等。如今的工作越来越需要综合能力,只是循规蹈矩已经不足以支持人们保住饭碗。

# 学习和思考并驾齐驱

2016年春节期间，我积极响应学校读书活动的号召，从推荐书目中挑选了《学习的本质》和《思维导图》两本书阅读。前者主要讲解有关学习动机和学习方法，后者主要培养如何思维。在我们日常化学教学中，不仅老师自己要做到学习和思考相结合，还要引导学生在化学课程中做到学习和思考并驾齐驱。

《学习的本质》的作者是联合国教科文组织特别顾问安德烈·焦尔当。作者站在一个很高的高度与我们探讨了学习的目的、方法和环节等，带领我们探索学习复杂性的奥秘，并提出了一种全新的"质疑文化"学习方法。从书中我们可以发现学习是一个复杂的冲突过程，需要打破我们头脑中固有的概念。另外，在获取信息非常方便的社会中，作者提出了如何更好地学习的实际建议。通过学习获得了知识，我们就需要利用思维把这些知识重新组合。第二本书是《思维导图》，作者是毕业于不列颠哥伦比亚大学的东尼·博赞。本书里提供了一系列实用练习、大量颇具启发性的图片，作者提出的思维导图方法将放射性思维和开拓性笔记技巧结合在一起。书中利用图文结合的方式将复杂的思维过程形象化地展示出来，告诉我们如何提高思考技巧。

阅读这两本书让我想起论语里面的句子："学而不思则罔，思而不学则殆。"这两本书利用现代文字和图片信息，与时俱进地阐释了这两句至理名言。学习的过程是获得知识的过程，这些知识往往是庞杂的、具有多种用途的。思考则是将这些看似交错的知识深度加工，让他们变得整齐有序。因此两者必须要做到并驾齐驱，缺一不可。下面我结合教学实践来谈具体体会。

初三才开始开设化学课程，学生需要学习很多全新的知识。化学学不好的同学甚至把化学比作第二门外语。作为初三化学老师，我难免会思考：苗苗班里的孩子们到底是学习做得不够好还是思考做得不够好呢？具体的答案要结合化学课程的特点来给出来。化学是一门新课程，之前没有任何相关的知识积累。一开始就掉队的同学往往是学习环节做得不够好。到中考前逐步开始掉队的同学往往需要引导他们如何建立化学思维方式。

先掉队的同学直接的表现就是基础知识缺乏。比如,常见的元素符号不认识,就跟不认识英文字母一样,如何能够学会英语呢?基本的实验仪器和实验操作不知道,缺乏化学实践知识。在刚开始的1-2个月内,这些同学无法掌握这些基本的化学知识,讲到后面更为抽象的化学式和化学方程式,基本就是随波逐流了。让这些孩子在没有任何基础的情况下,"长"出若干化学知识的小苗子来,是我们一线教师最应该注意的地方。培养学习兴趣和动机至关重要。记住元素符号原本是极其枯燥的"死记硬背",其实也不尽然。随着信息获取越来越方便,我们知道每个元素都是某个伟大的化学家发明的,这里面往往都有充满正能量的科学故事值得与学生分享。分享科学故事的时候,可以把这些原本是用拉丁文创造的元素符号读出来并写在黑板上。比如氧元素符号O,我们就用蓝色粉笔写出来,想起蓝天的颜色就能想起蓝色的氧元素符号。比如硫元素符号S,我们就用黄色粉笔写出来,硫是黄色粉末,俗称硫磺。利用这些科学故事和颜色联想,就能够帮着这些同学长出最基本的化学知识。有了这些基本的化学知识,他们就有了思考加工的素材,具备了迈入化学殿堂的第一个锦囊。

对于后掉队的同学来说,我们则要培养他们思考的方式。这一点往往比前面的科学小故事要困难得多。举惰性气体为例,即使同学知道了哪些是惰性气体,但是真的应用这些知识到实际解题或考试答题中,就不一定那么思维清晰了。我就采用"联想"的思维技巧让同学更加理解惰性气体为什么一般不能跟其他物质反应。惰性气体的最外层电子数是8,一旦最外层电子数达到了8个,就跟穿了"金钟罩",把所有的电子都罩住,原子就无法失去电子,自然它就无法变成阳离子。另一方面,由于有了"金钟罩",周围其他原子的电子也无法被它夺过来,自然它就无法变成阴离子。这个原子无法变成阴离子或者阳离子,那就保持中性了,自然化学性质就很不活泼了。这种把新化学知识与已有的某种概念联系起来的思考方式,有利于学生快速抽象化学概念,思考解题的时候自然就游刃有余了。

在日常的化学教学中,学习和思考两者都不可以偏废。要让同学们都学到知识,顺利通过考试,我们要让同学们具体理解在化学学习中,学习和思考并驾齐驱。学习给我们提供基本的化学知识,思考让我们懂得如何运用化学知识。

张涛/文

# "为理解而教"的语文课堂从创设问题情境开始

《面向未来的课堂——为理解而教单元教学实践案例》认为"为理解而教"是教学艺术,培养学生的理解力是所有课堂的第一要务。真正的理解绝不止于基本知识,真正的理解是学生能有自己的思考,自己的实践和运用知识的能力。

亚里士多德说过:"思维是从疑问和惊奇开始的,常有疑点,常有问题,才常有思考,常有创新。"已经工作了十多个年头,陆陆续续听到了、看到了很多的语文课,形式不同,风格迥异,自己也每天都在和几十个学生一起上课,笔者常常问自己,为什么自己精心准备的课有时会遇到冷场,讲得激情飞扬却无法打动学生的心灵;有时满怀期待地等着学生的答案,却只等来学生的茫然。"用心灵去教,为深刻理解而教,为有效而教"是北京市八十中学田树林校长倡导的教育理念,站位很高,作为一名普通的一线教师,笔者用这个目标来比照自己,觉得差之很远。如何让语文课堂变得理解深刻而有效,笔者在实践中摸索。

【主题词】创设情境　有效教学　深刻理解　语文思维

### 一、用心灵创设情景,激发学生思考的原动力

在翻阅特级教师宁鸿彬老师的文献时,我偶然看到了他在教学《七根火柴》时一个精彩的设计。他让学生读课文之后做这样一件事情:

假如有一座博物馆叫作"红军博物馆",假如你是这个博物馆里面的一名讲解员,假如在你负责的站台上摆放着六根火柴,请你以讲解员的身份,用讲解员的口吻,根据这篇课文的内容,向你的观众简要介绍这六根火柴的来历。

这个问题很抓人,一下就把学生吸引住了,学生马上带着巨大的好奇心读课文,学生会积极地整理全文的线索,思考这个故事中最重要的信息。下面是学生的答案示例:

同志们好,大家请看这个展台。这里放着一个党证,这是几十年前光荣牺牲的一位红军战士的遗物。党证上面并排摆放着六根火柴。人们不禁会问,这微不

足道的几根火柴怎么会摆在堂堂的红军博物馆里呢？那是因为这六根火柴有着不平凡的来历。它曾经发挥过不平常的作用。就是这六根火柴，代表了一位红军战士对党对人民的赤诚之心，就是这六根火柴，引出了一个曲折而又动人的故事。……

从这个答案中我发现，学生首先要阅读课文，对课文进行整体感知；然后要思索火柴和无名战士的关系，这是进行比较分析的思维活动；最后，学生要组织语言，形成生动的、精彩的讲稿，又在无形中训练了语言组织的思维能力。

在宁老师的这个课例的启发下，我意识到了如何在课堂上设计巧妙的问题情景，引发学生思维的火花，使他们乐于表达，并表达得有意义是何等重要，又是何等的深刻而有效。如果我们在教学中就只从文本分析《七根火柴》，学生会觉得那是一个离自己很遥远的一个故事，这样的故事在影视剧里经常看到，或许有些许的感动，或许已经审美疲劳。正如我校领导举例说历史课上讲抗日战争一节，一位优秀的教师上了一节优秀的课，当课堂气氛沉闷，学生启而不发，什么原因，一位外国教师说：教师和学生在学习抗日战争内容时，就像在讲别人的苦难和事情一样……这两个课例故事都启发着我对问题情景创设的思考，问题情境应该从学生出发，要把教师、学科、教材和学生看成是一个教学的共同体。用心灵创设情景，激发学生思考的原动力。我在新课标的引导下积极地思考并践行着。

**二、用逆向思维创设情境，引发学生哲学般思辨**

在我的语文课堂上，我尝试着另辟蹊径，提出一些逆向思维的问题，引导学生思考，讨论，让学生有表达的欲望。

朱自清的《背影》是一篇感人至深的名篇名作。前几次在教学这篇文章时，我按照传统的模式备课，设计了概括文章大意，细致分析文中出现的几次背影的描写，品析文中感人的父子情等。按照这个思路，学生也能学完课文，获得一些语文的知识，但总觉得他们是被动接受我的提问，课堂气氛波澜不惊，与我理想的状态有差距。最近的一次备课，我在网上发现了一个信息，就是由于多数学生反对，曾传闻朱自清先生的名篇《背影》落选鄂教版语文教材。这个信息一下子启发了我，何不把这个信息告诉学生，请他们来对这个事情做一判断。于是在接下来的课堂上，我设计了这样的教学片断：

设计问题：由于多数学生反对，2003年9月曾传闻朱自清先生的名篇《背影》落选鄂教版语文教材。概括为以下三个理由：

A."父亲"送行的衣着太陈旧，办事不果断，说话无激情，因而形象不够"酷"，不够潇洒。

B. 现在时代变化了，我们家给我买的是电脑、钢琴，朱自清的"父亲"买的是小小的橘子，不值得大题小做地写成文章怀念。

C.《背影》表现的是父爱，却没有华丽的辞藻，动人的语言。显得平淡了些。

一石激起千层浪，这个抓人的问题一下就激起学生表达的意愿。尤其对于班级中个别上课不爱发言的学生；同时这个问题所设计的三个理由实际上涵盖了文章的三个知识点，对这三个理由的讨论可以巧妙地引出对课文的分析。

第一步：通过分析父亲的形象，理解父亲对儿子的深情，反驳理由 A

第二步：通过分析文章的背景，反驳理由 B

在这一步，请学生分析父亲是在什么情况下为我买的橘子？

学生通过研读课文得出是在祖母去世、父亲失业、家境衰败的情况下。在家境如此艰难的情况下，父亲还能这样关照我，为我买橘子，学生自然理解了父亲对我的深情。这一步的分析，是想让学生了解文章的写作背景，这个背景未必需要学生在下面翻看参考资料，而是通过文本本身的研读得出。这也是培养学生通过阅读课文获取有效信息的能力。

在此基础上我进行了追问：父亲的行为是否触动了儿子的心？引出对儿子的分析。这个问题引出了学生意见的交锋，这个交锋的结果就是让学生找出作者的心路历程：对父亲的爱的不理解——理解——怀念。

我除了尝试自己设计一些开拓学生思维的问题之外，还尽量让学生自己去逆向思维，自己发现问题，孔子曰：知之者不如好之者，好之者不如乐之者。每当看到学生在课堂上激烈的讨论，神采飞扬的表达时，我觉得由衷的欣慰。

### 三、创设矛盾冲突情景，引发学生深刻思考

课堂教学深刻性的一个标志，是使学生的生活体验与教师的发问引起思维冲突，在矛盾冲突中深化对新知识的认识。

我校一位青年教师上了一节研究课，课题是《米洛斯的维纳斯》，教师让学生观察这尊雕像，提问：你觉得这尊维纳斯美在何处？一个学生举手回答：她美在残缺。学生回答标准答案。教师激励评价了学生，接着分析其残缺美……（这样的情景或许很多老师似曾相识，本来准备的一个问题希望学生在思考、实践、讨论后才能得出的结论，被学生提前预习直接给出答案，教师除了激励评价就是生拽回来，或者进入下一环节）这位教师素质很好，分析文章很深刻，语言优美贴切，可就是课堂气氛沉闷。原因何在？课后本组的老师一起分析：问题出在第一个回答问

题的环节,学生虽说出了参考答案,但它不是经过自己用心过脑想出来的,学生与教材,与课堂是分裂的,故是一个无效学习。那么怎样才能让课堂发生有效学习呢?其实很简单,追问一个问题,"你这样认识岂不与我们平常追求完美,追求完整之美的思维方式有矛盾吗?"——这就会把学生引入思索的境地,使他的心灵回到课堂。这也突显一个问题,那就是对于教学中生成的情景教师怎样机智地运用好,而不是回避或一带而过,这需要我们教师有教学的勇气和智慧。

在备杨绛的《老王》一课时,笔者苦于无法让学生理解本文的主旨句——我渐渐明白,那是一个幸运的人对不幸者的愧怍。受到《背影》一课的启发,我找到了文中的一个精彩的描写段:"听到打门声,看到老王直僵僵地镶嵌在门框里,面如死灰,两只眼上都结着一层翳,分不清哪一只眼是瞎的,哪一只不瞎。说的可笑些,他简直像棺材里倒出的,就像我想象里的僵尸,骷髅上绷着一层枯黄的干皮,打上一棍就会散成一堆白骨。"我以这个段作为理解难点的切入点,提出了下面的问题:对于原文的这句话,有同学不喜欢,建议要做修改,理由是:

A. 这是作者对老王给我送礼时的描写,如此可怕的形象,显得作者太无情了。

B. 老王在文中是一个外表善良,内心美丽的形象,这样丑陋的外表丑化了这个形象。

请学生对以上的理由作出反驳。学生在这个问题的引导下,展开了对文章的分析。通过分析理由 A 理解了当时当地,作者没有真正地理解老王高贵的品性,所以在他眼里的老王相貌就是丑陋的。通过分析理由 B,学生做了关于美和丑的深刻讨论。讨论了内心的美是在外表的丑陋之下反衬更令人惊心动魄。我还适时举了《巴黎圣母院》中卡西莫多的例子来引导学生。在我设计的问题中,学生很顺利地完成了对文章主旨的理解,杨绛在文章里面隐藏着一条思绪的转折:同情,宽容不幸者,是俯视的姿势;而最后的"愧怍"却变成仰视的姿势。

《语文课标》中所提出的欣赏文学作品,能有自己的情感体验。初中的学生有一定的审美鉴赏水平,但未必会去关注文本中的人物,通过这样的矛盾问题情境的设置,对他们进行审美层面的评判并尽量做到设计巧妙,润物无声。

**四、创设谬问质疑情景,引发激烈讨论的思维火花**

所谓"谬问",是教师故意用一种荒谬或者截然相反的说法向学生发问,其特点是出奇制胜。为了把课堂教学引向深入,培养学生思维的广阔性和发散性,或为了引发学生情感更深刻的体验,从而获得投石激浪的效果,以点燃学生智慧的火花。我也在教学中尝试缪问质疑的方法。

如在教学《芦花荡》一文时,为了引导学生讨论本文的难点——"传奇"色彩。我故设疑问:文章所说的故事真实吗？有的同学提出质疑,他们的理由如下:

1. 一个老人年近六十,身体干瘦,却神出鬼没。无数次通过鬼子的封锁线,保证了苇塘中部队的供给,保证了部队的战斗力,就是因为他,敌人的阴谋总不能得逞。看起来不太可能。

2. 这个老人手无寸铁,独自一人,竟把十几个鬼子打得头破血流,有点不可思议。

学生就这两点展开讨论。在讨论中,学生的疑问正是小说渲染传奇色彩的方法。在讨论中,我适时地点拨:(1)作者用强烈的反差来渲染老英雄的传奇色彩。一方面写条件,敌人的监视封锁非常严密,老英雄年近六十,身体干瘦,而且不带一支枪。另一方面写老英雄的精神与业绩。精神,是那么悠闲自得,异常自信;业绩,是使敌人的封锁全部落空,保证了塘内物质的充足与联络的通畅。两方面的巨大反差,使老英雄富有传奇色彩。(2)"英雄的行为"更富有传奇色彩,作者主要用侧面描写加以衬托。用女孩的怀疑来反衬。大菱受伤后,老人发誓说:"他们打伤了你,流了这么多血,等明天我叫他们十个人流血。"后来又说"等到天明,你们看吧",而女孩却一再怀疑,先不答话,后来竟说"这么大年纪了,还能打仗？"写女孩的怀疑,有衬托作用,显出了老头子英雄行为之奇。

本文的传奇色彩,这是我本课教学的难点,通过这样一个问题引导学生讨论,进而突破难点。之前学生对"传奇"这个概念比较陌生,我不直接从教师的角度硬塞给他们,而是设计了两个讨论的问题,特意将问题设计的比较抓人,使学生有说的欲望。而且,通过问题的讨论,引导学生品味用侧面衬托来凸显传奇色彩的方法。本来这样的方法讲授起来没有多大的趣味性,学生接受起来也有一定难度,但学生在讨论当中进行,老师只是适时地点拨,这样效果会好一些。

总之,语文课堂情境创设的形式各式各样,但不变的初衷是通过创设问题情境使课堂提问方式的优化,能启发学生去思考、去探索,不但能达到理解、巩固新知识的目的,而且有利于培养学生良好的思维品质。在教学中,教师通过问题情境既要引导学生积极思考,又不能只顺着教师的思路进行思维,不能将学生限制在老师思维框架中。这就要求教师根据教学内容和学生特点来设计问题情境。同时,教师要积极引导和鼓励学生自己发现和提出问题,使学生的思维品质得到更快提升。使语文课堂充满生机,焕发魅力。

李娟/文

**参考文献**

1. 宁鸿彬:《初中语文教学设计选》,教育科学出版社1999年版,第204页。
2. 田树林:《校长走进课堂:用思想引领新课程》,选自《中小学管理》2010年版,第24页。

**书海撷英**

习得一种能力,就像是学会一项运动或一门手艺,而不似掌握某个主题的信息。这是因为,学习某种能力需要将"原则性"知识转化为"行动性"知识。另外,各类能力中包含了大量的缄默性知识(正如某项运动或技艺除了有外显的原则之外,还有不可估量的缄默知识),只有获得一些支持性的指导,并经过不同场景下的真实演练之后,这些缄默知识才会有所发展。

# AP 计算机课上的"为理解而教"

起初拿到《面向未来的课题——"为理解而教"单元教学实践案例》这本书，就被标题深深吸引，理解教学是基于"理解"基础上的教学，强调学生对知识的真正"理解"并在此基础上达到学以致用的目的。

自新课程改革以来，高中教学已经发生了深度的变化，学科特征日益彰显，教学方式也日益多元化。多元智能理论创始人加德纳说："在大学前的教育阶段，学习学科的目标不在于培养小小科学家、历史学家或美学家。相对的，教育的目标应该是让年轻人能够安然面对理性的核心，懂得用不同的分析方法了解这个世界。"这与当前我国新课程改革倡导培养学生的创造精神和实践能力，都强调学生对知识达成"真正理解并学以致用"。为了帮助学生理解，并使学生树立起对知识的信心，加德纳甚至发出了"为理解而教"的呼声。此后，理解在教学中的价值逐渐受到重视，"为理解而教"的时代也悄然来临，理解也逐渐渗透到课堂教学实践中，成为教学的重要手段。

"为理解而教"的教学模式包括四个重要的部分：启发性论题，理解目标，理解活动以及持续性评价。下面，我想对理解活动以及持续性评价谈一谈自己的看法。

首先是"理解活动"，它是培养理解能力的中心。理解活动需要与理解目标紧密相连，这就要求学生必须在整个单元或课程学习的过程中，参与表现理解和培养理解的活动。理解活动是一系列的难度逐步递进的活动，一开始这种理解活动可以相对比较简单，但接下来的理解活动应该越来越具有挑战性，但学生依旧可以承受。

在我的 AP 计算机课上，就做过这样的尝试。当我在讲条件表述式中的关系表达式和逻辑表达式时，我并不先直接把这两种表达式全部展现给学生。而是先通过例子讲解比较容易的关系表达式，讲完后立刻让学生尝试将在引入时举的"穿衣指数"程序中其中一个分支的文字条件改写为表达式。在他们初尝学以致用的快乐之后,我还是从这个"穿衣指数"的程序中找到一个更为复杂的条件表述式(既要用到关系表达式,又有逻辑表达式),让学生思考该如何将其改为表达式。这时学生发现只用关系表达式无法满足题目要求了,他们就自然而然地会想到要用另一种运算符表达这种关系。这时我再讲解当一个表达式不能满足要求时,得需要一种运算符将其连接起来,这就是逻辑运算符,包含逻辑运算符的表达式就是逻辑表达式,这样就很自然地引出了逻辑表达式。通过这样难度递进的活动设计,学生就很容易理解关系表达式和逻辑表达式的区别和作用了。

当然,理解活动还要注重情境设置,教师要努力激活学生的生活经验,帮助学生借助这种经验更快地接受新知识,融会贯通。

有一次当我在讲"顺序结构"时,为了让学生理解顺序结构的特点——按照语句排列的自然顺序,由上往下逐步执行。我就设置了这样的活动情景:在体育课上,学生之间进行投传球游戏,但是有一个必须遵守的游戏规则:要求每次交换只允许每人手中最多有一个球。我还叫了两个学生作为志愿者,分别给了每个人一个球,让他们表演如何换球。他们很自然地想到,两个人同时把球抛给对方,再同时接住对方抛来的球,即可完成任务。这时我把这个"换球"的情景套用到编程中,定义了两个变量a、b,a=3,b=4,现在要交换a和b的值,让学生尝试上机编程。很多学生都直接写了这样的代码"a=b;b=a;",但当他们运行后发现,结果并没有成功,a和b的值都为4,也就是说b并没有得到变量a的3。问题出在哪呢?学生分析每一行程序对应的含义,找到了错误的原因。其实这就是顺序结构的特点,因为它是由上往下按顺序执行,也就是变量初始化后,可以给变量多次赋值,但该变量只能保留最后的值。所以在编程中直接交换是行不通的,总有一个变量的值会被抹掉。这时学生就会想到,可以再定义一个变量作为"中间人",在真正交换之前,先暂时保留一个变量的值。我还让三个学生表演了一下新的传球过程,学生看到后很快就想到代码应该这样写"t=a;a=b;b=t;"。通过这样生动又直观的活动,把原本枯燥抽象的编程变"活"了,整个活动很好地反映了学生的思考过程,而且帮学生很轻松地跨过思维障碍点。

最后,我想谈一谈"持续性评价"。传统上在一门课或一单元结束后进行评价,主要是给学生评分和对教学工作的核定。这在很多方面有积极作用,但不符合学生学习的需求。在整个课程学习中,学生可能随时需要标准、信息反馈、思考机会等才能进行以理解为目标的学习,这就是持续性评价。评价的过程需要有来自教师、同伴和学生自我评估的信息。

在我的课上,我总是给学生充分的上机操作时间,并要求三人为一组,共同完成一些有难度的编程练习题。在做题的过程中,学生之间互相交流、互相帮助,理解能力强的同学可以指导本组同学,在给别人讲的过程中又再一次加强了对知识点的理解。在学生活动过程中,我并不是没事做,而是要组织各小组学习,同时以合作者学习者的身份加入到各小组中进行指导,指导学生虚心听取他人意见,尊重他人发言,鼓励学生敢于阐述自己的观点,提出不同的解题思路。当发现学生一些奇思妙想时,我会通过局域网展示给全班同学欣赏和评价,并请作品的作者现场演示操作过程,介绍编程思路、技巧等,进行直观的经验交流。通过学生之间相互交流与评价,不但让学生欣赏到了同学中的作业,还学到了不少宝贵的经验;同时通过展现学生的作品,使其增强了自信心和荣誉感,激发了学生的创新能力。

以上就是我对"为理解而教"的初探,作为年轻教师,必然要多去尝试新的教学方法,在实践中总结提升,慢慢形成自己独具特色的教学风格。同时,相信学生学习的积极性和主动性,让学生自己在未知世界中自由探索,深入理解,动手实践,为学生的创新留下广阔的空间,让他们体验到发现的快乐。

孙明芳/文

**书海撷英**

人们总是把重点放在"教"上面,"应该教什么知识"似乎是最重要的问题,而学习却被放在了一边。密集的学习任务使学校失去了存在的意义,它们存在的目的在于掩盖这样一个问题:学生在学习了这么多年后真正学到了些什么?

# 当断不舍愁未离，轻易断舍不应弃

"为学生思维发展而教"这句话中"思维"与"教"缺一不可，舍弃任何一点，都会使教学不够完善，而对于新教师来讲，首先要能教，会教。将教做好才能更进一步去为学生思维发展而教。在"教"中新教师面临的最大困惑莫过于对教学内容的取舍。当断不舍的"教"和轻易断舍的"教"都不是正确的教学方式。

"断的能力在于观察，同时要有勇气舍弃眼前既有的事物。"

年轻教师在教学过程中往往会遇到设计的练习不能按计划完成的情况。《断舍离》一书中的"七五一"法则很实用，即只使用70%以下的空间，留出空白，杜绝满打满算。以本人为例，在入职之初我常把课程安排的盆满钵盈，但实际效果却差强人意。最明显是学生的心率问题。（见表1）

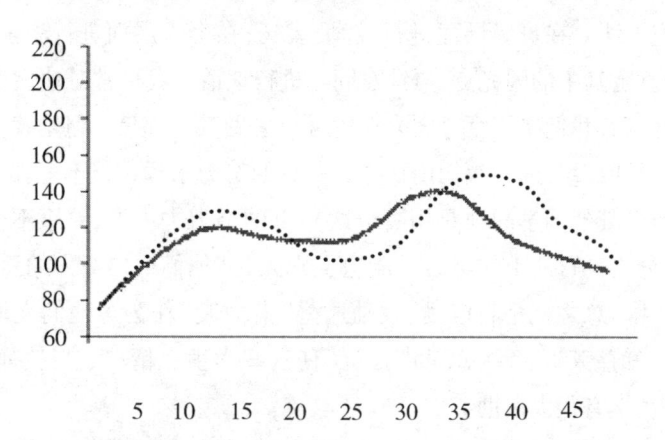

图中实线为一节常规体育课的心率图，可以看到体育课基本的双高点都处于恰当的位置。而虚线为我入职之初授课时的心率图，由图可见由于课程安排过密，学生身体负荷比较大，在第一个高点的位置，也就是准备活动阶段学生心率升高过多。而在20-25分钟主教材阶段心率却偏低，原因在于学生前期练习较累，会出现一段疲劳期。这就使主教材的学习没能达到预想的效果。同样由于课程安排较满,为完成课程内容,最后阶段会赶进度,使学生负荷过大,在 40-45 分钟放松整理阶段时的心率过高。不利于后面教学的展开。通过运用"七五一"法则和组里老师的教导,我开始修正课堂教学安排。在设计课程前,我先要明确这节课要对学生哪方面能力进行提高,将大目标划分成小目标,在安排训练时应有明确针对性,排除多余的练习让课程脉络清晰,目的明确。同时我也明白了课程就应当留出一定的时间进行总结和反复练习。当内容变得不再繁杂时,教学的重心自然从"广"转到了"精"上,再结合针对性强的练习,体育训练的效果和学生最终成绩都能提升不少。

"断舍离的任务就是取回以往所有被浪费掉的这一切。"

一些经常被"断舍离"掉的事物,比如上课时不愿遇到但又不得不面对的一类学生群体——学困生。难道真的要"断舍离"掉这些孩子们吗?其实不然,采用正确的教学方法去引导和帮助他们才是正途。

语言对于学困生在教育教学过程中的重要性是不言而喻的。所以应将鼓励、激励作为与他们交流的基本。"学困生"这个词太沉重不应该把这个帽子扣上。我更习惯称他们为"潜力股",在平时上课中对他们多以激励为主。对于初二年级青春期的孩子们来讲,虽然成绩并不理想,但早已具备好胜心和自尊心,有一定力度的语言更能激发这个年龄阶段男生的积极性。与"潜力股"同学们交流需要循循善诱,讲究方法。在班级层面进行鼓励、表扬;在个人层面进行激励、教育。教育的时候先肯定其中的闪光点,再针对问题进行谈话。我也常对他们说:"大家经常听过这样的话,我们要用百分之一百的努力去做某一件事。但是我认为对于我们来说这话没什么用,因为我们用百分之一百的努力永远也追不上其他同学。咱们起步晚,而且其他同学同样是用百分之一百的努力去上课,差距不会缩小。只有我们用百分之一百二十的努力才能追上别人"使他们明白努力的重要性,理解坚持的重要性。总之就是将鼓励、激励这些"潜力股"作为与他们交流的基本模式。"有志始知蓬莱近,无为总觉咫尺远"使这些学生在精神上与教师保持一致,对之后开展教学有很大帮助。

在教学中这些同学让教师头疼,教学内容经常无法正常完成,影响课堂计划和安排。并且这些学生大多饮食习惯不好,常暴饮暴食。在回到家及周末休息时,传统的教学手段就无法对这些体育习惯差,饮食习惯不好的学生起到督促、监督的作用。

现代化教学手段则为教师及这些学生提供了良好的教育教学平台,能够使练习更加具有目的性和针对性以及使教师能够更好地教授运动训练及合理饮食的方法。现代化通信技术已经很成熟,学生或家长基本都有互联网通信工具,比如微信。建立一个公共微信群,将学困生们加入微信群。通过制订专门的课下练习计划,使体育练习内容更加具有目的性和针对性,也使制订的训练计划更加具有实效性,练习方法内容更加灵活。具体实施的方法是将当天的训练计划发到群里,让同学生们去练习。在练习的时候录小视频,或发图片使教师能看到同学的练习和动作正确与否。学生也通过发照片、视频等方式进行反馈使教师们能够在课下督促和监督学生的练习,指导学生练习的动作和方法。这同时也增加了一个学生与教师之间交流的平台,有任何好的练习方法和经验都可以在群里一起讨论,一起分享。同时也可以分享自己认为比较有效的体育练习内容或是有效减肥的方法以及自身练习的心得。并且教师除了发布每天的练习计划以外也可以分享一些教学中的练习内容和方法,让这些学生能够在课下勤加练习,提高成绩,掌握运动方法,甚至使这些学生们从影响教学进度变为课上小老师。

这个平台对于教学来说,首先教师安排的教学内容和练习计划能够及时准确地传达到每个学生,并且在课下时间也能够观察学生的练习情况及时地纠正或者进行补充练习。同时这个平台也是一种双向交流的窗口,学生在练习中遇到的问题和困难能够直观、快速地反馈到教师,使教师能够进行指导。并且除了师生交流,这个平台也可以进行生生互动。这些学生们分享自己成功的喜悦和方法、分享自己认为练习有效的内容、分享自己减肥减脂的经验教训,相互提醒,互相鼓励。推动整体不断向前!经过一学期的尝试,虽然所设计的练习计划并不完善,但通过对这些同学期末时的成绩与前测进行比较,从学生们的反馈来看练习颇有成效,在主要的项目上大多数同学都有不同程度的提高,更重要的是练习积极性和自觉性的提高并且收获了自信与快乐。(见表2)

| 成绩＼项目 | 1000米耐久跑 | 篮球运球 | 俯卧撑 | 50米快速跑 |
| --- | --- | --- | --- | --- |
| 前测平均成绩 | 6分42秒 | 19.8秒 | 13个 | 9.5秒 |
| 期末平均成绩 | 6分01秒 | 16.6秒 | 19个 | 8.7秒 |

对于课程安排上的一些内容当断则断,应舍则舍。突出重点,设计安排由"广"而"精"。如若当断不舍,最后只能愁当初没做到离。而对于一些"断舍离"掉的事物,应当多去思考,去求教,看是否是不能轻易舍弃教学对象。

在"教"的问题上明确了如何取舍之后,就要更进一步去思考如何"为学生思维发展而教"。在体育教学中进行思维发展练习？这句话一定会使人困惑不解。但体育中的思维发展对于学生能否健康成长有些非同一般的作用。方法在于"课下自主学,课上小老师"。

在体育教学中,由于涉及身体活动教师往往会有所顾虑,但体育课堂其实是学生思维发展的沃土。

在一节体育技术课前,根据教学内容需要,指定两名至三名学生提前进行技术动作学习,通过现代化手段从网络、书本、教材等媒介中了解并练习教师指定的动作,遇到问题可以向教师求教。在课上教师根据教学内容给予几名学生一定时间,让这几位学生进行分工合作,讲解和示范。能够基本说明动作要求,动作示范以及练习方法。面对小老师的教学,其他学生有新鲜感能够使注意力集中,并且由于小老师讲解动作从自身情况出发,更使其他学生对动作的理解感同身受。而在学生讲解示范后,教师根据学生讲解和示范情况进行点评和深度讲解示范动作。也使这几名学生以及其他同学对动作概念的理解更加准确和深刻。并让这几位学生作为练习动作的小组长,指导其他同学的技术动作练习,提高学生组织能力和自主学习能力,让一节体育技术课达到事半功倍的效果。这种体育课翻转课堂的方法,采用轮换制,即所有同学都有机会担任小老师。

而在一节普通体育课教学中,更能体现体育课对于学生思维发展的拓展性。教师不再安排固定的技术动作让学生课下去学习,而是安排几名学生根据自己兴趣及学校体育课实际情况,设计体育课堂小游戏。几名学生合作研究游戏项目、规则、器材和要求。在上课前与教师交流,探讨可行性。在上体育课时,教师根据游戏内容留给几位小老师时间进行讲解和游戏。这种带有翻转课堂思维的教学使学生在体育课中不仅锻炼了身体也进行了一次头脑风暴。学生们课下自己设计游戏不仅提高所有学生的参与感,也使学生提高合作探究思维和创造性思维。

"断舍离"的方法与"为学生思维发展而教"这句话结合来看就是在思维发展中对教学设计和内容进行"断舍离"。既要在课堂设计上学习"断舍离"的模式,将教学内容由"广"而"精"并能够正确取舍,又要在教学过程中,使学生独立思考,发展思维。

《断舍离》不仅是一本书,"为学生思维发展而教"更不是一句口号。教学不应浮躁无味,长篇大论；也不应以成绩本位,为教而教。只有深刻地理解和体会这本书与这句话,才能使教学不忘初心。

洪伟男/文

# 学会"断舍离",让数学教学简捷有效

假期读了日本作家山下英子写的一本书《断舍离》。她在书中倡导一种非常流行的现代生活理念:断舍离。"断就是断绝想要进入自己家的东西;舍就是舍弃家中到处泛滥的破烂儿;离就是脱离对物品的执着,使自己处于方便自在的空间。"用此种方式治家显得自在、简约、适意。其实这种被很多人推崇的生活理念同样适用于治学,我们的数学教学也需要"断舍离"。

断:断电。数学教学太多的"声光电",数学课堂太滥的 PPT。现代多媒体为数学教师提供了很多的便利。各式各样的幻灯片、图片和一些音响资料极大地丰富了课堂教学。但在实际教学中,无论是研究课、示范课、公开课,或者是常态课,不知什么时候起,有着这样的一种观念存在:用了多媒体就是先进,弄了 PPT 就是前卫。有些教师没有了 PPT 就上不了课。一堂数学课,让学生面对大屏幕的时间远远超过与课本文字接触的时间,深入思考互相探讨的时间。学生眼中看到的,与需要理解思考的难以对接,即便对接:或者牵强附会,或者天马行空,或者人云亦云。每个人的数学思想其实被统一的画面诠释了。"声光电"以它特有的魅力让学生来不及思考,有先声夺人和势不可挡之势,可这样被动地接受,貌似直观、形象、高效,其实剥夺了学生同步思考、深入理解概念的过程。一位老教师说:"把数学课上成学生观看动画片课。"教师不去挖掘数学教学的本质,不去思考什么样的教学方法和活动来实现教学目标,不去加强数学思维能力的培养,而是一味地依赖现成的别人的课件,这样的"拿来主义",这样的"电",不应当"断"吗?

断:断问。如今的数学课堂教学并非乐观。不知什么时候起,我们的数学常态课多少有了"公开课""观摩课"的味道:有了好多的提问;有了好多的表演;有了无止境的师生双方从头到尾的激动与感动。课堂上教师提出很浅显的问题,在这些问题中,有很多是不需要深度思考的"是不是""对不对"之类的问题,还要求学生围成小组讨论后回答。形式上的热闹掩盖了数学课的本质:思维的训练! 那这样的课堂还有多少空间、多少时间留给学生! 针对这样的观摩课、常态课,教学效果可想而知。我们的数学课似乎更多的变成教师的"语",教师的"问",教师的"演",就像一位资深教师调侃:"问"课能有几多愁?老师"解说"是一流。断问,就是少问,找有思维深度的问题发问;断问,是让无尽的"问题"有个节制,可以间断,以便留下更多的时间可以让学生静静地思考。

断:断我。断我,是让数学老师适时地退到幕后,变讲堂为学堂。一些数学老师习惯于满堂灌,忽略了概念生成过程的教学,教师的思维替代了学生的思考,教师成了课堂的主体,经验主义、本本主义,唯我独尊者多多,美其为风格、风度和模式。断我,更多地要求一个数学教师有学生为主体的思想;断我,更多地要求一个数学教师有自我超越的勇气;断我,更多地企盼一个数学教师的课堂有着创新成果。

舍:舍教案。这是个日新月异的时代,教育、教学都走上快车道,课堂教学无意中讲究了"速成"。一位数学教师,对教材的深耕细作显得慢了,有个真正的自己的教学设计往往成为奢谈。教学用书、现成教案、网上晒课,什么样的教学设计都有,教师备课就是"抄课""粘贴"。即便是参加优质课大赛,那些名师的"教学设计"应有尽有。教案的参考,成为名副其实的照搬。现在教学资料、教学资源如此丰富,但很少有教师自己的思考、自己的原创。舍教案,就是让教师走进教材,了解学生,动脑并动手,把课堂教活,把自己教新。

舍:舍讲堂。顾名思义,讲堂是教师以讲为主。如今的数学课堂还是讲得过多,唯恐学生会有什么闪失。好的数学课,好的课堂教学应当是富于思考的,学生应当有更多的思考余地。学习归根结底是学生自己的,教师是一个组织者和引导者。学习的效果最终取决于学生是否真正参与到学习活动中,是否积极主动地思考,而教师的责任更多是为学生提供思考的机会,为学生留有思考的时间和空间。最简单的一个指标是教师提问以后是否给学生一定的思考时间,至少有几秒钟的时间让学生想,而不是急于下结论,判定学生会还是不会。特别是那些需要较深入理解和需要一定的创造性才能解决的问题,更要让学生有一定的思考时间。教师能够走下讲台,不仅是放低了姿态,更是把更多的时间还给了学生,把话语权还给孩子,因为课堂的主体还是学生。

舍:舍套路。所谓舍套路,就是让数学教师充满自信,唤醒心灵,唤醒自我。帕尔默在《教学勇气》一书中提出了经典的教学思想是:优秀教学不能被降格为技术,优秀教学源自教师自身认同和自身完善。现在的好多教师崇拜名家设计,把一些观摩课、公开课作为自己常态课的教学模子,全盘拿来照搬,逐一模仿,形成套路。只是这样久而久之,不知不觉地把自己的课堂给"封死""定型"了。久教了,教久了,也就轻车熟路了,可是更加难以变化超越了。舍套路,要求一名数学教师,要有自己的深入思考,要有自己的事业勤奋,要有自己的专业底蕴,要有自己不间断地思考。不但敢于标新立异,还敢于否定自我,以学生为本,不断创新。

离:离题海。数学教学中的题海,大家并不陌生。减负提质要求了很多年,摆在面前的现实是,太多太多的作业已经将孩子游戏与欢乐的时间挤压得所剩无几了。无论城乡,孩子们都是千篇一律地坐在教室里,盯着黑板上苍白的字迹,盯着书页里的算式与定理,晚上还要挑灯夜战,完成各种练习册和卷子。教育似乎远离了自然,远离了生活,远离了本真的孩子。孩子们对生活的感受越来越麻木。我们数学教师要精讲精练,摒弃题海战术,让学生感受到学习数学的快乐!

一个成熟的数学教师,一个有独特风格的数学教师,必须学会"断舍离"。教师要敢于舍弃虚浮的教学内容和形式,就能上出最好的数学课,构建最真实有效的课堂。学会"断舍离",让数学教师轻装上阵;学会"断舍离",让数学教学简捷有效。

梅景玉/文

**书海撷英**

(知识传递模式)教师在备课过程中把他认为过难的知识砍掉,把能够证明他所要传达的论据收集起来,从而完成意义的炼制。为了促进学习者的学习,让学习者失去了学习中最具有教学意义的方面之一。

# "断舍离"与学生教育

工作之后埋头于教学书籍和学生作业中,已很长时间没有阅读过心灵鸡汤类的书籍了。这次学校推荐阅读《断舍离》,有同事说很不错。书拿到手里,薄薄小小,入眼就没有阅读压力。晚上回到家里,被先生瞅见,打趣道:"怎么着,想跟我离啊?"抢过去翻看,没想到就要不回来了。读完了他就嚷嚷着要"断舍离"。

第二天回到家里,先生已经将一个房间改天换地(收废品的想来是欢天喜地)。后面的几天里,两口子相互监督着"断舍离"(多数情况下是加油门,但毕竟初学,"根底"尚浅,仍有踩刹车的情形),终于将原来的"混沌世界"变成了"朗朗乾坤",也第一次察觉到,原来家里乱糟糟并不仅仅是工作忙的缘故,还有无法"断"、不愿"舍"、难以"离"的原因!再到超市、商场购物,消费理念也上层次了,不再"见便宜就上",而是先想一下:买回去是否用得上?买这么多能否吃得完?再看看旁边一哄而上的老大妈,自信心有爆棚的感觉。看来山下英子女士"能够放开执念,人才能更有自信"之语不虚。

《断舍离》尽管是围绕"收拾家"这一主题写的,但"断""舍""离"三字却是从瑜伽的修行哲学——"断行""舍行""离行"中得来的。山下英子女士在前言中也开宗明义指出:"断舍离就是通过物品来了解自己,整理自己内心的混沌,让人生更舒适的行为技术。"在对家庭物品的"断"和"舍"中,我们不知不觉地恢复、增强了自信,灵魂出窍似地来重新发现自我、认识世界。这种理念既然能影响我们,难道不能影响我们可塑性更强的学生吗?我想,"断舍离"中所蕴含的下列理念是值得我们帮助学生认识和树立的:

为我而学。"断舍离"注重以自我为轴心,强调"物为我用"而非"我为物累"。"选择物品的窍门,不是'能不能用',而是'我要不要用'"。如果把"物"换为"学",不也是如此吗?孩子们为什么要学习?我觉得龙应台女士的一段话能代表天下父母心:"孩子,我要求你读书用功,不是因为我要你跟别人比成绩,而是因为,我希望你将来会拥有选择的权利。选择有意义、有时间的工作,而不是被迫谋生。"要让孩子们认识到,他们是为了自我发展而学习,而不是为了学习而学习;是学习围着他们转,而不是他们围着学习转。同时我们还要讲求教学的艺术,提高教学的技巧,比如将看似枯燥的数学应用题变为警察破案的过程、将看似复杂的几何证明题看作检察官证明犯罪的过程,让学生感受到学习的乐趣,增强学习的兴趣。

注重当下。"断舍离"把时间轴放在当下,不留恋已流逝的过去,不担忧不确定的未来,"身边留下的都是自己此时此刻正需要、正适合自己的东西"。孩子们的学习成长不也应如此吗?要教育学生好成绩属于过去,不值夸耀;坏成绩也属于过去,无须伤悲,未来的好坏则掌握在当下自己的手中:吃苦努力则咸鱼翻身、更上一层楼,放松、放弃则一溃千里、一败涂地,所以要从当下的一点一滴做起,专心听好每节课,认真做好每项作业……通过当下的积累来为未来的成功打好基础、积蓄力量。

抵御诱惑。"断舍离"的两大要诀之一是"断",也就是守住入口,"断绝想要进入自己家的不需要的东西",避免家这个"清水池"被"淤泥"堆满。这就要做到自觉抵御打折、赠送等各种诱惑,只选择适合自己、对自己有用的东西。在孩子们的学习成长中,不也面临着很多看似炫目而误人不浅的诱惑吗?特别是当前手机、平板电脑的普及,让很多孩子沉迷其中,但主要不是作为学习工具,而是玩耍的手段,不知不觉中浪费了大量宝贵的学习时间。我感到,也可以用《断舍离》中"淤泥占据清水池"的形象比喻来警示学生抵御各种不良诱惑:你的心灵就是清水池,而那些不良诱惑则是淤泥,当你来者不拒甚至主动吸纳的时候,水池终会污浊不堪,而你也将像水中的鱼儿一样疲惫不堪、动弹不得。

勇于抛弃。"断舍离"的另一大要诀是"舍",也就是畅通出口,"舍弃家里到处泛滥的破烂儿"。对于我们来讲,每个人不都携带着些或多或少、或大或小的"破烂儿"——不良的习惯吗?不愿锻炼、熬夜工作……这些"破烂儿"危害并不直观和立即,所以很多时候我们虽意识到了却懒得抛弃,直到体检结果出来才后悔莫及。对于学生来讲,他们正处于人格和习惯的养成期,具有更大的可塑性,我们应该在繁忙的教学之余,多关注他们人格的养成,指导他们抛弃不良的学习和生活习惯,做到自省、自强、自立。

立即行动。断舍离的核心是直面问题,在选择决断后付诸行动,而不是回避拖延。"成功者就是那些能够真正实践的人。""断舍离之所以有效,就在于你现在马上就可以从自己的居住环境开始行动。"通过清理房间,将家里"不需要、不合适、不舒服"的东西替换成"需要、合适、舒服"的东西这件小事,我们不仅整理了家居环境,也整理了自己,实现了自我肯定,恢复和增强了对自己的信心。对正处于人生的春天、"一日抵千金"的孩子来讲,不更是如此吗?我们要帮助他们从当下的每一件小事做起、每一个缺点改起:按时上课不迟到、尽快完成作业不拖拉……积小成大,积久成习,养成立即行动不拖延的好习惯,这对他们的一生都将是有益的。

《断舍离》中蕴含的一些观念不仅适用于我们成人,也适用于我们教育的这些孩子。而当我们要向他们传播这些理念时,是不是自己也要先做到呢?

李建书/文

**书海撷英**

对(知识)传递模式的严格执行使得学习者逐渐失去批判思维,而批判思维是学习的动力,而且这种模式还会扼杀想象力、创造力和适应能力。

# 因学习而来　为未知而教

"断舍离"是由日本杂物管理咨询师山下英子提出的人生整理观念。所谓"断舍离",就是透过整理物品了解自己,整理心中的混沌,让人生舒适的行动技术。其中,断＝断绝不需要的东西,舍＝舍弃多余的废物,离＝脱离对物品的执着。"断舍离"强调人们重新审视自己与物品的关系,从关注物品转换为关注自我——我需不需要。一旦开始思考,并致力于将身边所有"不需要、不适合、不舒服"的东西替换为"需要、适合、舒服"的东西,就能让环境变得清爽,也会由此改善心灵环境,从外在到内在,彻底焕然一新。

从一开始接受"断舍离"这个醍醐灌顶的理念,到遵照自己的内心收拾、扔东西,"断舍离"就这样走进了我的生活。有一天,当我读到王荣生教授主编的《小说教学教什么》时,王教授谈到现在小说教学的困境和瓶颈在于,教师的小说理论知识的陈旧导致课堂带领学生解读的僵化和落后。我忽然意识到:不仅收纳需要"断舍离",它所释放的强劲的引力波波及生活工作中的方方面面。它是一种理念,教知我们及时清理生活中不需要的东西,更教知我们,及时更新知识库,把不合适的知识做法想法磁盘碎片化,永远为新的知识做法理念腾地。"我家大门常打开,迎接另一个晨曦,带来全新空气,开怀容纳天地。"教师更新知识带动课堂教授内容和方法方式的变化,从学生的学习需求出发,为学生的未知而教,带动学生的思维发展和终身发展。

回想自己从1998年大学毕业后,和2003年读研究生班时还算系统接受了一些文学理论和文学解读的知识,知识库里有太多自以为老道的"经验"做法,很久没有更新。这样一台电脑,在知识和信息爆炸,社会急遽发展,学生届届不同的教育行市中,急需重装系统。

特级教师邓彤谈及,老师们经年按照小说人物、情节、环境、主题四要素确定重难点,以类析篇。但却忽略了每一篇小说都是"不同的小说",都有区别于其他类型的"这一篇"个体的独特地方和价值。而它的独特地方和价值正是教师要带着学生挖掘的重点。如果每一篇小说都在教同样的东西,都在体验同样的价值,是教学行为的重复和时间的耗费,学生会读的还是这一篇,学生的阅读思维天地没有被打开,了解掌握的阅读方法简单单一,影响学生持续阅读和深度阅读。这些现状指陈里就有一个我。

真的就成了那个扑在面包上的孩子,借由这本书我重新学习梳理了中西方小说发展的简要历史和各种小说的分类以及根据"这一篇"解读的适合角度,理解文中谈及的根据小说历史所呈现的小说特点,对不同历史时期的小说进行分析与教学的重要性,领悟把小说理论与小说教学勾连起来,自觉运用小说理论中的相关知识,进行小说文本解读和小说教学的意义。

顺着这根指南针,我穿越回到了自己以前的课堂:小说《边城》的教学。刚开始工作时,我设计的教学重点是梳理文本的情节,体会人物性格,难点是体会《边城》语言的美。虽然这是一篇小说,但是细化,它和教材中的《荷花淀》《孤独之旅》一样,属于小说里的诗化小说。这一类诗化形式的小说的特点是小说情节、人物不太明显,意境很美。没有指导学生去欣赏文本的意境,却揪着学生体会性格、人物,解读寡淡的情节。上到最后,学生感受不到小说美在哪,甚至觉得《边城》没意思。因为我教的是小说最不突出的一点,当然没意思。三年后,再教学《边城》,我的教学重点设计如下:山水美在哪?哪些地方体现人物美?以及体会文章美的感情。这样一个设计,符合对《边城》诗意美的解读和定位,挖掘了教材独特的价值。但在具体的强化重点突破难点的过程中,解读小说的方式过于论证化。我先"给论点"定位了各种美,然后让学生"找论据"寻找美,强化重点的过程有些机械、僵化,小说理解演变成了背答案、背结论,学生思维受限,还是在被老师带着走。

《断舍离》里谈到三种扔不掉东西的人:1. 逃避现实型——不愿待在家里;2. 执着过去型——对过去幸福时光的留恋;3. 担忧未来型——致力于投资未来的不安因素。作为教师,第一种人不能做也没法做。我们虽然做不到像"断舍离"达人陈寅恪先生那样"书上有的不讲,别人讲过的不讲,自己讲过的也不讲。"因为我们没有先生那样的脑容量和学识容量。但作为知识和灵魂的引领者,不但不能过于执着昔时成功辉煌的经验,似乎更应该忧惧未来。科技带来生活迅猛更新,由此也带来知识接收和思想观念的迅猛变化。教材不断更新,由上至下由专家和学者牵引的教学改革一直在艰难前行,学会做一个"断舍离"达人,"断舍离"不适合学生思维发展的、阻碍学生形成素养的、陈旧错误的知识和教法,为学生的学习而来,为学生的未知而教,在纷纭世界,静守一方天地,引导学生沉浸文学、感受文化。

  悄悄地我已经设计了自己《边城》教学的第三稿,虽然它并不是我这学期的教学任务。重点当然放在强化对它的诗化特征的体会:浓郁的诗意的环境,一个情窦初开的少女朦朦胧胧的情愫初开,一群质朴、健康、优美、自然的人。清澈透明的酉水,翠色逼人的秀竹,傍溪而立的白塔,山环水绕的村庄与小城,城边的炮眼与墙垛,溪流旁的绳渡与水磨,深山峡谷间的雾霭与风雷,家家户户临水一面的吊脚楼的湘西边城;端午节狭长朱红龙舟的竞赛,壮人心魂的蓬蓬鼓声,泅水抢夺大雄鸭子的游戏,元宵节奇光异彩的爆竹烟火,节日里妇女小孩额头上蘸着雄黄酒"王"字的打扮,"走车路"(请人提媒说亲)与"走马路"(唱山歌求爱)的求爱方式,以及要"碾坊"还是要"渡船"的人生选择的边城的风俗人情;"在风日里长养着,把皮肤变得黑黑的,触目为青山绿水,一对眸子清明如水晶。自然既长养她且教育她,为人天真活泼,处处俨然如一只小兽物。人又那么乖,如山头黄麂一样,从不想到残忍的事情,从不发愁,从不动气。平时在渡船上遇陌生人对她有所注意时,便把光光的眼睛瞅着那陌生人,翠翠随时皆可举步逃入深山的神气,但明白了人无机心后,就又从从容容地在水边玩耍了"的翠翠;健康、自然、真诚、纯洁、勤劳、朴实、善良,信守着心灵的诚挚、爱情的初衷与人性的本来的翠翠与傩送;"乡下人"善良、淳朴、刻苦耐劳、坚韧不拔的老船夫;以及由他们组成的沈从文崇尚的"人性善"的理想社会形态……学生用自己的经验去感受这一段独特的人生,沉浸在小说中感动、悲伤、山一程水一程。特级教师邓彤认为:"小说的最好的境界是让学生若有所思、若有所悟、怦然心动、潸然泪下而又说不出来,我觉得这是最高境界。"作为最接近人生的一种文体,一部好小说,我愿意相信,学生认真读了,其实就是在经历一种特殊的人生。像《断舍离》里强调的时空因素,把时间轴要锁定在现在,现为复旦大学教授的王安忆对小说的界定"小说是心灵的历史",成了"断舍离"后留下的真正需要的,最得我心的小说定义,它启示我,作为语文老师,小说为学生而教的最高境界,是丰富学生的灵魂。

  当引力波证实了一百年前爱因斯坦神预测的时空涟漪,证实了黑洞的存在,当宇宙起源的秘密面纱正在一点一点撩起,学会"断舍离",接受新的教育教学前沿理论,多阅读一些文学理论,特别是叙事学、小说解读等方面的书籍,掌握小说解读的理论和知识,并把它们运用到小说教学中去,引导学生掌握各种小说形式及其不同的解读方法和角度,为学生的未知而教,为打开学生的思维天窗而教,为学生以后能自主探究学习而教。

  断陈旧舍藩篱离封闭,引开放扩容纳倡吸收,一断一引,先断再引,边断边引,且断且引。惟开放才能革旧布新云蒸霞蔚,惟容纳才能百川汇海博大深邃,惟吸收才能成就孩子成就自我。因学习而来,为未知而教,共赴一场为思维为学习为人生的盛会。

叶地凤/文

**参考文献:**

山下英子:《断舍离》,广西科学技术出版社。

王荣生:《小说教学教什么》,华东师范大学出版社。

石国庆:《<边城>美学意蕴新论》,深圳大学人文社会科学版2002年版。

**书海撷英**

学习者不是一张可以让老师把自己的知识画在上面的白纸,学习者通过与过往所有解释和模式相吻合的个体阅读"框架"来破译课堂上的信息。

# 谈语文教学中的"断舍离"

"断舍离"是日本山下英子提出的一种现代家居整理方法。断,就是断绝想要进入自己家的不需要的东西。舍,就是舍弃家里到处泛滥的破烂儿。离,就是脱离对物品的执念,处于游刃有余的自在的空间。这种方法对语文教学的启示是语文课堂要删繁就简,使语文学习成为学生发展的一种心理需求,引领学生品味、揣摩、积累、运用语言,陶冶情感,发展语言,在智慧、灵动的语文学习过程中,让学生的语文素养得到扎实有效、生动活泼的发展。那么,如何构建易简生本有效的语文课堂呢?

**一、断绝面面俱到的教学目标,实现目标简明**

一堂易简生本有效的语文课,教学目标必然简明实在,同时要符合学生的实际需要,做到"适当、适度、科学、可测",具体说:第一,师生对一堂课应达到的目的、方向要有清楚的认识。第二,教学目标要落实到知识点上或具体的内容中,要易操作可实施。因此,在制定一节课的教学目标时,要思考几个问题:本节课主要围绕哪个语文基本功训练?每一项知识、训练要达到什么程度?各个目标之间是否相辅相成?学生的实际水平距离这些目标有多远?能否通过一系列教学活动的开展实现这些目标?教师在备课时如果能够认真思考这些问题,就会避免设定的教学目标脱离学生的需要,甚至远远超过学生的实际水平。比如《夹竹桃》一课,笔者在教学时,根据教材内容和学生的实际情况制定如下教学目标。

1. 教会学生能正确、流利、有感情地朗读课文。
2. 教会学生本课生字,正确书写,用"无……不……"和"无不"造句。
3. 指导学生尝试背诵第四、第五自然段。
4. 通过朗读课文欣赏夹竹桃的可贵韧性,从中体味作者对夹竹桃的喜爱之情。

从以上教学目标的设定可以清晰地看到这些教学目标对学生的学习结果有预

设,不仅体现教师教什么,还体现了学生学完后要达到什么水平。因为我们知道检测教师教学是否有效,不仅看教师是否完成教学任务,更要看学生是否达到教师预设的指标,而以上这些教学目标的确定对教师的教和学生的学均有直接的指向作用,能使教和学目标一致。教学目标简明实在,教学活动才能产生最大效益。

### 二、舍弃贪多求全的教学内容,以求内容简约

课堂教学的时间是个常数,学生的学习精力也是有限的。因此,易简生本有效的语文课堂,慎重选择学生的学习内容,特别是选择关乎学生终身受用的核心知识,显得尤为重要。这就要求教师认真钻研、解读教材,对文章进行科学、合理的整体把握,在深入解读教材上下功夫,在浅出教学内容上做文章,在确定教学内容时一定要克服教学内容的"泛化"现象,做到该教的就教,不该教的就不教,不要奢望一蹴而就,仅一堂课而言,切实解决一、两个问题,真正给学生留下点东西,比浮光掠影、蜻蜓点水的教学要有效得多。同时,教师还要大胆地进行教材重构,科学地补充教材,依据年段目标、单元目标、课文特点等选择能让学生终身受用的"核心内容"进行教学。

《姥姥的剪纸》一课,课文内容略长,内容多,如果仅仅是从内容层面上进行教学,必然会有些散,因为学生的感悟都是很肤浅的,思维也会是跳跃的。这就需要教者思考要抓住重点进行整合。研读文本后,发现姥姥的剪纸"神了"贯穿全文,不管是前面的直接、间接描写,还是后面的剪纸传情,都体现了姥姥剪纸技艺之神,情也就贯穿在这"神"中。因此,教学中可以抓牢这条主线,设计一个大问题"你从哪里感受到姥姥的剪纸之神?"教师引导学生亲近文体,以学生自主品读课文为主,在体会姥姥技术高超的同时,学生自然而然也感悟到了浓浓的祖孙之"情",这样的一堂课就能做到条理清晰,简捷高效。

### 三、脱离花里胡哨的教学手段,追寻方法简便

现代化的教学媒体为我们的教师提供了很多便利,投影仪、多媒体等电化教学手段,已越来越多地被运用到语文教学中,尤其是上公开课,几乎成了现代教育媒体的大展台。声、光、电齐上,图、文、像兼备,极大地丰富了课堂教学,而且越演越烈,出现了这样一种怪圈:不用现代化的设备,该节语文课就陈旧,该语文教师就落后。崔峦先生也曾指出:我国当前语文教学活动中,教师活动多,学生活动少;师生对话多,学生个体与文本对话少;教师分析问题多,抓住文本语言引导学生理解、积累、运用少。因此,易简生本有效的语文课堂,还需要"贵在得法",要求

教师要做到心中有数,懂得什么才是课堂上最主要的部分,与之无关的或无效的统统舍去,让学生直接面对文本,引领学生去"读"去"悟",努力追寻最简便、最有效的教学方法。

笔者曾听过特级老师薛法根上的《鞋匠的儿子》一课,教者一本书,一支笔,没有太多精彩纷呈的活动设计,也没有各种名目的小组活动。教师紧紧抓住"你从哪里感受到林肯语言的魅力"这条主线,引领学生细细揣摩、感悟,教师教得轻轻松松,学生学得兴致浓浓。

一堂课下来,学生对林肯伟大的人格、说话的艺术留下了极深的印象,真正做到了易简高效。

**四、摒弃啰嗦复杂的教学讲解,力争语言简洁**

"易简生本"的另一要义,还要大量地减少教师在课堂上的讲解和表现,而把时间尽可能让位于学生的"学"。纵观我们的生本语文课堂教学,仍存在"生本"落不到实处这一问题,究其原因,其实就是出在老师对学生自学能力的不信任,或者说对自己讲解的迷信。殊不知,老师在课堂上讲得越多,学生学的时间就越少,而学生的"得"取决于学生"学"到了多少,而不是取决于教师"讲"了多少!因此,"易简生本"的另一要义,就是要大量地减少教师在课堂上的讲解和表现,同时,教学用语要准确规范,简明有理,省去和学生学习毫无关系的插科打诨,省去一切不必要的言辞套话,把时间尽可能让位于学生的"学",一切以"学"为转轴进行活动。

笔者曾听过一堂三年级作文指导课,老师从指导学生描写静物开始,教学生学会观察和想象。老师把三片树叶放在实物投影仪上,忽而放大,忽而缩小,忽而看正面,忽而看反面,同时边操作边引导:仔细看看它们的外形、颜色,想想它们以前的模样,再想想它们今后的命运,可以发挥合理的想象,可以这样开头:这是一片樟树叶……也可以这样开头:秋风起了……

这样的一堂作文指导课,教师只以片言只语就点中要旨:首先教会了学生有效的观察方法,可以是多角度的,不要囿于一个角度;其次还拓宽了孩子们的写作思路,暗示他们不要仅仅局限于写它们的外形;最后呈现他们一个开头,是为了让学生写起来更顺畅。整堂课师生便在这样和谐的氛围中完成了教学任务。

舍得是一种知,更是一种智,语文课堂上的"断舍离",让语文课堂如同秋天的天空一样清爽、明净。

屈文举/文

# 将"断舍离"的思路应用到工作中

在这个假期中,我阅读了一本来自日本作者山下英子所著的《断舍离》,该书作者山下英子通过参透瑜伽"断行、舍行、离行"的人生哲学,并由此获得灵感,创造出了一套通过日常的家居整理改善心灵环境的"断舍离"整理术。其中,断＝断绝不需要的东西,舍＝舍弃多余的废物,离＝脱离对物品的执着。

该书旨在通过学习和实践断舍离,人们将重新审视自己与物品的关系,从关注物品转换为关注自我——我需不需要,一旦开始思考,并致力于将身边所有"不需要、不适合、不舒服"的东西替换为"需要、适合、舒服"的东西,就能让环境变得清爽,也会由此改善心灵环境,从外在到内在,彻底焕然一新。

断舍离是源自瑜伽和佛学的哲学观念,与其他心灵鸡汤不同之处在于,它想告诉我们:人生整理不在于贴标签式的整理本身,而是静下心来检视自己的房间和人生,到底哪些是多余之物,鉴别出来就要毫不犹豫地丢掉,由此发现自己真正地需要什么,以及自己到底想要成为什么样的人?

在读这本书的过程中,我们逐渐在理清与身边物品的关系。这与我目前的工作内容不谋而合。我们实验室的工作,包括了实验室建设、管理和实验教学三大部分,其中实验教师主要的工作重点在实验室管理和实验教学两部分。我们物理学科是一门实验科学,学科特点使得物理实验室管理的重点在仪器设备的管理。

最初,物理实验仪器由国家统一生产统一配给,每个实验所用的仪器只有一种,没有选择的条件,并且由于当时技术工艺条件的限制,仪器的种类和数量并不多。

后来,在市场经济的作用下,技术手段日新月异。对于同一个实验内容,不同的仪器厂家和设计者都有不同的产品设计,不同的效果和展示侧重点。对于新课标下学生的学习提供了更好的辅助,同时也对物理实验室的管理提出了新的挑战。我校作为朝阳区的优质示范校,学生拥有很高的学习积极性。教师也拥有很强的业务能力,为了让学生得到更好的发展,物理实验室不能仅仅满足于配标的最低标准,而是根据学生的需要,提供更先进也更符合学生需求的仪器设备。

这时,不断增加的仪器设备和有限的储存空间出现了矛盾。如何尽可能地利用有限的空间,为学生提供更好的实验条件,是摆在我们面前的一个重要问题。

起初,虽然不断地购置新的教学仪器,但是对于购置时间很久的老仪器,只要没有严重损坏,我们还是不愿注销,修修补补依然坚持使用。有些甚至是已经被新的技术手段所取代的设备,由于没有损坏,在每次清点仪器的时候,还是依然将它留在仪器柜里。因此,我们的仪器室空间越来越拥挤,新的设备购置进来,每次都要想尽办法腾地方,费时费力,还不美观。并且,中学物理实验仪器设备需要按照功能分开存放,教室的演示实验仪器一般放在仪器室,学生实验仪器一般放在学生实验室。并且,我校力学、电学和光学都是彼此独立的实验室和仪器室,互相之间并不混用。

通过阅读《断舍离》一书,我们的眼前豁然开朗。书中提到对物品的两个标准:即以自己而不是物品为主角,去思考什么东西最适合现在的自己。只要是不符合这两个标准的东西,就立即淘汰或是送人。由此,我们对实验室进行了又一次的清点,这次的目标不再是设备有没有坏到不能用,而是设备适不适合应用于现在的课堂教学,是不是已经有新的设备可以取代。对于不适用于课堂和已经被淘汰的设备,我们按规定进行上报,申请了注销处理。这些老旧设备的清退,为更符合现代教学理念的设备腾出了空间。新的仪器设备购置进来之后可以及时上架,也不必再临时挪动其他设备。而且看起来整齐美观,有利于清点和打扫,还能对学生起到一定的示范教育作用。

总之,这本书改变了我们思考问题的角度,将原本混乱的事情变得简单。通过筛选保留必要的物品,预留出一部分的空间给未来将要出现的物品。这种思路给我的工作提供了非常大的帮助。

刘婉君/文

**书海撷英**

感情、愿望以及潜在的激情在学习行为中具有战略性地位。在学习中充斥着各种情绪、欲望、焦虑、愿望、挑衅、乐趣、愉悦、厌恶等贯穿了整个学习过程。